The Basics of English for Teaching in Elementary School

最新 小学校英語内容論入門

[監修]
樋口忠彦

[編著]
泉惠美子 (代表)
加賀田哲也
衣笠知子

研究社

はしがき

　本書は、ご好評を賜っている『小学校英語内容論入門』を 2020 年度全面実施となった学習指導要領などに合わせて、改訂したものです。小学校高学年で外国語が教科となり、中学年で外国語活動が本格実施となりました。これは、AI、デジタル化・DX などが加速し、急激に変化する予測困難な時代を、逞しく生きる資質や能力を備えたグローバル市民を育成するための外国語教育の抜本的改革の一環でもあります。

　また、学習指導要領では、生きて働く英語の「知識及び技能」の習得のみならず、未知の状況にも対応できる「思考力・判断力・表現力等」の育成、学びを人生や社会に生かそうとする「学びに向かう力・人間性」の涵養を、新たな時代に必要となる育成すべき資質・能力の柱として示しています。1 人 1 台端末の配布や、児童用デジタル教科書の導入によって、「個別最適な学び」と「協働的な学び」の一体的な充実を図るとともに、一人ひとりの児童生徒が主体となり、自分の良さや可能性を認識し、多様な人々と協働しながら社会的変化を乗り越え、豊かな人生を切り拓き、ウェルビーイング（well-being）を目指すという教育の未来が描かれています。学習者は主体的・対話的で深い学びの視点から学習過程を改善し、自ら目標を立て、遂行し、振り返るといった自己調整学習が求められます。

　わが国の外国語教育において、児童の柔軟な感性と言語感覚・身体性・情動などを伴い、意味を中心とした小学校外国語教育の役割は非常に重要です。中学校以降の外国語学習への十分な動機づけが図られ、コミュニケーションを図る資質・能力の基礎が十分培われるかどうかが大きなカギになるでしょう。指導者にとっては、小学校での外国語の指導は、それなりの努力が必要とされる、挑戦のしがいがある仕事となるはずです。

　さて、小学校教員免許取得希望者は、小学校における外国語活動、外国語科の学習、指導、評価に関する基本的な知識と指導技術を身に付ける科目に加え、授業実践に必要な英語運用力と英語に関する背景的な専門的事項や知識を身に付ける科目を基本的には履修することになっています。

　本書は、英語の専門的事項を扱う「英語内容論」の大学生用テキストで

す。『最新　小学校英語教育法入門』の姉妹編で、新たにデジタル教材・ICT 機器の活用と授業展開、検定済教科書を用いた授業事例、「指導と評価の一体化」を踏まえた評価方法、専科教員養成などを含め、再編を行いました。本書編集の基本方針、言い換えれば本書の特色は、旧版同様次の通りです。

① 小学校で英語教育に携わる者が身に付けておくべき英語の背景的な知識を、簡潔かつ明瞭に示す。

② 授業実践に必要な背景的知識と英語運用力を具体的に示すために、活動の具体例および実践事例を多く掲載する。

③ 各章または各節末に学習課題を 2 題ずつ設定する。ひとつは、各章または節の内容の理解度を確認したり、理解をより深める課題、もうひとつは、原則として各章または節の内容に関わりのある言語活動に英語を使って取り組み、ペアで伝え合ったり、グループで発表し合ったりする課題とする。この課題を通して、授業における英語運用力の必要性を認識するとともに、英語運用力向上への動機づけを図る。

④ 学習課題は家庭学習で行い、例えば、次時の冒頭に発表や報告、デモンストレーションを行う。全体で 14 の章と節を毎回 1 つずつ、半期 14 回で取り上げるが、あらかじめ担当を決めて内容を要約して発表させ、授業では演習やマイクロティーチング、討論を中心に行うことも可能である。

　なお、本書は、これから小学校の教壇に立つ学生の皆さんのために刊行しましたが、小・中学校の先生方にとっても非常に有益な書であり、ぜひお役立ていただきたいと思います。小学校の先生方には、よりよい外国語教育を展開する視点やヒントを得る自己研鑽に活用したり、中学校の先生方には、小学校の外国語教育の内容や進め方を理解し、小中連携について考え、実践する糧になるでしょう。

　最後に、本書刊行の機会を与えていただいた株式会社研究社にお礼を申し上げたいと思います。とりわけ、書籍編集部の松本千晶氏には、本書の企画段階から刊行に至るまで、貴重なご助言とご配慮を賜りました。心より感謝申し上げます。

2023 年 10 月

編著者代表　泉惠美子

目　　次

はしがき iii

序章　小学校外国語活動、外国語科の役割と方向

1. グローバル時代における英語教育 1
2. 小学校外国語教育の目標、役割と方向性 5

1章
指導者の英語運用力向上と小学生の運用力育成

1節　聞くこと、話すこと

1. 学習指導要領で求められる目標 14
2. 指導者の聞くこと、話すことに関する目標──コアカリキュラム 16
3. リスニングのプロセスとリスニング能力 20
4. スピーキングのプロセスとスピーキング能力（やり取り・発表）........ 21
5. 聞くことから話すことへ、どのようにつなげるか 23
6. 聞くことの指導の具体例──聞く活動 24
7. 話すことの指導の具体例──話す活動（やり取り・発表）.................. 25

COLUMN❶　「英語を何度聞いても聞き取れない」児童の指導は？ ...31

2節　読むこと、書くこと

1. 「読むこと」の目標と「読むこと」に必要な知識と技能...................... 32

2. 「書くこと」の目標と「書くこと」に必要な知識と技能......................41

3. 指導者に求められる知識と技能 46

COLUMN ❷　英語の読みに興味を持たせる最初の一歩......................49

3節　技能統合的な活動

1. 言語使用における技能統合 50

2. 言語習得における 4 技能の位置付け・関連性......................51

3. 言語技能を統合した活動設計......................53

4. 技能を統合した言語活動の実際 55

5. 技能を統合した言語活動の留意点......................57

6. 技能統合的な活動を重視した授業実践......................58

2章

授業実践に必要な基礎知識

1節　外国語学習と第二言語習得理論の基礎

1. 第二言語習得理論学習の意義......................64

2. 年齢と第二言語習得 65

3. 第二言語習得研究の知見①──インプットからアウトプットへ 72

4. 第二言語習得研究の知見②──指導者の発話......................75

5. 第二言語習得研究の知見③──学習者要因......................77

2節　コミュニケーション能力とその指導

1. コミュニケーションとは──定義とモデル 80

2. コミュニケーション能力とは......................82

3. 異文化間コミュニケーション能力と非言語コミュニケーション.........85

4. コミュニケーション・ストラテジーの指導 87

5. 学習指導要領におけるコミュニケーション能力の育成 89
6. コミュニケーション能力を育成する授業実践 90

3節 音声の指導

1. 音声指導の重要性 98
2. 音素（母音、子音）.. 98
3. プロソディー（アクセント、リズム、イントネーション）............... 102
4. 音 声 変 化 106
5. 発音の上達方法 107
6. 音声指導の進め方 108
   COLUMN ❸ 「標準的な発音」と発音指導における留意点 110

4節 語彙の指導

1. 語彙指導の課題とあり方 111
2. 語彙学習のポイント 112
3. 学習語彙サイズと語彙の分類 116
4. 語彙指導の進め方 118
5. 実 践 事 例 119
   COLUMN ❹ 外来語と英語になった日本語 123

5節 音声と文字の関係の指導──フォニックスの基礎

1. 音から文字への指導 124
2. 音声と文字の関係──フォニックスの基礎 129
3. 音声と文字の関係──フォニックスの基礎指導の進め方 131

6節 文字、単語、文の書き方の指導

1. アルファベットの起源 136

2. 文字、単語、文の書き方の指導 137

3. ローマ字指導とアルファベット指導 144

COLUMN❺ 世界の言葉と文字 147

7節 文、文構造、文法の指導

1. 英語の文構造──基本語順に関わる事例 148

2. 文法指導──頻度効果の観点 158

3. 実 践 事 例 159

COLUMN❻ 品詞を理解することの大切さ 165

8節 ライム、うた、絵本、児童用物語

1. ラ イ ム 166

2. う   た 170

3. 絵   本 173

4. 児童用物語 177

9節 国際理解と国際交流

1. 国際理解の重要性 183

2. 外国語における国際理解教育 185

3. 国 際 交 流 189

4. 実 践 事 例 191

COLUMN❼ Ken Ogawa or Ogawa Ken? 199

終章 教材研究と教材開発の工夫

1. 教材開発の内容・対象と進め方 201

2. 単元構成および 1 時間の授業構成..203
3. 主体的・対話的で深い学びにつながる教材開発 207
4. デジタル教材の教材研究の視点から 211

資料　小学校学習指導要領「外国語」..219
参 考 文 献 231
索　　　引 237
監修者・編者・執筆者紹介 241

小学校外国語活動、外国語科の役割と方向

　なぜ小学校で外国語（英語）が早期化、教科化されたのだろうか。序章では、今後一段と進展するグローバル社会における英語の役割や英語教育の目的について考える。次に、小・中・高等学校の外国語活動や外国語科の目標および学習到達目標とも言うべき領域別目標を概観し、小・中・高等学校の外国語教育の役割について考える。最後に、これからの小学校外国語教育の課題と方向性について検討する。

1. グローバル時代における英語教育

❶ 国際共通語としての英語の役割

1） 世界における英語の広がり

　英語は、今や世界のいたるところで使用され、母語の異なる人々の間をつなぐ国際共通語（lingua franca）としての役割を担っている。世界で使用されている言語は6,000〜7,000語とされているが、英語を母語あるいは第一言語として使用している人々、英語を第二言語や公用語として使用している人々、英語を外国語として使用している人々を合わせると、使用人口が最も多い言語の一つである。また、英語は母語話者よりも非母語話者によって圧倒的に多く使用され、とりわけ、外国語として使用する話者が最も多いことが特徴的である。

2） 世界における英語の普及度と英語使用の必要性

　英語は、TV、ラジオ、インターネットなどの通信手段をはじめ、政治、経済、軍事、科学技術やスポーツの分野、国際学会・国際雑誌、国際航空や船舶交通などにおいても主要言語であり、グローバル時代に不可欠な言語である。例えば、2020年1月のインターネットで使用されている主要言

語を見ると、英語の占める割合が非常に大きいことが分かる（表1）。

表1　インターネット上の主要言語

順　位	1	2	3	4	8
言　語	英　語	中国語	スペイン語	アラビア語	日本語
割合 (%)	25.9	19.4	7.9	5.2	2.6

（Miniwatts Marketing Group (2020) より作成）

　このような状況も踏まえ、中央教育審議会は「幼稚園、小学校、中学校、高等学校及び特別支援学校の学習指導要領等の改善及び必要な方策等について（答申）」(2016) において、「グローバル化が急速に進展する中で、外国語によるコミュニケーション能力は、これまでのように一部の業種や職種だけでなく、生涯にわたる様々な場面で必要とされることが想定される」としている。すなわち、日本においては、英語はこれまで特定の業種・職種の人々によって使用される傾向があったが、これからは、一人ひとりの国民が日常生活や、さまざまな社会的・職業的な場面・状況で英語を使用する機会が増大することを示唆している。つまり、外国語（英語）によるコミュニケーション能力は、子どもたちの将来の日常生活や生活設計にも大きく影響する可能性があることを謳っている。

❷　グローバル時代における英語教育の目的
1)　第二次大戦後の英語教育の目的
　第二次大戦後、新制中学校の最初の学習指導要領（英語編）試案 (1947) 以来、外国語（英語）教育の目的には、外国語としての英会話力や英語コミュニケーション能力の育成という実用的な側面と、知性の涵養、異文化理解、言語理解という教養的な側面があげられている。

　平成に入ると、実用面では、いわゆる「使える英語」の重要性が高まり、目的や場面、状況に応じて、表現したり、伝え合ったりできるコミュニケーション能力の育成が重視されるようになる。教養面では、これまでの英米中心から、国際化、それに続くグローバル化の時勢に同調していく。検定済教科書で扱われる内容についても、英語圏の国々に加え、第三世界の国々、少数民族の生活や文化、多文化共生、人権、平和、環境問題など地

球規模のさまざまな課題、国際社会に生きる日本人や日本文化に対する理解を強調する話題がさらに取り上げられ、国際協調の精神を培うことがより一層重視されるようになる。また、昨今では英語教育を通して、批判的思考力、創造的思考力、論理的思考力、問題解決能力、情報活用能力に加え、協働性、受容性、共感性等の能力や資質の育成も求められている。

そもそも外国語学習においては、「実用面」と「教養面」は二項対立的に扱われるものではなく、相乗的に高まっていくものである。今後も、欧米とは異なる日本の外国語学習環境においては、実用面と教養面の双方が必要であり、適切なバランスを図っていくことが肝要となろう。

2) グローバル時代の英語教育に求められること

本章 2. などで述べている「外国語によるコミュニケーションにおける見方・考え方を働かせ」ながら、4技能5領域の言語活動を通してコミュニケーションを図る資質・能力を育成していくことに加え、グローバル化が加速する今日の世界情況を鑑みると、今後の英語教育では、以下の事柄に十分配慮する必要があるだろう。

今日の世界は、複数の国家が国境や国家の存在を前提としながら相互に結びつきを強め影響し合うといった「国際化 (internationalization)」の時代から、国家や国境を越えて地球規模で新たな価値観を創造しようとする「グローバル化 (globalization)」の時代へと進展しつつある。ゆえに、今後世界の国々が、国境を越えていかに持続可能な「共存・共生」社会を構築していくかが大きな課題となる。日本においても多国籍化、多文化化、多言語化が加速し、グローバルかつローカルな視点から、「共存・共生」を目的とする教育のあり方が問われている。これからは自国の政治や経済の発展のみならず、平和や環境など世界の国々に共通する地球的課題の解決・実現に向けて、国家レベル・市民レベルで相互に協力していくことが強く求められる。

したがって、これからのわが国の英語教育においては、単に英語を使って交渉できるなどという実用面の育成に偏ることなく、日本人としてのアイデンティティをしっかり持ちながら、日本の言語、歴史、文化などの教養を高めるとともに、それらに誇りを持ちつつ、世界の多様な言語や文化的背景を持つ人々との関係性の中で、他者の有する多様性を理解、尊重、

承認し合う態度や、地球規模の課題解決に向けて協調、協力して取り組もうとする態度の育成が求められる。

　英語が堪能であっても、それだけではグローバル人材とは言えない。共生社会実現のために必要な国際コミュニケーションの手段としての英語力や、異なる文化や言語を持つ人々と心を開いて主体的に関わろうとする態度を身に付けさせることが重要な使命となる。

❸　グローバル時代の小学校英語教育で求められること

　上述した❷を踏まえると、グローバル時代における小学校英語教育では、とりわけ次の2点に配慮して指導する必要があろう。

1)　異言語・異文化への理解およびそれらを持つ人々に対する受容的・共感的な態度と、わが国の文化へのさらなる理解、基礎的な発信能力

　外国の子どもたちの日常生活（日課、お手伝いなど）や学校生活（時間割、昼食など）、伝統行事、ジェスチャーなどに触れることで、異言語・異文化に対する興味・関心を高め、多様で相対的なものの見方、考え方、感じ方に気付かせる。また、自己と他者、自文化と他文化を比較することで共通点や相違点に気付かせ、自己や他者、自文化や他文化をありのままに認め、理解し受け入れようとする受容的、共感的な態度を育成する。さらに、英語によるコミュニケーションの中でわが国の文化を発信する基礎的な能力を育成する。

2)　国際協調の精神の素地や基礎

　上記1) で育成された態度や基礎的な能力をもとに、異言語・異文化を持つ人々と積極的に交流を図り、国際社会において協調、協力していくための素地や基礎を育成する。そのためには、授業でのALTとの交流に加え、食材（野菜、果物、魚、肉など）や工業製品（車、電子機器など）の輸出入といった、児童にとって身近な話題を取り上げ、日本と諸外国との相互依存関係について意識させたり、地域に住む外国籍の人を教室に招くなど積極的に国際交流を図ったりしながら、世界の人々と協調、協力することの重要性に気付かせる。

　その他、グローバルな課題につながるローカルな課題にも触れさせ、こ

れらの課題解決に向けて思考する習慣を身に付けさせたい。例えば、「お手伝い」を題材とする授業で、ゴミ出し前のゴミの仕分けを通して、「環境の3R's (Reduce, Reuse, Recycle)」について考えさせたり、世界の子どもたちの生活（「日課」）を知ることで、自己の日々の生活を振り返らせたりすることができる。また、世界の児童労働問題へとつなぎ、「総合的な学習の時間」と連携して、自分なりに何ができるかさらに考えを深めさせたりすることもできる。

2. 小学校外国語教育の目標、役割と方向性

❶ 小・中・高等学校の外国語の目標

　小・中・高等学校の学習指導要領（小・中学校は 2017 年、高等学校は2018 年告示）では、各教科で育成される「見方・考え方」が掲げられている。外国語活動、外国語科における「見方・考え方」については、「外国語で表現し伝え合うため、外国語やその背景にある文化を、社会や世界、他者との関わりに着目して捉え、コミュニケーションを行う目的・場面・状況等に応じて、情報や自分の考えなどを形成、整理、再構築すること」（中教審 2016）となっている。かみ砕いて言えば、外国語で他者とコミュニケーションを行う中で、社会や世界、外国語の背景にある文化の多様性に気付き、それを尊重するとともに、コミュニケーションの目的や場面等に応じて、適切に情報や自分の考えを整理して表現することが求められているのである。

　さて、小・中・高等学校の学習指導要領の目標は以下の通りであるが、冒頭の「外国語によるコミュニケーションにおける見方・考え方を働かせ」の部分は共通しているため、それ以降を示す（下線部は筆者）。また、中・高等学校の「知識及び技能」「思考力、判断力、表現力等」「学びに向かう力、人間性等」について示されている (1)、(2)、(3) は省略した。

● 小学校外国語活動： 外国語による<u>聞くこと、話すことの言語活動</u>を通して、<u>コミュニケーションを図る素地</u>となる資質・能力を次のとおり育成することを目指す。

(1) 外国語を通して、言語や文化について体験的に理解を深め、日本語と外国語との音声の違い等に気付くとともに、外国語の音声や基本的な表現に慣れ親しむようにする。

(2) 身近で簡単な事柄について、外国語で聞いたり話したりして自分の考えや気持ちなどを伝え合う力の素地を養う。

(3) 外国語を通して、言語やその背景にある文化に対する理解を深め、相手に配慮しながら、主体的に外国語を用いてコミュニケーションを図ろうとする態度を養う。

●小学校外国語：外国語による聞くこと、読むこと、話すこと、書くことの言語活動を通して、コミュニケーションを図る基礎となる資質・能力を次のとおり育成することを目指す。

(1) 外国語の音声や文字、語彙、表現、文構造、言語の働きなどについて、日本語と外国語との違いに気付き、これらの知識を理解するとともに、読むこと、書くことに慣れ親しみ、聞くこと、読むこと、話すこと、書くことによる実際のコミュニケーションにおいて活用できる基礎的な技能を身に付けるようにする。

(2) コミュニケーションを行う目的や場面、状況などに応じて、身近で簡単な事柄について、聞いたり話したりするとともに、音声で十分に慣れ親しんだ外国語の語彙や基本的な表現を推測しながら読んだり、語順を意識しながら書いたりして、自分の考えや気持ちなどを伝え合うことができる基礎的な力を養う。

(3) 外国語の背景にある文化に対する理解を深め、他者に配慮しながら、主体的に外国語を用いてコミュニケーションを図ろうとする態度を養う。

●中学校外国語：外国語による聞くこと、読むこと、話すこと、書くことの言語活動を通して、簡単な情報や考えなどを理解したり表現したり伝え合ったりするコミュニケーションを図る資質・能力を次のとおり育成することを目指す。（後略）

●高等学校外国語：外国語による聞くこと、読むこと、話すこと、書くことの言語活動及びこれらを結び付けた統合的な言語活動を通して、情報や考えなどを的確に理解したり適切に表現したり伝え合ったりするコミュニケーションを図る資質・能力を次のとおり育成することを目指す。（後略）

学習指導要領で示されているように、外国語活動と外国語の目標の違いは、外国語活動が聞くこと、話すことを中心とした言語活動を通して、より言語を体験的に学び、コミュニケーションを図る素地を育成することに対して、外国語では、読むこと、書くことが加わり、コミュニケーションを図る資質・能力の基礎を育成することである。また、中・高等学校の外国語の違いは、中学校では簡単な情報や考えなどを4技能を用いて理解したり表現したり伝え合ったりできるコミュニケーションを図る資質・能力の育成であるのに対して、高等学校では、4技能を結びつけた統合的な言語活動を通して、社会的な話題についても情報や考えなどの概要や要点、詳細、意図などを的確に理解したり、適切に表現したり伝え合ったりできる力を養うことである。

❷　小・中・高等学校における外国語の学習到達目標

　今回の学習指導要領の改訂では、CEFR（ヨーロッパ言語共通参照枠）やCEFR-J（ヨーロッパ言語共通参照枠・日本版）を参考に、英語を用いて実際に何ができるか、CAN-DO リストによる指標形式の領域別目標が設定されている。4技能5領域のうち、小・中・高等学校の「話すこと［発表］」の目標を次頁に示す（表2）。

　小学校外国語活動では、自分のことや身近で簡単な事柄について簡単な語句や基本的な表現を用いて話すが、小学校外国語では、伝えようとする内容を整理して話すことができるようにする。中学校では、関心のある事柄については即興で話したり、事実や考え、気持ちなどを整理してまとまりのある内容を話したり、社会的な話題に関して聞いたり読んだりしたことについて考えや感想を理由を付けて話すことができるようにする。高等学校では、社会的な話題について、支援を活用する段階から、徐々に、活用しなくても、多様な語句や文を適切に用いて、情報や考え、気持ちなどを論理的に詳しく話して伝えることができるようにする、というように目標が段階的に高度化されている。

❸　小学校外国語教育の役割

　小・中・高等学校とつながる外国語教育において、小学校の役割は、外

表 2　学習指導要領「外国語（英語）」における領域別目標──話すこと［発表］

小学校外国語活動	ア　身の回りの物について、人前で実物などを見せながら、簡単な語句や基本的な表現を用いて話すようにする。 イ　自分のことについて、人前で実物などを見せながら、簡単な語句や基本的な表現を用いて話すようにする。 ウ　日常生活に関する身近で簡単な事柄について、人前で実物などを見せながら、自分の考えや気持ちなどを、簡単な語句や基本的な表現を用いて話すようにする。
小学校外国語	ア　日常生活に関する身近で簡単な事柄について、簡単な語句や基本的な表現を用いて話すことができるようにする。 イ　自分のことについて、伝えようとする内容を整理した上で、簡単な語句や基本的な表現を用いて話すことができるようにする。 ウ　身近で簡単な事柄について、伝えようとする内容を整理した上で、自分の考えや気持ちなどを、簡単な語句や基本的な表現を用いて話すことができるようにする。
中学校外国語	ア　関心のある事柄について、簡単な語句や文を用いて即興で話すことができるようにする。 イ　日常的な話題について、事実や自分の考え、気持ちなどを整理し、簡単な語句や文を用いてまとまりのある内容を話すことができるようにする。 ウ　社会的な話題に関して聞いたり読んだりしたことについて、考えたことや感じたこと、その理由などを、簡単な語句や文を用いて話すことができるようにする。
高等学校［英語コミュニケーションⅢ］	ア　日常的な話題について、使用する語句や文、事前の準備などにおいて、支援をほとんど活用しなくても、多様な語句や文を目的や場面、状況などに応じて適切に用いて、情報や考え、気持ちなどを論理的に詳しく話して伝えることができるようにする。 イ　社会的な話題について、使用する語句や文、事前の準備などにおいて、支援をほとんど活用しなくても、聞いたり読んだりしたことを基に、多様な語句や文を目的や場面、状況などに応じて適切に用いて、情報や考え、気持ちなどを論理的に詳しく話して伝えることができるようにする。

（一部抜粋、下線は筆者）

国語能力の基盤を作り、外国語を学び続ける児童を育成することである。児童は初めて外国語と出会い、日本語と異なる音やリズム、イントネーションに触れ、身体で体得する。そこで、指導者は児童が身近で簡単な語彙や

表現を音声を中心とした楽しい活動を通して体験的に繰り返し学び、それらに習熟し、習得することを促す。さらに、アルファベットを学習して、音と文字の関係に気付かせ、絵本などの読み聞かせ等を通してリテラシー教育の導入を行う。そのさい、文字に興味をもち、単語や簡単な文を読んだり、自己表現のために書いたりするなど時間をかけて段階的に指導することが望まれる。

　小学校外国語教育は、日本語と英語の語順や文構造の違い、国語科で扱うローマ字と英語の違いや、言葉の面白さに気付かせるといった言語教育であると同時に、まとまりのある会話や話を聞かせて意味を推測しながら内容を理解させるような外国語教育の始まりでもある。その他、相手意識や他者意識をもってやり取りを楽しむことによって、自己肯定感を育み、他者理解につなげてゆくコミュニケーション教育でもある。このように、小学校における全人教育の中で、外国語教育の果たす役割はきわめて大きいと言える。

❹　これからの小学校外国語教育の課題と方向性

　今後の小学校における外国語教育の方向性を考える上で、指導内容、指導方法、評価、外国語活動と外国語の接続、小中連携、指導者の養成と研修は重要な課題である。これらについて考慮すべき事項をあげておきたい。

1)　指導内容と指導方法

　音声を中心に体験的な活動を通して慣れ親しんだ語句や表現を、文字や読み書きにつなげたり、音声や文構造に気付かせたり、まとまった内容を理解させたりすることが大切である。そのさい、単に表現を覚えさせるような学習ではなく、例えば、自分の将来の夢について友だちとやり取りを行うなど、コミュニケーションの目的をもって言語活動に取り組ませたい。

2)　指導と評価の一体化

　教科になれば教科書と観点別評価や評定が入ってくる。しかし、中学校で用いられている指導方法やテスト、評価方法をそのまま小学校に前倒ししたり、教科書を教え込んだりするようなことは避けなければならない。指導者は教材研究を丁寧に行い、目の前の児童のニーズや興味、レベルに合うように改善・工夫することが必要となる。また、評価は、指導者によ

る観察評価のみならず、児童が外国語でどのようなことができるかを実際に課題を与えて使わせてみるパフォーマンス評価が推奨されている。そのさい、評価基準を示したルーブリックを児童と指導者が共有することが大切である。さらに、児童が振り返りカードなどを用いて、自らの学習を振り返り、自己評価を行い、次の目標を知るといった学習のための評価の重要性も示唆されている。加えて、中・高等学校の外国語教育と同様に指導／到達目標を明記した CAN-DO 評価も導入されることになる。そのため、今後、指導方法や評価方法について研究や実践を積み重ねる必要がある。

3) 外国語活動と外国語の接続

領域扱いである外国語活動と教科である外国語は、カリキュラム上は大きく異なるが、児童にとっては同じ外国語の時間である。さらに、低学年から帯学習などでうたや絵本などを通して英語に触れさせる学校もある。児童の発達段階や興味・関心、他教科・他領域との関連も視野に入れ、各段階での役割と接続を考える必要がある。4 年間（場合によっては 6 年間）の外国語教育のカリキュラムを作成するさいは、扱うテーマや題材、言語材料、活動などの指導内容や指導法、評価の継続性や系統性を大切にする。

4) 小中連携

外国語の早期化・教科化にともない、小学校で 210 時間の外国語学習を経験した児童が中学校に入学する。そのため、小・中学校の連携は大きな課題である。中学校入門期に小学校の復習をしながら、スムーズに中学校の外国語学習に接続ができるようにすること、また、小・中・高等学校において 4 技能 5 領域を通して、「英語を使って何ができるようになるのか」を意識し、到達目標、指導内容、指導方法をつなぐ外国語教育を推進することが求められる。

5) 指導者の養成と研修

外国語教育が教科化されるにあたり、専門性を備えた指導者が英語を使って児童を指導することが必要である。そのためには小学校教員の免許を持ちながら英語を指導できる専科教員の養成と、専科でない教員の英語力や指導力に対する不安を軽減し、強みを生かし自信をもって指導するためにも、文部科学省、教育委員会、大学など関係機関による研修および校内研修が不可欠かつ急務である。いずれにせよ、管理職の理解とリーダーシッ

プのもと、校内研修も含め、全指導者の意識改革と学校全体での取り組み
が必要となろう。

　小学校に外国語教育が導入された。しかし人的・物質的支援の問題も含
め、教育の地域差が拡大する恐れもある。人生 100 年時代となり、人や物
が行き交うグローバル社会の中で、国際共通語としての英語を駆使してグ
ローバル・コンピテンスをもち、逞しく人生を切り開いていける資質や能
力を育成する上で、小学校外国語教育が果たす意義や役割は決して小さく
ない。英語力と指導力、専門的知識を兼ね備えた指導者が一人でも多く増
えることが期待される。　　　　　　　（加賀田哲也、泉惠美子、樋口忠彦）

学　習　課　題

1.　次の文章は、『小学校学習指導要領解説　外国語活動・外国語編』中の
　「内容の改善・充実」に関する解説である。空欄に適当な語句を書き入れ
　よう（語句は内容的に適切であればよい）。

- 「知識及び技能」については、実際に外国語を用いた言語活動を通し
　て、外国語の音声や文字、語彙、表現、文構造、言語の働きなどに
　ついて、日本語と外国語との違いに☐☐☐、これらの知識を☐☐☐
　とともに、「読むこと」、「書くこと」に☐☐☐、「聞くこと」、「読む
　こと」、「話すこと」、「書くこと」による実際のコミュニケーション
　において☐☐☐基礎的な技能を身に付けるようにすることとした。
- 「思考力、判断力、表現力等」については、具体的な課題等を設定
　し、☐☐☐を行う目的や場面、状況などに応じて、情報や考えなど
　を表現することを通して、☐☐☐について、外国語で聞いたり話し
　たりするとともに、音声で十分に慣れ親しんだ外国語の簡単な語句
　や基本的な表現を☐☐☐しながら読んだり、語順を☐☐☐しながら
　書いたりして、自分の考えや気持ちなどを☐☐☐ことができるよう
　指導することとした。

2. 日本は世界の多くの国々と輸出入などを通して相互依存関係にある。下記の4か国について輸出入額の大きい工業製品、農産物などを選び、例1、例2の表現を使って輸出入に関する文を作ろう。

　・国名： Australia, China, Indonesia, the USA

　例1） Cocoa beans come from Ghana.

　　　　Trucks go to Ghana.

　例2） We buy cocoa beans from Ghana.

　　　　We sell trucks to Ghana.

📖 **参考図書**

文部科学省 (2017d)『小学校学習指導要領解説　外国語活動・外国語編』.

文部科学省検定済教科書　小学校社会5年.

JFTC きっずサイト　キッズ NEWS「日本の貿易の現状と課題」2. 日本の主な輸出入品　https://www.jftc.or.jp/kids/kids_news/japan/item.html

指導者の英語運用力向上と小学生の運用力育成

　指導者の英語運用能力向上は、学習者の英語運用能力や技能を育成することにつながる。本章では、外国語活動および外国語科の指導者にどのような英語運用能力が必要か、またどのように英語力を向上すればよいかについて考える。次に、外国語活動及び外国語科の「聞くこと」「話すこと[やり取り]と[発表]」「読むこと」「書くこと」について考えた後、技能統合的な活動を取り上げる。

聞くこと、話すこと

　本節では「聞くこと」「話すこと」に関して、学習指導要領の目標について取り上げ、続いて、外国語（英語）コアカリキュラム（文部科学省 2017a）を参考に、指導者にどのような能力が求められるかを考える。次に、リスニングやスピーキングの構成概念やプロセスについて考え、その後、小学校でよく用いられる基本的な聞く活動、話す活動を紹介する。

1. 学習指導要領で求められる目標

❶ 外国語活動

　聞くこと、話すことに関する「外国語活動」の目標は以下の通りである。中学年児童には、ゆっくりはっきりと話されたさいに、身近で簡単な事柄に関する語句や基本的な表現の意味が分かり文字の読み方も聞き取れること、自分や相手のことおよび身の回りの物に関する事柄について、簡単な語句や基本的な表現を用いて伝え合ったり、話したりすることが求められている。

1) 聞くこと

　　ア　ゆっくりはっきりと話された際に、自分のことや身の回りの物を表す簡単な語句を聞き取るようにする。

　　イ　ゆっくりはっきりと話された際に、身近で簡単な事柄に関する基本的な表現の意味が分かるようにする。

　　ウ　文字の読み方が発音されるのを聞いた際に、どの文字であるかが分かるようにする。

2) 話すこと［やり取り］

　　ア　基本的な表現を用いて挨拶、感謝、簡単な指示をしたり、それらに

応じたりするようにする。

イ　自分のことや身の回りの物について、動作を交えながら、自分の考えや気持ちなどを、簡単な語句や基本的な表現を用いて伝え合うようにする。

ウ　サポートを受けて、自分や相手のこと及び身の回りの物に関する事柄について、簡単な語句や基本的な表現を用いて質問をしたり質問に答えたりするようにする。

3)　話すこと［発表］

ア　身の回りの物について、人前で実物などを見せながら、簡単な語句や基本的な表現を用いて話すようにする。

イ　自分のことについて、人前で実物などを見せながら、簡単な語句や基本的な表現を用いて話すようにする。

ウ　日常生活に関する身近で簡単な事柄について、人前で実物などを見せながら、自分の考えや気持ちなどを、簡単な語句や基本的な表現を用いて話すようにする。

❷　外国語

　聞くこと、話すことに関する「外国語」の目標は以下の通りである。高学年では、日常生活に関する身近で簡単な事柄について、具体的な情報を聞き取ったり、短い話の概要をとらえることができること、基本的な表現を用いて指示、依頼をしたり、日常生活に関する身近で簡単な事柄について、自分の考えや気持ちなどを、簡単な語句や基本的な表現を用いて伝え合ったり、内容を整理した上で、話すことができるようになることが求められている。

1)　聞くこと

ア　ゆっくりはっきりと話されれば、自分のことや身近で簡単な事柄について、簡単な語句や基本的な表現を聞き取ることができるようにする。

イ　ゆっくりはっきりと話されれば、日常生活に関する身近で簡単な事柄について、具体的な情報を聞き取ることができるようにする。

ウ　ゆっくりはっきりと話されれば、日常生活に関する身近で簡単な事

柄について、短い話の概要を捉えることができるようにする。

2) 話すこと [やり取り]

　ア　基本的な表現を用いて指示、依頼をしたり、それらに応じたりすることができるようにする。

　イ　日常生活に関する身近で簡単な事柄について、自分の考えや気持ちなどを、簡単な語句や基本的な表現を用いて伝え合うことができるようにする。

　ウ　自分や相手のこと及び身の回りの物に関する事柄について、簡単な語句や基本的な表現を用いてその場で質問をしたり質問に答えたりして、伝え合うことができるようにする。

3) 話すこと [発表]

　ア　日常生活に関する身近で簡単な事柄について、簡単な語句や基本的な表現を用いて話すことができるようにする。

　イ　自分のことについて、伝えようとする内容を整理した上で、簡単な語句や基本的な表現を用いて話すことができるようにする。

　ウ　身近で簡単な事柄について、伝えようとする内容を整理した上で、自分の考えや気持ちなどを、簡単な語句や基本的な表現を用いて話すことができるようにする。

2.　指導者の聞くこと、話すことに関する目標──コアカリキュラム

　学習指導要領の目標で示されている能力を児童に付けさせるためには、指導者が自ら英語を用いて、児童に話しかけたり、大量の良質の英語をインプットとして与えたりすることが大切である。以下、コアカリキュラムが求めている指導者が身に付けるべき英語力について、聞くこと、話すことに関する事項を中心に紹介する。

❶　学習内容

　授業実践においては、質の高いインプットを与え、意味のあるやり取りを行う必要があるため、基本的な英語表現を正確に運用する力の育成が不可欠である。目標とする英語力の指標として CEFR B1 レベル（英検 2 級〜

準1級) 程度を提示しているが、とくに「聞くこと」「話すこと」では英語特有の抑揚・強勢・リズムを身に付けることが肝要である [☞2章3節]。

❷ 学習項目と到達目標

1) 聞くこと——授業実践に必要な聞く力を身に付けている

児童の英語を聞き取ることは当然として、ALT などの話していることを的確に理解し、音声教材の内容を正確に聞き分けられる力が不可欠である。個々の単語の発音だけでなく、文や意味ごとのかたまり (チャンク) を意識して聞き取る力を向上させることが肝要である。そのためには繰り返し良質な音声インプットを受け、英語の音声の特徴 (プロソディーや音素) について正しく理解することが必要となる。つまり、日頃から良質な英語の音声を聞いたり、単語や文を正しく発音したりしながら英語の音声の特徴をつかむことが大切である。

2) 話すこと [やり取り・発表]——授業実践に必要な話す力 (やり取り・発表) を身に付けている

質の高いインプットを児童に与えるためには、英語特有のイントネーションやストレスについて理解し、正確に運用できることが肝要である。また、児童の発言を適切に言い直す方法や、児童の発話を引き出すような効果的な語りかけ方を身に付けるためには、相手意識を持って自分の思いや考えを伝える「意味のあるやり取り」ができる適切な場面を設定して練習することが重要である。これに加え、自己紹介などの発表活動を行うさいには、準備の仕方、発表するさいの目線やジェスチャー、発声法などを総合的に扱う必要があり、話すことに自信をもって授業運営ができるようになることを目指し、繰り返し練習を行うことが大切である。すなわち、児童のモデルとなる英語のインプットを与えるために、指導者が正しい英語を用いて話したり、児童の間違いを適切な表現に言い換えたり、意味のあるやり取りを展開したりするスピーキング力が必要になる。

3) 英語での語りかけ方——児童の発話につながるよう、効果的に英語で語りかけることができる

音声によるインプットの果たす役割は大きく、指導者が効果的に英語で児童に語りかけられることが非常に重要である。英語に自信がなくても、

丁寧に心を込めて、文法などに誤りのない文で、単元の学習目標となる語彙や表現を用いて語りかける技術を身に付けることを目指したい。すなわち、ティーチャー・トーク（teacher talk）やクラスルーム・イングリッシュなど、必要な英語表現を十分練習し、児童にはっきりと届く発声をすることが肝心である。

4） 児童の発話の引き出し方、児童とのやり取りの進め方──児童の英語での発話を効果的に引き出し、円滑にやり取りを進めることができる

使うことを通して言葉を身に付ける子どもの学びの特徴に寄り添い、やり取りすることを通して児童から発話を引き出す技術を身に付ける。子どもが反応したくなる働きかけをし、反応を引き出し、その意味を受け止め、日本語や不完全な語や文は適切な英語に言い直して返すというやり取りを大切にする。情報の授受をともなう意味のあるやり取りを積み重ねることを通して、学習者自身が主体的に意味内容とそれに対応する音声を結びつけるような深い学びが期待されている。指導者自身も、英語でのやり取りを楽しむふだんの授業実践を通してそのような英語力を培いたい。

❸　教員研修で目指す英語力

教員研修で目指す英語力については、次の 3 段階が設定されている。基礎段階では授業を行うための核となる英語力、発展段階では表現の幅を広げ自信をもって使うことができる英語力、推進段階では創造的で即興的な英語力を身に付けることを目指す。なお、このような英語力を身に付けるための研修項目として取り上げられている英語運用能力の到達目標は次の通りである。

1） 授業で扱う主たる英語表現を正しく話すことができる。
2） 発音や強勢・リズム・イントネーションを意識した発話ができる。
3） ALT 等と授業について英語で打ち合わせができる。
4） クラスルーム・イングリッシュを土台に、児童と意味のあるやり取りができる。
5） 児童の発話や行動に対して、正しい発話に導くために適切な言い直しができる。

6) 児童の理解を促すために適切な言い換えができる。
7) 児童の発話や行動を共感的に受け止めたり、さらにやり取りを進めたりするために、即興的に英語で反応できる。

英語を聞くこと、話すことは小学校英語の中心的技能であり、指導者が正確で適切な英語を使え、児童のモデルとなるように、英語力向上を目指さなければならない。また、聞くこと、話すことの指導についても基本的な知識や技能を習得する必要がある。上記 1)～7) に関する研鑽にあたって、留意すべき点をあげておく。

1) 英語を丁寧に話す練習や、きちんと子どもに届く声で話す練習を行う。
2) 発音や強勢・リズム・イントネーションを意識した発話を心がけ、文のどこを強く言うか、弱く言うかを意識して発話する。例えば piano, tomato, koala などの外来語は、英語と日本語では強勢の位置が異なるので、辞書などで確認する習慣を付けることが望まれる。また、wh 疑問文の文末は音調を下げる必要があるが、誤って上げてしまうことが多いので注意が必要である [☞ 2 章 3 節]。
3) ALT 等と授業について打ち合わせをするための表現も、決まったパターンや言い回しなどの定型表現から始め、ALT の力も借りながら少しずつ研鑽を積み、より充実した打ち合わせができるよう英語力を高めていきたい。
4) 児童とのやり取りについては、クラスルーム・イングリッシュを土台に、授業を進行するさいに用いる "Stand up." "Sit down." "Let's sing a song." "Please look at the blackboard." などと指示したり、"Well done." "Good job." などの褒め言葉をかけたりすることを通して、少しずつレパートリーを増やしつつ、英語に対する自信をつけ、指導者からの語りかけのみならず、児童とのやり取りを行えるように英語力を向上させていくことが重要である。
5) 指導者が即興的に英語で反応するために、かなり高い英語運用能力が必要とされる。例えば児童が単語のみで発話したり、誤った表現を用いて発話したりした場合は、正しい文で適切に言い直すことが必要である。そこで、ふだんから児童が間違えそうな表現や文法（例えば複数形や過

去形など）を予測して、授業において適切に誤りが正せるような練習を
しておこう。

6)　児童の聴解力を的確に判断し、児童に理解できるよう英語のレベルを
調整して聞かせる必要がある。易しい言葉で言い換えたり、パラフレー
ズしたりすることも求められる。そのため、絵本や簡単な英語の文章を
用いて言い換え練習を行い、発話を録音して聞いてみたり、教員同士で
互いに聞き合い、アドバイスを与え合ったりするなど、研修の機会を増
やすことが望まれる。

7)　大切なのは、児童が伝えたい思いや気持ちを共感的に受け止め、日本
語をすぐに使うのではなく、英語で補おうとしたり、ジェスチャーやス
トラテジーなども使いながら、やり取りを進めたりすることである。ま
た、一人の児童の意見を取り上げ、クラス全員に質問として投げかけれ
ば、話題も広がり、やり取りが活発になる。

英語力は一朝一夕には向上しない。授業の場を想定したり、話題や伝え
たい内容について英語で考えて話したり、英語でスクリプトを書くといっ
た自己研鑽が必要である。

3.　リスニングのプロセスとリスニング能力

リスニングとは、音声を取り込み、自身の英語力と話されている内容に
ついての背景知識などを活用して意味を構築することである。そのさい、
音声情報に含まれる語彙や文法など、細かな個々の要素に注目してとらえ
る「ボトムアップ処理」と、一般的な背景知識（スキーマ）などを活用して
内容を予測・推測しながら全体を理解しようとする「トップダウン処理」
の両方が用いられる。リスニングにおけるプロセスには、以下の段階があ
る。

---

①　解読段階: 意味を理解するために重要となる音や語彙に注意を払
い、それらを認知し、語彙や文法知識を用いて文構造などを理解す
る。

② 理解段階：聞き取った語・文・内容などを実際のものや出来事、概念などと結びつけ、背景知識を用いて推測しながら理解する。
③ 解釈段階：話し手の意図や考えなどを、場面、状況、話題、目的などと関連付けて解釈する。

①の解読段階では、母音・子音など一定の短い単位に分解できる文節音声 (segmental sounds)（例：dog /dɔ́ːg/ → /d/（子音）/ɔ/（母音）/g/（子音）の3つの分節音の集合体）と、強勢・ピッチ・長さ・イントネーション・リズムなどに関する韻律音声 (prosodic sounds) からなる音声知覚に関する能力が必要である。②の理解段階では、語彙、文法、意味、文脈、スキーマを処理することが求められる（鈴木・門田 2018）。③の解釈段階では、それらを統合して、相手の意図や気持ちを解釈する必要がある。

また、書き言葉との違いを理解して対応することも求められる。話し言葉では、例えば、考えている内容が短い句や節で表されるなど単純な構造を持ち、等位接続詞 (and, or, but) でつながれることが多い。また、沈黙、躊躇 (hesitation)、つなぎ語 (I mean, you know, etc.)、あいづち (yeah, uh-huh, etc.) や文法・語彙の修正が入ったりする。さらに、スラングや口語表現など特有の表現が含まれたり、繰り返しや省略、あいまいな表現も多く、音変化（連結・脱落・同化・短縮・弱化）が頻繁に出現する傾向がある [☞ 2 章 3 節]。そこで、個々のアルファベットの音や音素の聞き取り能力、聞いた内容を自動的に処理する能力、言語的情報を理解する能力、文章の内容に含意される意図や情報を推論する能力が重要である。

4. スピーキングのプロセスとスピーキング能力（やり取り・発表）

スピーキングのプロセスをモデル化したものに、Kormos (2006) がある。次頁の図 1.1 のように、音声の産出は、「意図の形成（概念化）」「文の組み立て（言語形成）」「発音（調音）」といった段階を踏み、各段階で 3 つの装置（概念化・言語形成・調音）が、学習者の長期記憶の中に蓄えられている英語の語彙・文法・形態・音韻といった各種知識から情報検索を行うことが基本になっている。

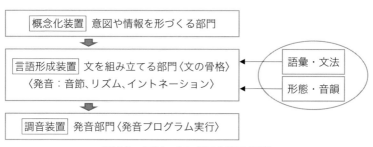

図 1.1　スピーキングの主要 3 部門
（Kormos 2006：泉・門田 2016 より一部改訂し転載）

もう少し詳しく説明すると、物理音声の発生までのプロセスは次のようになる。

① メッセージの生成では、長期記憶中の各種知識に格納されている単語の意味概念（意味記憶）や、母語や第二言語で体験し獲得したさいの事象などの記憶（エピソード記憶）が検索・活用され、発話しようとするメッセージが確定される。

② 脳の中に貯蔵されている辞書のようなもの（心的辞書）から第二言語の語彙や文法知識を引き出し、メッセージに単語や文法をマッピングした「言語表象」がつくられる（語彙・文法コード化）。

③ 句や節を組み立てて、正しく配列する（形態・音韻コード化）。

④ 発音の青写真をつくる「音韻表象」が形成され、実際に声に出す調音のための「音声表象」に変換する（音声コード化）。この段階では、通常の心的辞書とは別の「音韻辞書」を参照する。この中には、個々の分節音調音に関わる情報とともに、英語の強勢拍リズム（stress-timed rhythm）の情報なども入っており、発声器官への指令を記述した「音声表象」が形成される。

⑤ 「調音装置」において物理音声（外的音声）を発する。

なお、これらは同時に話し手自身が聞いて自己モニタリングしている。

（泉・門田 2016）

このように、意味概念から語や文法知識などを用いた言語化、そして音声化へとそのプロセスが自動化され、瞬時に行われなければならない。

英語を習い始めたばかりの児童は、簡単な単語や表現などをそれらが用

いられる場面や文脈の中で何度も繰り返し聞くことを通して意味を理解するようになり、それらを繰り返し言ったり使ったりしてみて習熟から習得に移行する。とくにチャンクなどまとまった表現を定型表現として用いることから徐々に自由に文を産出するようになる（用法基盤モデル）。

　スピーキングには大きく分けて「やり取り（interaction）」と「発表（production）」があるが、やり取りには聞く力も必要である。相手の言っていることを理解して対話を進める必要があり、分からなければ聞き返したり、確認をしたりといったコミュニケーション・ストラテジー［☞2章2節］や、相手の言葉に反応しながら話す能力が求められる。やり取りには、会話、インフォメーション・ギャップ・アクティビティなどのタスク、スキット、ロールプレイ、インタビュー、ディスカッション、ディベートなどが含まれる。一方、発表の活動としては、ショー・アンド・テル、スピーチ、レシテーション、プレゼンテーションなどが考えられる。発表後の活動として質疑応答といった統合的な活動を行うことも必要であろう。さまざまな活動やタスクを用いて話す技能を高めたい。

5.　聞くことから話すことへ、どのようにつなげるか

　第二言語習得では、インプット、気付き、理解、インテイク、アウトプットといった過程が欠かせない。①聞いて概略を理解し、②語彙や表現、文構造などの意味や形、使い方などに気付き、③それらを活動や音読を通して理解を深めて取り込み、④さまざまな場面で語彙や表現などを入れ替えて使ってみて、⑤最終的に自分の伝えたい内容をそれらを用いて話すといった流れを大切にしたい。

　とくに児童はまず聞いて理解することが重要であり、動画やデジタル教科書などで話されていることを映像や絵などをヒントに理解させよう。その中で、どのような内容であったか、どのような語彙や表現が出てきたかを確認し、その意味や用法に気付かせた後、うたやチャンツなどで語彙や表現に慣れ親しませたい。児童は絵本の読み聞かせや指導者の話などを通して大量の英語による理解可能なインプットを受けることで、聞く力が育つ。次に話す活動を通してコミュニケーションを行うことで、自分の気持

ちや情報を伝え合う。例えば、自分の好きなものについて語る自己紹介文を聞かせ、内容を理解させたり、新しい語彙や表現に気付かせたりした上で、うたやチャンツなどで表現に慣れ親しませ、自分のことについて I like 〜. や I don't like 〜. を用いて紹介するといった活動が考えられる。また、ペアで好きなものについて実際に英語でやり取りをするといった活動も可能である。以下、実際の指導例を考えてみよう。

6. 聞くことの指導の具体例——聞く活動

具体例1: Who am I?—Three Hint Quiz

① I have long ears. I have red eyes. I can jump and run. Who am I?
  (Answer: A rabbit.)
② I'm brown. I can climb the tree. I like bananas. Who am I?
  (Answer: A monkey.)
③ I'm white and black. I'm from China. I eat bamboo leaves. Who am I?
  (Answer: A panda.)

クイズは、聞いて内容を理解するのによい活動である。また、動物ジングルと並行して、動物の絵をヒントにクイズやなぞなぞを出し合うと話す活動にもつなげられる。

具体例2: Speech などまとまりのある話を聞く

Olá. My name is Sandra. I'm from Brazil. In my country, you can enjoy watching soccer games. You can buy a cool soccer uniform. Also, you can see the carnival in Rio de Janeiro, too. Please visit Brazil!
(*ONE WORLD Smiles 6*, Lesson 5, Let's Watch より)

上のような文章を聞かせる場合は、指導者による導入と確認が欠かせない。

T: （ブラジルの国旗を見せながら）Do you know this country? It's very far from Japan. It's famous for coffee and a big carnival, or festival.

Ss: Brazil.

T: That's right. Do you want to go to Brazil?（世界地図で場所を示しな
がら）Brazil is here. I want to go to South America. You can do many
things in Brazil. First, let's listen to Sandra's speech.（上記のスピーチ
を聞かせる）

T: What did you hear? What word did you catch? Any sports?

S1: Soccer.

T: That's right.（サッカーをしている写真やネイマール（Neymar）選手
の写真を見せつつ）Do you know him?

Ss: ネイマール

T: Yeah, his name is Neymar, very famous soccer player in the world. Do
you play soccer? Who likes playing soccer?（手を挙げさせる）I see. I
like watching soccer games. You can enjoy watching soccer games, too.
Anything else? What can you buy in Brazil?

S2: Soccer uniform.

T: Good. You can buy a cool soccer uniform.（ユニフォームの写真を見
せながら）Do you want a cool soccer uniform? By the way, what can
you see there?

S2: Carnival.

T: Great! You can see the carnival in Rio de Janeiro.（カーニバルの写真
を見せる）Do you want to see the carnival? That sounds exciting! Let's
listen again.（2回目を聞かせる）（以下、略）

一度で聞き取るのが難しい場合は、何度かに分けて少しずつ聞かせるとよ
い。

7. 話すことの指導の具体例——話す活動（やり取り・発表）

文科省から提示された5, 6年生用の学習指導案例には2回の授業に一度
はsmall talkが登場する。第5学年は指導者が児童に語って聞かせ、やり
取りを行い、第6学年では児童同士で英語でやり取りができるようにする。
なお、small talkの目標は「既習表現を繰り返し使用できるようにしてその
定着を図る」「児童が対話を続けるための基本的な表現の定着を図る」と

なっており、やり取りやスピーチなどの発表のスクリプトが示されている。以下に児童の興味・関心のある話題についてのやり取り、情報を求めたり伝えたりするインタビュー活動、およびまとまりのある内容を発表するスピーチの具体例を示す。

具体例 1: やり取り

6年生の「小学校生活の思い出」について扱う単元 (例えば *NEW HORI-ZON Elementary English Course 6*, Unit 7) の学習指導案例では、同じような話題 (遠足、運動会、音楽会、修学旅行など) を取り上げ、small talk を繰り返し実施することになっている。

1) 指導者と児童が情報の授受を楽しみながら導入を行う。

指導者が話題・テーマについて具体的に話しながら児童に尋ねるなどして、やり取りの見本を見せる。

T: Next March, you will graduate from this elementary school. Do you have a good memory?

Ss: Yes, I do.

T: Oh, that's good. I also have a lot of good memories. For example, I enjoyed the school trip, sports day, music festival, swimming meet, and so on. How about you? What is your best memory?

S1: School trip.

T: Is your best memory the school trip? Then what did you enjoy? Did you enjoy visiting beautiful temples?

S2: I enjoyed playing with my friends.

T: That sounds great! Now please talk about your best memory in pairs.

2) 児童同士でやり取りを行わせる。

S1: My best memory is the school trip. How about you?

S2: My best memory is sports day.

S1: Oh, sports day. Why?

S2: Because 100 meter race 優勝した.

S1: Oh, that's great! I enjoyed eating *yatsuhasi*. It was delicious.

3) 1回目の対話の後で、既習表現を想起できるように、また、自身の対

話を振り返ることができるように指導する。さらに、伝えたくても言えなかった語彙や表現がないかを尋ねる。既習の表現は思い出させ、未習のものは指導者が与えたり、児童が考えたものを易しく言い換えたりする。

T: Is there any English word you don't know?

S2:「優勝する」が言えませんでした。

T: OK. How do you say 勝つ in English? Does anybody know? Beginning with w….

S1: Win?

T: That's right. Please say, "I won the 100 meter race." Let's pronounce it together ….

4) 2回目は1回目と異なる相手とやり取りをさせる。

　small talk の導入期においては、対話後「相手の言ったことを繰り返して言えたか」「一言感想を言えたか」などを確認し、「対話を続けるための基本的な表現」(対話の開始、繰り返し、一言感想、確かめ、さらに質問、対話の終了) の使用に意識を向けさせることが必要とされている。また児童の不完全な発音や表現を正しく言い直したり、さらに質問をしたりして、自然なやり取りを続けながら、児童の気付きを促すことが求められる。

具体例2: インタビュー活動

　小学校英語では、行きたい国や就きたい職業、日課などインタビューをしながら情報を集めるといった活動が行われる。そのさい、まず、インタビュー活動のモデルを担任と ALT などで示し、新出語彙や表現に気付かせ、その後使う表現を繰り返し練習させる。次に、自分たちで尋ねたい内容と質問の文を考えさせる。そしてインタビュー後に入手した情報をインタビューシートなどに記入させ、それを全体に英語で発表させる。留学生や外国人観光客にインタビューすることを想定した場合 (例えば *ONE WORLD Smiles* 6, Lesson 3, Let's Listen 1 を発展させる)、担任と ALT などが示すモデルとして以下のような内容が考えられる。

HRT (児童役): Excuse me. Do you have time?

ALT (外国人観光客役): Oh, yes.

HRT: May I ask you some questions? My name is Yamada Ken. May I have
your name, please?

ALT: My name is Mary White.

HRT: Where are you from?

ALT: I'm from Canada.

HRT: Do you like Japan?

ALT: Yes, I do. I like Japan very much.

HRT: I am very happy to hear that. What food do you like?

ALT: I like *tempura* and *sushi*. They are delicious.

HRT: Oh, I see. Where do you want to visit? What do you want to see?

ALT: I want to visit Kyoto. I want to see *kabuki*.

HRT: Thank you very much. This is a small gift for you. It's a paper crane.
Please enjoy staying in Japan.

ALT: Thank you so much.

HRT: Goodbye. Have a good day.

ALT: Thanks. You, too.

　英語を使ってコミュニケーションをすることができたという成功体験は児童の有能感や学習へのやる気につながる。そのさい、相手の年齢など個人的な内容は尋ねないといったマナーや、挨拶や笑顔を忘れないなどの態度も一緒に指導することが肝要である。また聞き取れなかったときに Pardon? Once more, please. などの表現もふだんから指導しておくと役に立つ。

具体例 3: スピーチ・発表

　スピーチ・発表では、自己紹介、人物紹介、自分たちの町・地域、日本文化紹介、行ってみたい国や地域、夏休みや小学校の思い出、将来の夢など児童の思いや気持ちを発表させたり、他教科の内容ともつなげた調べ学習の結果を個人やグループで発表させたりする。以下のような指導手順が考えられる。

1) モデル文の提示: リスニングをさせ、どのような内容か理解させる。
2) モデル文の練習: チャンツや音読などで繰り返し練習させる。

【児童によるスピーチ例】（自己紹介，*Blue Sky elementary 6*, Unit 1，ほか）

Hello. How are you? I'm Mari. I'm 11 (years old). My birthday is March 5th. I like music. I like NiziU very much. They are cool. My favorite food is curry and rice. I like spicy food. I can play tennis. It's fun. But I am not good at playing tennis. Can you play tennis well? My favorite player is Osaka Naomi. She is great! Thank you.

【ルーブリック例】

観点	評価項目	評価規準	評価基準		
			A　十分満足できる姿	B　おおむね満足できる姿	C　努力を要する状態
知識・技能	学習語彙・表現	誕生日や持ち物、好きなこと、できることを伝える語句や表現を用いて、自分のことを伝えている。	単元の言語材料だけでなく、既習表現も活用しながら伝えている。	単元の言語材料を用いて伝えている。	単元の言語材料を用いて伝えることはまだ難しい。
思考・判断・表現	考えの整理	自分のことを友だちに知ってもらえるように、内容や表現について考え、工夫して伝えている。	自分についてよりよく知ってもらうために、必要な内容・表現について考え、伝えている。	自分について知ってもらうために、必要な内容・表現について考え、伝えている。	自分について知ってもらうために、必要な内容・表現について考え、伝えることはまだ難しい。
主体的に学習に取り組む態度	他者意識	自分のことを友だちに知ってもらえるように、聞き手を意識して伝えようとしている。	自分についてよりよく知ってもらうために、聞き手を意識して伝えようとしている。	自分について知ってもらえるように伝えようとしている。	自分について知ってもらえるように、伝えることは、まだ難しい。

3）　発表する文章の完成：モデル文を参考に自分が必要とする単語を選んで文章を完成する。単語がリストにない場合は、指導者に聞くか辞書で

調べさせる。絵やイラスト、発表資料が必要な場合は作成させる。

4) 発表の練習：分からない発音は担任やALTに確認させる。イントネーションなどにも留意させ、個人→ペア→グループで練習させる。資料の活用法なども考えさせる。

5) 発表と質疑応答：大きな声で聞き手に配慮して発表させる。

6) 振り返りと評価：あらかじめ作成し児童に示した学習到達度を示す評価基準表（ルーブリック）を参考に自己評価させる。また、振り返りシートなどで自分や友だちのパフォーマンスを振り返らせる。

英語を聞いたり話したりといった技能は日々の繰り返しが必要である。Practice makes perfect. まずは児童が聞きたい、話したいと思うテーマや内容を取り上げて練習させることが大切である。　　　　　　　（泉恵美子）

学 習 課 題

1. 児童が英語を聞いて理解するプロセスと、まとまった英語を聞かせるさいの留意点について考えてみよう。

2. 次のテーマから1つ取り上げ、指導者がそのテーマについて具体的に話しながら児童にやり取りの見本を見せるための small talk のスクリプトを作成し、発表してみよう。
   ・夏休みの思い出　・行きたい国　・友だち紹介

📖 **参考図書**

鈴木寿一・門田修平（編著）（2018）『英語リスニング指導ハンドブック』大修館書店.

文部科学省（2017b）『小学校外国語活動・外国語　研修ガイドブック』.

COLUMN

❶ 「英語を何度聞いても聞き取れない」児童の指導は？

　小学校英語のリスニング教材の中には、映像を見ながら説明ややり取りを聞いたり、まとまった音声を聞いて理解したりするタスクが多く含まれている。聞く分量が多く、内容的にも難しい場合には、扱い方に注意が必要である。児童に意味を日本語で尋ねたり、正確にすべて聞き取ることを目標にしては、児童は分からない、聞き取れないといった不安やストレスを感じたり自信を失うことにもなりかねない。

　何度聞いても内容が聞き取れないという児童には、どのように指導すればよいのだろう。英語力に自信がある大人であっても、英語母語話者が流暢に話す英語や外国の子どもたちが話す英語をすべて聞き取ることは難しい。実際、コミュニケーションは緊張もともなう。ではどのような聞き方が望ましいのであろう。まず話されている話題や場面からおよその内容を推測する。次に、自分の知っている単語や内容語を拾い集め、つなぎ合わせて意味を頭の中で構築しながら理解しようとする。分からなければ聞き返したり、ゆっくり話してもらうようにお願いしたりすることもある。つまり、あいまいさに耐えながら、相手との相互交渉で理解につなげるように聞き手も積極的に働きかけながら聞くことが必要となる。

　授業場面では、児童に聞き取った単語や音を書かせる、聞こえたことを言わせる、聞き取ったことをメモに取らせる、キーワードを発音させてから聞かせる、聞くさいのヒント（例：登場人物の名前は？　どこにいる？　何をしようとしてる？）を与えて聞かせる、といったリスニングプロセスやストラテジーを教えることも大切である。また、教員が話すさいは、1回目は絵やイラスト、実物などを提示しつつ、ジェスチャーや表情をつけて、ゆっくりはっきり話し、2回目は児童の反応を確認しながら、3回目は普通に話すといった段階を踏むことで、児童にしだいに聞けるようになる実感を与え、自信をつけさせたい。

　リスニング指導では、内容の親しみやすさ、内容への興味・関心、語彙や表現のレベル、文章の長さ、話す速さ、回数、視覚補助の有無なども考えて、児童に無理のない活動を行いたいものである。

（泉惠美子）

読むこと、書くこと

　中学年の外国語活動と高学年の外国語科の大きな違いの一つは、外国語科に「読むこと」と「書くこと」が盛り込まれていることである。
　本節では、まず、学習指導要領・外国語の「読むこと」「書くこと」の目標と、児童が習得すべき知識と技能を明確にする。次に、「聞くこと・話すこと」から「読むこと」へ、「聞くこと・話すこと・読むこと」から「書くこと」へ、どのようにつなげたらよいかを考え、「読むこと」「書くこと」の指導の具体例を紹介する。最後に、外国語（英語）コアカリキュラム（文部科学省（以下、文科省）2017a）の内容も踏まえ、指導者が読むこと、書くことを指導するさいに必要な知識と技能について述べる。

1. 「読むこと」の目標と「読むこと」に必要な知識と技能

❶ 「読むこと」の目標

　学習指導要領に示された外国語の「読むこと」の目標は、以下の2点である。
ア　活字体で書かれた文字を識別し、その読み方を発音することができるようにする。
　　　　　　　　　　　　　　　　　　　　　　　　　　　　（下線は筆者）
イ　音声で十分に慣れ親しんだ簡単な語句や基本的な表現の意味が分かるようにする。

　まず、読むことの目標アの「読み方を発音することができるようにする」とは何を意味しているのだろうか。英語の「『文字の読み方』には文字の"名称の読み方"と"文字が持っている音"がある」（文科省 2017b）が、ここでは文字を見てその名称（/ei/, /bi:/, /si:/ など）が発音できることを意味している。

目標イは、日常生活に関する身近で簡単な事柄について、掲示やパンフレットなどから必要な情報を得たり、絵本などに書かれている簡単な語句や基本的な表現を識別して読んだりできるようになることが目標となっている。これらの語句や表現の意味が分かるようにするには、語句や表現を発音できる必要があるので、指導者は文字の音（/æ/, /b/, /k/ など）の読み方を指導する必要がある。

❷ 児童が習得すべき知識と技能

まず、「読むこと」に関して、英語を「読める」とはどういうことを意味するのだろうか。子どもたちは外国語活動の中で、絵カードなどに書かれた文字を目にし、多くの文字に触れてきている。そのため、絵が

なくても、文字の形や、語頭の音をヒントに、英語を読めるかもしれない。しかし、それでは本当の意味で「読める」ということにはならない。本当に英語が読めるようにするには、文字が持っている音（音素：それ以上分割することができない音の最小単位）を学習し、音と文字を一致させる（文字を sound out する）能力が必要である。すなわち、例えば、ant という単語であれば、3つの文字とそれぞれの音素 /æ/, /n/, /t/ を対応させ、その音素の組み合わせで、/ænt/ と読めなければ、本当の意味で読めるとは言えないのである（田中 2017）。

このような音と文字の関係は、フォニックス（文字と音の関係を教えて、正しく読み書きができるようにする指導法）の中で扱われている。しかし、フォニックスのルールには例外も多い。例えば、come, one や she, he, you など、日常的によく使われる語にはフォニックスの規則に当てはめて読むことができないものが数多く存在する。そのような語は、サイトワード（sight word）として「目で見て覚える」必要がある。

文字と音の対応

文字	音
a	/æ/
n	/n/
t	/t/

↓

音素の組み合わせ

文字	音
ant	/æ/＋/n/＋/t/

小学校の段階では、中学校英語教育への円滑な接続を図るためにも、読みの基本として、アルファベットの名称の読み方、音の読み方をしっかり身に付けさせたい。

　英語を読めるようにするための第一歩として、小学校英語教育ではアルファベットジングルがよく使われる。アルファベットジングルは、文字の名称、その文字の音、そしてその音で始まる単語を1セットにして（例えば、a (/ei/), a (/æ/), ant (/ænt/); b (/biː/), b (/b/), box (/bɑks/); c (/siː/), c (/k/), cat (/kæt/)）、AからZまで唱え、英語を読んだり書いたりできるようにすることを目的としたアプローチの一つである。児童がAからZまで正しく読めるようになるまで、毎時間、帯活動としてアルファベットジングルを練習することをすすめたい。たくさん英語を聞いて、英語の音素に対する認識（phonemic awareness: 音素認識。すなわち、rの音は /r/, l の音は /l/ などと識別すること）を高め、音と文字を対応させることができるようになったら、アルファベットジングルを有効に活用して、音声で十分慣れ親しんだ3文字程度の単語を読めるようにしたい。一方、フォニックスのルールでは読めないサイトワードは、音声を何度も聞き、何度も見て繰り返し読む練習が必要である。

　さらに、「意味が分かり音声に慣れ親しんだ英文について、意味と音声と文字を結び付けるために音声化をする」（文科省 2017b）ことも読むことの大切な技能なので、慣れ親しんだ表現に対しては音読をさせて定着を促したい。しかしそのさいも語の音素と文字を対応させて、正確に発音できるように指導することが重要である。

❸ 「聞くこと・話すこと」から「読むこと」へ

　児童は、外国語活動で聞いたり話したりして、多量の音声に触れている。高学年では絵本などの読み聞かせの体験を通して、自分で読めるようになることが求められている。以下、児童が自分で英語を読むことができるようになるための指導の手順を、文字、単語、文、文章と段階を追って示す。

1) 文字、単語

1)　大文字、小文字の形を認識し、名称の読み方の練習をする。

2)　アルファベットジングルを用いて、文字の名称の読み方、音の読み方、

その文字で始まる単語を一緒に、九九を覚えるように繰り返し発音し練習する。アルファベットジングルを言うさいは、個々の文字と音の関係、そして日本語とは異なる音の特徴（例えば、/f/ や /v/, /r/ や /l/ の音は日本語には存在しない）を教え、音素に対する認識を高める。

3)　文字を b＋a＋t のように 3 つほどつなげて、児童と一緒に読んでみる。そのさい、アルファベットジングルを活用する。例えば、bat を読む場合、ant や box, tiger をアルファベットジングルで扱っているとしたら、「最初の文字は、b (/biː/), b (/b/), box (/bɑks/) の /b/ だね。次の a は a (/ei/), a (/æ/), ant (/ænt/) の /æ/ の音。t は t (/tiː/), t (/t/), tiger (/táigər/) の /t/ だから、bat は /bæt/ って読むんだね。bat って何だっけ？ そう、コウモリ、野球のバットも bat だね」というように読みを導く。そのさい、文字と一緒に bat のイラストや写真などがあると、それを見て bat と答えることになるため、イラストなどは見せず、文字だけを見せて、文字を音に変える練習をする。その後にイラストや写真を見せ、文字と音、そしてイメージが結びつくようにする。

4)　3 文字からなる単語の語頭や語尾を、別の文字と入れ替えて読んでみる。例えば、「それでは bat の b を m と入れ替えたらどんな単語になるかな」など、語頭の文字から始めて、語尾の文字、そして真ん中の文字を入れ替えるようにし、音声で慣れ親しんだ単語を読む（bat → mat, cat, rat, fat; fat → fan; fan → fin, etc.）。これもアルファベットジングルを活用して正確に読む練習をする。

2)　文、文章

1)　身近で簡単な単語を読めるようになったら、身近で簡単な文を読む練習に入る。一つの例として、毎時間授業の初めに指導者が質問し、児童が「意味が分かり音声に慣れ親しんでいる」定型表現——How are you? や What day is it today? What's the date today? などの表現から始めるとよい。このような定型表現は教室の壁などに貼っておき、授業では必ず英語を指さしながら、児童に問いかけるようにする。多くの定型表現に頻出するサイトワード——what, how や it, is, the などは「見て覚える」必要があるため、このような文脈があると身に付きやすい。

2)　月日、色、教科、果物、スポーツ、季節、食べ物など、聞き慣れた単

語から、my [your] birthday / my favorite color [subject, fruit, season] / play baseball [soccer] / Japanese food など、語句の読みに進み、次に My birthday is October 31st. や I like English. I want to play baseball. などと文のレベルに進んでいく。そして、毎時間少しずつ読んだり書いたりした文を単元の最後の時間にまとまりのある文章として読ませる。例えば、季節に関連した内容であれば、第1時で I like summer.、第2時に We have fireworks festival.、第3時に I like swimming in the sea.、第4時に I'm good at swimming. などと、毎時間少しずつ学習を積み重ねてきた文を単元の最後の時間にまとまりのある文章として読む。そうすることで児童に負担がかからず、また、まとまった文章を読めるようになることから、読むことへの自信を育むことができる。

3) 絵本を文章の読みに活用する場合は、第一歩として、同じ音（例えば /æ/）が短く簡単な単語で繰り返し使われている絵本 (phonics book) を使うと効果的に読みの力をつけることができる。例えば、Pat's fat rat is on a mat. Pat's fat rat is on a bat. Pat's fat rat is in a hat. (田中 2017) には、a を /æ/ と読む単語が繰り返し出てくる。このような文章を読む練習をすると、読みの力が強化され、語の習得にも役立つ。ストーリー性のあるお話が中心の絵本を読み聞かせる場合は、最初は児童になじみのある絵本を利用し、何度も読み聞かせてから、絵本の中の単語を認識できるかどうか問いかけ、絵本の中の語や文を部分的に読む活動を取り入れるとよいだろう。

❹ 「読むこと」の言語活動と具体例
1) 「読むこと」の言語活動

学習指導要領・外国語の「言語活動に関する事項」に、「読むこと」として、以下の活動があげられている。

（ア） 活字体で書かれた文字を見て、どの文字であるかや、その文字が大文字であるか小文字であるかを識別する活動。

（イ） 活字体で書かれた文字を見て、その読み方を適切に発音する活動。

（ウ） 日常生活に関する身近で簡単な事柄を内容とする掲示やパンフレットなどから、自分が必要とする情報を得る活動。

（エ） 音声で十分に慣れ親しんだ簡単な語句や基本的な表現を、絵本など
の中から識別する活動。

　項目（ウ）は、レストランのメニューから注文したい食べ物を選んだり、
イベントの内容や時間割を確認したり、また運動会のポスターで開催日を
確認したりする活動、（エ）は、絵本の読み聞かせなどにおいて、既習の単
語を絵本の中から見つけるような活動である。

2） 具体例

具体例1： 大文字、小文字のマッチング・ゲーム

1. ねらい：活字体で書かれた大文字と小文字が区別でき、名称の読み方、
   音の読み方で発音できる。「読むこと」の言語活動（ア）と（イ）。
2. 主な言語材料：アルファベットの大文字と小文字。
3. 活動形態と所要時間：ペア（S1 と S2）。15 分程度。
4. 準備物：大文字 A〜Z, 小文字 a〜z が書かれた用紙（一人それぞれ 1 枚
   ずつ）。

【大文字用紙】

A	B	C	D	E	F	G
H	I	J	K	L	M	N
O	P	Q	R	S	T	U
V	W	X	Y	Z		

【小文字用紙】

a	b	c	d	e	f	g
h	i	j	K	l	m	n
o	p	q	r	s	t	u
v	w	x	y	z		

　この活動は、相手にカードを要求し、自分の持っている大文字用紙の大
文字の横に相手から受け取った小文字カードを置くか、小文字用紙の小文
字の横に相手から受け取った大文字カードを置いていくアクティビティで
ある。したがって、大文字用紙の右側には小文字カードが入るスペース、
小文字用紙の左側には大文字カードが入るスペースを設けておく。

5. 指導のポイント：カードを要求する側は、相手から音の読み方が何か
   聞かれるが、聞かれたとき、答えられないとカードをもらえない。一方、
   カードを渡す側は、相手から名称の読み方を聞いて、その文字の識別が
   できなければカードを渡せない。また、ここではアルファベットジング
   ルを活用して、文字の名称の読み方、音の読み方、そして単語を答えな

ければならないので、アルファベットジングルの練習も兼ねている。

6. 指導の手順

① 児童をペアにさせ、ペアでA〜Zとa〜zの用紙を「1枚分」ずつ切り、用紙の枠内の余白に収まる大きさのカードを作るように指導する。S1は小文字用紙をカードに、S2は大文字用紙をカードにする。

② S1はA〜Zの大文字用紙と、大文字用紙を切ったカード、S2はa〜zの小文字用紙と、小文字用紙を切ったカードを手元に置く。

③ 会話例。

S1: Please give me "a."

S2: Okay, but what's the sound of "a"?

S1: The sound of "a" is /æ/. A (/ei/), a (/æ/), ant (/ænt/).

S2: (a のカードを渡しながら) Okay, here you are.

S1: Thank you.

④ aのカードを受け取ったS1は、自分の大文字用紙のAの右横にaのカードを置く。次はS2が何か大文字のカードを要求し、同様に進める。

具体例2: What do we have on October 5th?

1. ねらい: 学校行事の開催日を確認する活動。「読むこと」の言語活動(ウ)

Here We Go! 6 (光村図書、令和2年度版) Unit 7, My Best Memory には、学校行事を表す英語が紹介されている。ここで示す活動は、*Here We Go! 5* の Unit 2, When is your birthday? や Unit 4, What time do you get up? に出てくる月や時間の言い方も含めて、児童が学校行事に関する情報を互いに読んで伝え合う。

2. 活動形態と所要時間: クラス全員がペアの相手を探して活動。20分。

3. 準備物: 3種類のカード (30人クラスの場合、各10部ずつ) とワークシート (クラスの人数分)。なお、カードの情報を各学校の行事予定に合わせると現実的な活動となる。また検定教科書によって行事の表現が異なる場合もあるので (例えば、swimming meet と swim meet, school trip と field trip など)、自校使用の教科書の表現に合わせるとよい。

【カード A】	【カード B】	【カード C】
Sports Day Date: October 5th Time: 10:00〜12:00	School Trip Date: May 25th Time: 9:00〜2:30	Swimming Meet Date: August 3rd Time: 3:00〜4:00

【ワークシート】

Event	Date	Time
Sports Day		
School Trip		
Swimming Meet		

4. 指導のポイント：ペアとなった相手に、ワークシートに書かれた学校行事がいつ開催されるのか尋ねる。尋ねられた児童は、自分のカードからその行事名を読んで、開催日や時間を伝える。学校行事を表す英語を読むためには、sports の sp, school の sch, swim の sw の音が分かり、その音を含む単語を読めなければならない。

5. 指導の手順

① 教科書に出てくる月や時間、行事を表す英語表現に慣れ親しませる。

② s の文字は、名称は /es/ だが音は /s/ であること、sp は /sp/, sch は /sk/, sw は /sw/ と発音することを教える。発展的に、spice や spoon の語頭は /sp/, schedule や scholar の語頭は /sk/ と発音することを例として示すとよい。また sw で始まる語には、sweater, sweet などがある。なお、sp, sch, sw の間に「う」が入って日本語読みにならないように注意する。

③ クラス全員に 3 種のカードのうちどれか一つを配る。

④ 児童は全員起立し、自分とは異なるカードを持っている人を見つけて自分のワークシートを埋めるのに必要な情報を聞き出す。

S1 (カード B)：Hello. When do we have the Sports Day?

S2 (カード A)：We have the Sports Day on October 5th.

S1：What time?

S2：From 10:00 to 12:00.

S1: Thank you.

S2 は、尋ねられた質問に答える情報を持っていない場合は、I'm sorry, I don't know. と答える。その場合、S1 は別の児童 (S3) に尋ねて情報を入手する。次に役割を交代して S2 (または S3) が同じように相手 (S1) に質問し、必要な情報を得たら、ワークシートの該当部分に記入する。必要な情報を記入した児童は着席する。

⑤　ほぼ全員の児童がワークシートの記入を終えた段階で、3 種類のカードを黒板またはスクリーン上に提示する。指導者は同じ質問を児童にする。児童を任意に指名して解答を確認後、school や swim, trip の読みを確認し (指導の手順②)、全員でカードの英語を読む。

具体例 3: Come quick!

1.　ねらい: 詩の中の英語を読む。「読むこと」の言語活動 (エ)。

以下は、*Crown Jr. 6* (三省堂、令和 2 年度版) Lesson 6, I want to be a vet. の Enjoy Reading (p. 83) に掲載された詩で、c, q, k や sh など同じ音素を含む単語がいくつか出てくる。ここでは c, q, k の音は /k/、また sh の音は /ʃ/ であることを認識させ、音と文字の関係が分かるようにする。

2.　活動形態と所要時間: 一斉。20 分。

3.　準備物: 詩をスクリーン上に映すか、模造紙に書いて提示する。

4.　指導のポイント: c, q, k は文字が異なるが、音は /k/ であることを認識させる。s と h が合わさると別の音 (/ʃ/) になることを教える。

5.　指導の手順

①　アルファベットジングルを通して、c, q, k の文字と音 /k/ を振り返る。

②　詩を黒板やスクリーンに掲示する。児童に、詩の中で /k/ の発音を含む単語を見つけさせ、指導者はその単語を板書する。それらの単語の意味を確認後、児童と一緒に読みの練習をする。

③　次に s と h が一緒になると /ʃ/ という音になることを教える。そして、どんな単語に /ʃ/ の音が入っているか尋ねる。児童から sheep, shark, shape, fish, wash などの単語が出てきたら、それらを板書し、一緒に読みながら、sh の音は /ʃ/ と発音することを教える。

④ 掲示した詩を見せて、どの語に /ʃ/ の音
が入っているか答えさせる。それらの単
語を板書し、意味を確認する。その後一
緒にそれらの単語の読みの練習をする。
⑤ 児童と一緒に英語の詩を通して読む。
そのさい、c, q, k (/k/) を含む単語と sh (/ʃ/)

> Come quick! Come quick!
> Look at the queen!
> She is on the ship.
> Please be quiet.
> Shhhh!

を含む単語 (下線部) については指導者は読むのを止め、児童に読ませ
る。

2. 「書くこと」の目標と「書くこと」に必要な知識と技能

❶ 「書くこと」の目標

　学習指導要領に示された外国語の「書くこと」の目標は、以下の 2 点で
ある。
ア　大文字、小文字を活字体で書くことができるようにする。また、語順
　を意識しながら音声で十分に慣れ親しんだ簡単な語句や基本的な表現を
　書き写すことができるようにする。
イ　自分のことや身近で簡単な事柄について、例文を参考に、音声で十分
　に慣れ親しんだ簡単な語句や基本的な表現を用いて書くことができるよ
　うにする。　　　　　　　　　　　　　　　　　　　　　（下線は筆者）
　「書くこと」で求められている知識と技能は、大文字、小文字を活字体で
書くことに加え、与えられた語句や表現を見て書き写したり、自分が伝え
たいことを伝えるのに語彙リストなどから必要な語句や表現を選んで書い
たりするレベルである。
　目標アは、語順に注意しながら「簡単な語句や基本的な表現を書き写す」
ことができるとある。例えば、日本語の「りんご 1 個」は英語で an apple
と「数＋名詞」の語順になる。I like baseball. や I play the piano. などは、
英語では「主語＋動詞＋目的語」の語順となり、目的語は日本語とは違っ
て動詞の後に来ることを意識させることが重要である [☞ 2 章 7 節]。
　目標イは、教科書やワークシートに書かれた、例えば、Hello. I'm ～. I
can ～. My birthday is ～. といった例文を参考に、自分に当てはまる語句を

語彙リストから選んで文章を完成することができるようにするということである。

❷ 児童が習得すべき知識と技能

　書くことの基本として、まずは、なぞり書きなどを通して、大文字、小文字の形を認識させ、4線上にきちんと書けるようにしなければならない。また、単語を「書き写す」さいは、「音」に注意し、単語の中の一つひとつの文字は音と対応していることを認識している必要がある。文のレベルでは、文の始めは大文字で書き、文の最後にピリオドを打つことや、単語と単語の間に適当な間隔をあけること、語順を正しく書くことなど、文を書くさいの規則に関する知識が必要である [☞2章6節]。

❸ 「聞くこと・話すこと・読むこと」から「書くこと」へ

　「書くこと」は、「聞くこと・話すこと・読むこと」に支えられて発達する技能である。書くことの知識や技能は、聞く、話す、読む活動が基本となっている。聞いたり話したりしたことがない単語や文は書くことはできないし、読むことができなければ書くこともできない。したがって、書くことの指導の前に、聞くこと、話すことや読むことの指導を十分行うようにしたい。

　学習指導要領の目標となっている「書き写す」活動は、文字の習得だけではなく、学んだ単語を定着させ語彙力をつけることや、文の語順への気付きを促す重要な活動である。では「書くこと」の指導はどのように進めればよいだろうか。以下に、書くことの指導の手順を文字、単語、文、文章の段階ごとに示す。

1) 文字、単語

　文字を書く指導では、文字の名称の読み方、音の読み方を正確に発音しながら書かせる（例えば「a (/ei/), a (/æ/), apple の /æ/ だね。それでは a (/ei/) と書いてみよう」「apple の最初の文字の a (/æ/) を書いてみよう」などと確認する）。始めはワークシートに書かれた文字をなぞって文字の形を認識させ、徐々に手本を見ながら4線上に書き写す練習をする。そして、最後には、手本がなくても書けるようにする。

単語を書く指導についても、何度も聞いたり言ったりした単語 (例えば mountain, amusement park, zoo など) をまずはなぞり書きし、次にワークシートなどの文の空欄部分 (We went to the＿＿＿＿＿.) に、適当な単語を選んで書き写すなどの練習をさせる。しかし、ただ単語を書き写すのではなく、自分の経験に照らし合わせることや、完成した文を友だちに読んで聞かせるなど「目的意識をもちながら学習に取り組めるようにする」(文科省 2017b) ことが重要である。

2)　文、文章

　文、文章の指導では、指導者が単元の話題について、児童に表現させたい内容を含めたモデル文と児童が必要と予想される単語を含めた語彙リストを作成しておく。児童はターゲットとなる表現について毎時間 1 文ずつ、自分なりの文を作成していく。このようにして単元を通して毎時間少しずつ書きためた文は、最終的にスピーチの原稿にしてクラスメートの前で発表するなどして、「話す、聞く」活動に結びつける。なお、語彙リストの単語やモデル文は、これまで何度も聞いて意味の分かっている既習の語句や文を扱うことが基本である。

❹　「書くこと」の言語活動と具体例

1)　「書くこと」の言語活動

　学習指導要領の「言語活動に関する事項」に、「書くこと」として、以下の活動があげられている。

(ア)　文字の読み方が発音されるのを聞いて、活字体の大文字、小文字を書く活動。

(イ)　相手に伝えるなどの目的をもって、身近で簡単な事柄について、音声で十分に慣れ親しんだ簡単な語句を書き写す活動。

(ウ)　相手に伝えるなどの目的をもって、語と語の区切りに注意して、身近で簡単な事柄について、音声で十分に慣れ親しんだ基本的な表現を書き写す活動。

(エ)　相手に伝えるなどの目的をもって、名前や年齢、趣味、好き嫌いなど、自分に関する簡単な事柄について、音声で十分に慣れ親しんだ簡単な語句や基本的な表現を用いた例の中から言葉を選んで書く活動。

「書くこと」の言語活動（イ）（ウ）（エ）には「相手に伝えるなどの目的をもって」とあるように、書き写す活動が機械的に書かせるだけのものにならないように注意する必要がある。また（エ）は、自分の考えや気持ちを表現するために、例文の一部を語彙リストから自分で言葉を選んで「書く」という自己表現を含むコミュニケーション活動である。

2）　具体例

具体例1: 友だちのメールアドレスを尋ねよう

1. ねらい: 友だちのメールアドレスを聞き、ワークシートに友だちの名前とメールアドレスを記入させる。「書くこと」の言語活動（ア）。

2. 指導のポイント: ここでは、児童は各自、自分の名前のメールアドレスを持っている前提で行う。@ (at) 以下は、例えば、地域名や自分の通っている小学校名を入れると身近な活動に感じられる。名前の文字だけでなく、@以下の文字、そして小点 (dot) も読ませるようにしたい。表記のさいのローマ字は、ヘボン式ローマ字を使用する [☞2章6節]。

3. 指導の手順

   児童を全員起立させる。児童は教室内を移動し、次の会話例にしたがって友だちにメールアドレスを聞く。お互いに聞いたアドレスをワークシートに書く。

   S1: What is your email address?

   S2: My email address is mari@funabashi.ac.jp

   　　It is m-a-r-i @ f-u-n-a-b-a-s-h-i. a-c. j-p

具体例2: レストランで注文してみよう

1. ねらい: 客の名前と注文で聞いた食べ物の名前を書き写す。「書くこと」の言語活動（イ）。

2. 主な表現、語彙

・表現: 会話例の下線部を参照。

・単語、語句: main dish (beefsteak, curry and rice, etc.), desserts (ice cream, cake, etc.), drinks (milk, mineral water, etc.)

3. 活動形態と所要時間: ペア。20分程度。

4. 準備物: 食べ物の絵または写真付き英語メニュー。注文を書き写すた

めのワークシート。

5. 指導のポイント：必ずメインのメニューとデザートあるいは飲み物を1品ずつ注文するという設定にする。

6. 指導の手順

① クラスを店員役と客役が半分ずつになるように左右に分ける。

② 以下の会話例に従って、店員役の児童は客役の児童に対し、注文を取る。

S1: （店員役）What would you like?

S2: （客役）I'd like beefsteak, please.

S1: Any drinks?

S2: Milk, please.

S1*: Anything else?

S2*: No, thank you. That's all.

*最後の S1, S2 のやり取りは、児童の実態によって付け加えるとよい。

③ 店員役の児童は、客役の児童と、②のようにやり取りをした後、ワークシートにその客役の児童の名前を書き、注文を受けた飲食物の英語を書き写す。

④ 所定の時間（6〜7分）が経過したら、役割を交代する。

⑤ 活動終了後、指導者はできるだけ多くの児童に何を注文したか尋ねる。

T: What did you order, S2?

S2: Beefsteak and milk.

具体例 3: ぼくの、わたしのヒーロー

1. ねらい：単元の題材に関するモデルの文章と語彙リストを参考にして、数回の授業で書きためた文をまとめて内容的にまとまりのある文章を書き、友だちに音読を聞いてもらう。「書くこと」の言語活動（ウ）（エ）。

2. モデルの文章と指導計画

1 単元中に 6 回実施する。第 1 回から第 5 回は各 10 分程度で帯活動的に行う。第 6 回（単元の最後の授業）は 45 分間すべてを使って実施する。

回　数	内　容	モデル文など
第 1 回 第 2 回 第 3 回 第 4 回 第 5 回	写真を示し、名前を紹介 自分との関係 上手にできること（スポーツや楽器） 同上（スポーツや楽器以外） 性格、状態、気持ち	This is my hero. He is Yuta. He is my friend. He can play soccer well. He is good at singing songs. He is very active.
第 6 回	第 1～5 回で書いた文をまとめて清書し、音読する	

3.　準備物：上記のモデル文をまとめた文章と、児童がモデル文の下線部について自分が伝えたいことに置き換えるのに必要と予想される絵と綴りからなる語彙リスト（例：（自分との関係）friend, mother, brother, teacher, …）。

4.　指導の手順

①　第 1 回から第 5 回は指導者についてモデル文を音読後、下線部について、第 1 回は自分が紹介したい人物の名前、第 2 回から第 5 回は自分が伝えたい内容に合う語句を語彙リストから選び、モデル文を書き換える。必要な語句がない場合は指導者に尋ねる。なお音読は、例えば第 3 回であれば、指導者について第 1 回から第 3 回のモデル文を続けて全員で音読する。そのさい、第 3 回のモデル文をより丁寧に音読する。

②　第 6 回（単元の最後の時間）は、それまでに書きためた文をまとめて清書する。清書後、文章全体の音読練習を各自で行い、ペアまたはグループで自分の文章を交互に音読し合う。時間があれば、何人かの児童を指名し、全員の前で音読させてもよい。

3.　指導者に求められる知識と技能

❶　文字の名称と音を正確に発音できる

　児童が 3 文字程度の簡単な単語を読めるようにするために、まず指導者自身が文字の音素認識能力を高め、音を操作して指導する方法を身に付けている必要がある。音を操作する指導の方法は、以下の通りである。

1)　3 文字程度の単語の「音」を切り離し（例えば、cat ＝ /k/＋/æ/＋/t/）、いくつの音からなるか考えさせ、それぞれの音を確認する。

2) 最初の音をほかの音と入れ替えて（例えば、c を m と入れ替えて mat とする）読む。

3) 音を 3 つ組み合わせて読んでみる（a＋n＋t や f＋o＋x）。

このような指導は、まず音に対する認識を高めるために、「音」だけに集中して行う。その後で、今度は単語を見せて、1) その「文字」を切り離したり、2) 最初の文字や最後の文字をほかの文字と入れ替えたり、3) 文字をいくつか組み合わせて何と読むか指導する。

「書くこと」の指導においても、ただワークシートの単語をなぞらせたり書き写させたりするだけでなく、単語の最初の音と文字を対応させながら教えるようにしたい。

❷ 文の音読とその指導ができる

高学年では、書かれた文字や文を児童に読ませる活動が設定されている。指導者はモデルとして、プロソディー（音の強弱、長短、高低、リズムなど）に注意して、英文をはっきり大きな声で正確に読むことができ、また読み（音読）の指導ができなければならない［☞ 2 章 3 節］。音読の指導には、クラス全体で一斉に声に出して読むコーラス・リーディングや、児童がペアになって読むペア・リーディングなどがある。ペアで交互に英文を読ませたり、ペアを前後左右で変えたり、またグループで読みの披露をさせるなどしてもよいだろう。

❸ 絵本の読み聞かせの技術を身に付けている

小学校の指導者は絵本を読み聞かせたり、英語のうたやライムを扱ったりするので、「意味内容を理解し、文字と音を正確に結び付け、英語のリズムを崩さずに読めるようになることが大切である」（東京学芸大学 2017）としている。また、「英語で書かれた絵本や子ども向けの歌や詩は、英語特有の音声を身に付け、文字と音の関係に気付く手掛かりとしても活用できる」（東京学芸大学 2017）ので、指導者は、絵本の読み聞かせにおいても、文字と「音」、その音（音素）の特徴を正確に認識し、「読むこと」や「書くこと」を指導できることが望ましい。さらに、絵について児童に考えさせたり、概要について質問したり、思ったことや感じたことを表現させたり

する読み聞かせの技術を身に付けることも必要である［☞2章8節］。英語絵本を使った「読むこと」と「書くこと」の指導方法に関しては、田中（2020）を参照していただきたい。

❹　簡単な英文法の知識がある

　児童に日本語と英語の語順の違いや英語の文構造について気付かせたり、児童の疑問に要領よく答えたりするためには、指導者は中学校1, 2年生で学習する文、文構造、文法事項や言語の使用場面、働きなどを十分理解している必要がある。これらの知識は中学校の検定済教科書を利用して身に付けることができる。中学英語をしっかり身に付け、使いこなせれば、自信をもって授業にのぞめるだけでなく、中学校との連携も意識しながら授業を行えるだろう。

（田中真紀子）

学　習　課　題

1.　英語が「読める」とはどういうことか、また児童が読めるようになるためには、どのような技能を身に付ける必要があるか、まとめてみよう。
2.　情報を読み取る活動を行うために、運動会または学芸会のポスターを作成してみよう。

📖 参考図書

田中真紀子（2017）『小学生に英語の読み書きをどう教えたらよいか』研究社.

田中真紀子（2020）『絵本で教える英語の読み書き――小学校で実践したい英語絵本の指導法』研究社.

樋口忠彦・泉惠美子（編著）（2011）『続　小学校英語活動アイディアバンク――チャンツ・ゲーム・コミュニケーション活動・プロジェクト活動』教育出版.

COLUMN

❷ 英語の読みに興味を持たせる最初の一歩

　街の中を見渡すと NewDays や 7-Eleven, No Parking など、英語の文字があふれている。児童は、英語表記が読めなくても何と書いてあるか、経験（看板のイメージ）から知っている。我々大人も、Starbucks Coffee など、英語が読めなくても、誰でも迷うことなく「スタバ」に到着できる。

　街で目にする看板や標識などの英語は、見ているだけで、実際は読んでいない場合が多い。そこで、看板の英語表記だけを見せて、どの看板か当てさせるような活動をすると、Starbucks は「スタバ」のことなのかと改めて分かり、児童は興味を示す。また、Starbucks の看板を用いて、Starbucks のバックスの部分は /bʌks/ という発音で、cup や cut の /ʌ/ と同じ音であることを話してあげることもできる。「英語では、Starbucks は /stáːrbæks/ とかではなくて、/stáːrbʌks/ って発音するんだね。音の違いが分かるかな？」などと音に注意を向けさせることができるのである。

　また、McDonald's は単語の途中に大文字（D）が入っていることや、関東では「マクドナルド」や「マック」、関西では「マクド」などと言ったりするが、英語では、/məkdɑ́nldz/ となり "Do" のところにアクセントが置かれることを話すと、児童は日本語との違いに興味を示し、何度もまねて言いたがる。また「ド」は、/dɑ́/ の発音になることも児童の音素認識を高めるのに役立つ。

　さらに、KFC と言えばフライドチキンのチェーン店であるが、これも、KFC の文字を読ませ、それぞれ何を表すと思うか児童に尋ねてから、黒板に Kentucky Fried Chicken と書いて、読み方を教えることもできる。Kentucky はアメリカ合衆国の南東に位置する州だが、地図上で確かめ、KFC の歴史（カーネルおじさんがケンタッキー州で「サンダース・カフェ」を開き、フライドチキンを売ったことが始まり）などを話してあげると、児童は興味を持って聞くだろう。

　街中の看板は英語の読みに興味を持たせる最初の一歩となるので、是非、実践していただきたい。

　　　　　　　　　　　　　　　　　　　　　　　　　（田中真紀子）

2節　読むこと、書くこと

技能統合的な活動

外国語学習においては、各技能を個別に扱い、集中的に指導を行う場面も多いが、実際のコミュニケーション場面では、特定の技能のみに依存することはまれである。コミュニケーション能力の素地（外国語活動）や基礎（外国語科）の育成を目指すからには、そのような言語使用の実態を踏まえ、4技能を統合した活動を積極的に取り入れた指導が求められる。当節では、そのために必要な理論的背景を概観し、指導の実際を紹介する。

1. 言語使用における技能統合

1章1節と2節では、4技能（5領域）の仕組みや指導の具体例を個別に論じてきたが、現実社会における言語使用においては、例えばインターネット配信の音楽を聞く、読書をするなど、個別の技能だけで成立する場面はごく限られている。無論、外国語学習においては、技能を個別に扱う中で能力を育成していくことも必要だが、下記のような大学生の日常を見てみると、私たちの生活では4技能が臨機応変に統合されていることが分かるだろう。

> 大学生Aの日常の一場面:
> 友人Bとテレビを見ていて、芸能人のゴシップを聞く　→　友人Bとそのことについて話す　→　その場にいない友人Cと話題を共有するために、スマートフォンのチャットアプリでメッセージを書く　→　友人Cから届いた返信を読む　→　その内容を隣にいる友人Bに読み上げて伝える（読む・話す）

このように、何げない日常の場面における私たちの言語使用においては、

複数の技能が連携していたり同時に用いられたりするほうが一般的である。また、技能の連携にとどまらず、例えば、会話において聞き取りにくい部分があれば質問する、聞くだけでは分からないことを読んで理解しようとするなど、私たちは無意識のうちに複数の技能を用いて理解を補おうとする。それゆえに、伊東 (1999) は、4技能それぞれの学習に焦点を当てた学習を「部分学習」、4技能を統合的に扱う学習を「全体学習」と位置付け、日常の言語使用が4技能の統合化を迫る以上、外国語の学習においても全体学習が必要であると主張している。本物のコミュニケーションへの志向性が高まれば高まるほど、4技能の統合的指導の必要性もそれに呼応するように高まることが分かるだろう。

　そこで、まずは指導者自身が、このような実際の言語使用の実態を認識し、言語習得という枠組みの中で4技能をとらえ直すことが肝要である。そのうえで、中長期的な展望から、日々の授業実践において4技能をバランスよく指導し、統合的指導を積極的に取り入れることで、基本的な語彙や表現などに繰り返し触れさせ、慣れ親しませて、小学校段階の目標であるコミュニケーション能力の素地 (外国語活動) や基礎 (外国語科) の育成につなげたい。さらに、統合的な活動に取り組ませる中で、学習者にも個々の技能の相対的重要性や相互依存関係を感じ取らせたり、気付かせたりすることができれば理想的であろう。

2. 言語習得における4技能の位置付け・関連性

　4技能の統合的指導を考えるにあたり、技能間の関連のみならず、言語習得という全体像におけるその位置付けにも目を向けておきたい。中森 (2009) は、脳内に獲得されて蓄えられている言語知識 (linguistic competence) と言語知識を活用する言語運用 (linguistic performance) を、言語学では理論上区別してとらえる立場があると説明し、言語処理能力における両者の関係性を次頁の図 3.1 のようにまとめている。4技能は、言語を使用する能力 (言語技能) として、語用論的知識とともに言語運用能力の一構成要素と位置付けられていることが分かる。母語習得や外国語学習は、音声、統語 (形態素を含む)、意味から構成される言語知識を獲得して、言語

運用能力を発達させていく一連の過程であり、その言語経験の蓄積において、基盤となる語彙と文法の知識が累積的に蓄えられていく。このように、言語運用能力と言語知識は、語彙・文法を介して影響し合っていることが分かる。また、4技能は独立して存在しているのではなく、技能間で、あるいはほかの構成要素と関連し合っている様子が見て取れる。ここに、4技能をバランスよく取り入れた学習の必要性を実感できるだろう。

図 3.1　言語知識と言語運用（中森 2009）

同様の議論は、2008年に告示された中学校学習指導要領・外国語の改訂の基本方針にもみられる。なお、以下の『中学校学習指導要領解説　外国語編』（文部科学省 2008c）に述べられている「総合的」とは、4技能の能力を偏りなく扱うこと、「統合的」とはそれらの技能を有機的に関連付けて言語活動を設計することを意味している。

> 「聞くこと」、「話すこと」、「読むこと」及び「書くこと」の4技能の総合的な指導を通して、これらの4技能を統合的に活用できるコミュニケーション能力を育成するとともに、その基礎となる文法をコミュニケーションを支えるものとしてとらえ、文法指導を言語活動と一体的に行うよう改善を図る。また、コミュニケーションを内容的に充実したものとすることができるよう、指導すべき語数を充実する。（下線は筆者）

これに関連して、松村（2009）は、言葉を聞き、話し、読み、書くことができるのは、その言葉を処理するためのシステム（神経回路）が脳内に構

築されているからだと説明する。そして、外国語の学習においては、「ひとつの技能に関して行ったトレーニングが、そのシステムの発達を促し、ひいては他の技能をも高める」(p. 145) 可能性があることを示唆している。例えば、聞く体験が話す技能の伸長につながったり、読むことが書く能力の育成に役立ったりすることは、外国語学習に継続的に取り組んだ経験がある者にとっては想像しやすいかもしれない。この観点からも、4技能に関わる活動をバランスよく行うことの利点を見いだせる。

このように、4技能は技能間の連動にとどまらず、言語習得という全体的な構図においても相互に関連し合っていることが分かる。4技能を有機的に関連させた、技能横断型の指導が主体となってきた背景には、上記のような知見も関係している。この潮流は学習指導要領、そしてその方向性に準じた、外国語 (英語) コアカリキュラム [☞1章1節、2節] の策定にも反映されており、中・高等学校においては、統合的な言語活動を取り入れた指導計画の立案が重要視されている。小学校でも、中学年では聞くことと話すことを統合した活動に、また、高学年でも引き続きこれら2技能に比重を置きつつ、読むことや書くことも加味した統合的な活動に取り組ませることが求められている。

3. 言語技能を統合した活動設計

実生活における言語使用の例からも分かるように、4技能とは、言語活動を遂行し、何らかの目的を達成するための手段である。したがって、言語技能を統合した指導は、特定の言語要素や個別の言語技能の指導に意識が向けられるものではなく、あくまでも英語を使って行われるコミュニケーション自体、または交換される情報の内容に焦点が当てられる。そのような情報の授受が柱となる授業においては、言語の形式よりも意味が優先され、学習者の意識も自然に言語活動の中身に向けられる。そして、その内容が学習者の興味・関心や知的好奇心を喚起するものであれば、必然的に活動への動機づけも高まり、主体的な取り組みにつながっていく。このような理解に基づいて、以下、言語技能を統合した活動設計の計画段階と授業進行時における要点を確認する。

❶ 計画段階において

1) 統合的な言語活動を取り入れた指導計画

　統合的な言語活動を取り入れた指導計画の立案においては、指導者はまずは学習者に達成させたい課題を設定し、次にその課題遂行に必要な技能を、学習者の学習段階や実態を踏まえて適宜選択する。そのさい、指導者の意識はコミュニケーションの方法よりもその内容に向けられるため、特定の技能の練習を含めるといった意図よりも、課題の遂行に必要な言語活動かどうかといった視点のほうが、活動設計や活動選択における優先的な基準となる。

　加えて、受容技能（receptive skills）から産出技能（productive skills）へと展開する流れにも注意を向けたい。通常は、相手の話を聞いてから自分の意見を言う、本や雑誌などを読みながら、その中の文章を書きとめるなど、受容技能から産出技能へと続くのが一般的だろう。そのため、実際の言語使用を反映して指導計画を立案すれば、複数の技能は自然な流れで統合されるはずである。ただし、同時に考慮すべき点として、受容技能に関わるインプットと、産出技能を使うアウトプットの分量のバランスが損なわれることのないよう留意したい。言語習得に必要なインプットの機会を豊富に提供する指導計画においては、必然的に受容技能に関連した活動のほうが多めに設定されることになる。

2) 言語技能を統合した活動設計

　言語技能を統合した活動設計においては、学習者の興味・関心や学習段階にふさわしい課題を設定できれば、必要な技能の選択はおのずとなされるといった発想が根底にある。小学校段階では言語活動の中で使用できる語彙や表現は限定的ではあるが、それでもコミュニケーションを主軸に据えた指導においては、その性格上、技能統合の色がより濃くなることも念頭に置いておきたい。

　また、言語技能を統合した活動を工夫するさいには、活動設計の要素として「相手意識」を含めることも忘れてはならない。学習指導要領でも全教科を通して涵養すべき資質としてその重要性が強調されているため、児童が自然と「相手」（中学年）や「他者」（高学年）に対する配慮をともなって言語活動を行えるよう、設計段階での工夫が求められる。話すことや聞

くことの活動であれば、相手の理解を確かめながら話したり、相手が言ったことを共感的に受け止める言葉を返しながら聞いたりする機会を継続的に設けたい。高学年の読むことや書くことの活動であれば、例えばバースデーカードなどを作成するさいに読み手のことを意識して書いたり、他者の成果物を読むさいに書き手は誰かを推測したりするなどが考えられる。

❷ 授業進行時において

コミュニケーションを主体とした授業展開においては、「教師の発問を聞いて、それに答える」など、ごく初歩的な技能統合が自然になされている場合が多々ある。さらに、これに関連して、樋口・高橋（2015）は日々の授業場面でも工夫しだいで統合的な活動が可能であるとし、「1つの技能を使った活動を行った後、そこで終わらせずに違う技能を使って、さらに展開できないか工夫する」（p. 126）よう促している。

日々の授業に可能な限り技能統合を取り入れるためには、その工夫が指導者にとって実行可能であり、かつ継続的に取り組める指導技術でなければならない。複数の技能を用いて学習者に豊かな言語体験を提供するためには、このような視点も含めて言語技能を統合した活動の立案にあたることが大切だろう。

4. 技能を統合した言語活動の実際

ここでは、上述の各事項を踏まえ、*One World Smiles 6*（教育出版、令和2年度版）, Lesson 4, My Summer Vacation の単元を例に、想定されている授業内活動の一部を取り上げ、技能統合の具体化を検証する。なお、当該単元では、夏休みの思い出を絵日記にして伝える取り組みの中で、行った場所、そこで食べた物や楽しんだこと、それらの感想などについて聞いたり言ったりする、また、話した内容を英語の語順を意識しながら書こうとしたり、友だちの絵日記を読もうとしたりすることが単元目標として設定されている。さらに、当検定教科書の教師用指導書の参照が可能であれば、あわせて参照することで授業展開をより鮮明にイメージできるだろう。ただしここでは教師用指導書に掲載されている指導例とは多少異なる展開例

を示してある点にも留意されたい。

❶ 聞く・話すの統合 (例: Let's Watch を活用して)

● デジタル教材で動画を視聴する前の small talk として、指導者が自身の
夏休みについて話して聞かせる。そのさい、適宜、問いかけを入れる。
［聞く・話す］

T: What is the date today?

Ss: It's September 10th［日付］.

T: (9月のカレンダーを指しながら) That's right. It's September 10th［日
付］. (8月のカレンダーを持ち出して) On August 5th［日付］, I went
to Otaru. Where is Otaru? Is it in Kyushu?

Ss: No! Hokkaido!

T: That's right. I went to Hokkaido this summer vacation. In Otaru, I went
to the sea. It was beautiful. I enjoyed swimming. Do you like swimming?

Ss: Yes. / No.　(以下、略)

● 聞かせた内容について問いかけ、部分的に答えさせる。［聞く・話す］

T: Let me check your understanding. This summer vacation, I went to …
where?

Ss: Otaru! Hokkaido!

T: That's right. I went to Otaru in Hokkaido. In Otaru, I went to the …?

Ss: Sea!

T: Yes, and I enjoyed … (泳ぐジェスチャーをする)?　(以下、略)

● デジタル教材の動画で聞く活動を中心に行い、登場人物の夏休みについ
て確認を終えた後、児童が夏休み中に行った場所についてやり取りする。
さらに、児童の実態に応じて、クラス全体で口慣らしの反復練習をする。
［聞く・話す］

T: I went to the sea in the summer vacation. How about you, S1? Sea?
Mountain? Park?

S1: Sea!

T: Oh, you went to the sea, too. Good. How about you, S2?　(以下、略)

❷ 聞く・話す・読む・書くの統合 (例: Let's Read and Wtite を活用して)

● 下書き用の4線ワークシートを配付し、夏休みに行った場所、そこで食べた物や楽しんだこと、それらの感想などを書かせた後、各自で声に出さずに読ませる。その後、ペアになって相手に読み上げて聞かせる。[書く・読む・話す・聞く]

● 教科書巻末のワークシート4「夏休みの思い出を絵日記にしよう」を使って、上記の下書きを参考にしながら絵日記の原稿として清書させ、回収した後に全員分のコピーを取っておく。[読む・書く]

● ペアを組ませ、絵日記の原稿をランダムに2枚ずつ配付する。ペアで協力して自分たち以外の児童が書いた夏休みの思い出を読ませる。その後、指導者は原稿のコピーから1枚選んで読み上げ、誰の原稿を読んでいるか当てさせる。これを数名分行う。[読む・聞く・話す]

T: These are the copies of your writing. (1枚取り出して) Listen to me. Who am I? But don't say, "It's me." All right? Now, let's start. I went to the sea. (中略) I ate fresh fish. It was delicious. Who am I?

S3 & S4: Are you Misa?

T: Yes, I am. Misa, you ate fresh fish. That's nice!

Misa: Yes, it was delicious!

5. 技能を統合した言語活動の留意点

技能の統合を試みるにあたり、各技能を指導するさいの留意点に加えて、次の点にも配慮したい。さまざまな組み合わせを考え、異なる技能を使って1つの指導内容に複数回触れる機会にすることは大切だが、小学校では読むことと書くことの技能はごく初歩的な段階にあるため、上述の例からも分かるように、高学年であっても聞くことと話すことの統合が大半を占める。4技能を偏りなく統合させようとすると、指導計画に無理が生じかねず、ひいては学習者に過度な負担を強いる結果を招きかねない。先に4技能の統合ありきといった主客転倒の発想で立案するのではなく、あくまでも単元目標の達成に必要な言語体験を学習者に提供することを第一義的

に考え、その中で必要な技能統合を図りたい。

6. 技能統合的な活動を重視した授業実践

　技能統合的な活動として、宇都宮大学教育学部附属小学校5年生児童を対象に、湯澤康介教諭により行われた実践事例を紹介する。本授業は、*We Can! 1*, Unit 6: I want to go to Italy. をもとに、社会科的内容と学校行事の修学旅行とを関連付け、4技能5領域の学びを統合した8時限にわたる実践である。現行の高学年向けの外国語の検定教科書には、行ってみたい国や紹介したい日本の地域に関する単元（例えば、*ONE WORLD Smiles 5*（教育出版、令和2年度版）の Lesson 6 など）が設定されていることから、多くの実践に活用できるものである。以下、その詳細について説明する。

1.　単元名：Where do you want to go?

2.　単元の目標

・行きたい場所や理由を表す表現を理解し、それらを表す文字とその音が分かる。（知識及び技能）

・行きたい場所について理由も含めて伝え合う。（思考力、判断力、表現力等）

・ALT の先生に日本の地域やその魅力を伝え、自分たちも世界の国々について知るために、他者に配慮しながら、行きたい場所について、理由を含めて伝え合おうとしている。（学びに向かう力、人間性等）

3.　主な表現、語彙

Where do you want to go? I want to go to（地名）.

Why? I want to see［eat, buy, play］〜. It's exciting［delicious, beautiful, great, fun］.

4.　単元指導計画（全8時間）

時	ねらい／目標	表現
1	栃木の魅力再発見	What can you do in Tochigi?
2	栃木のどこに行きたい？	Where do you want to go in Tochigi?
3	日本の魅力再発見	What can you do in Japan?

4	日本のどこに行きたい？	Where do you want to go in Japan?
5	Happy Plan を作ろう	Let's make a happy plan.
6	Happy Plan を発表しよう	Let's talk about our happy plan.
7	世界の国を知ろう	What can you do in the world?
8	世界のどの国に行きたい？	Where do you want to go in the world?

5. 活動の実際

　まず第1時には、児童はcan〜の表現を聞き理解しながら、自分たちの住む栃木の魅力を再発見し、県内でできることを考えた（資料3.1）。第2時ではwant to〜の表現に慣れ親しみながら、栃木で行きたい場所やその理由について考えた（資料3.2）。第3時では、その学びを日本に広げ、今度は日本でできることを考え、日本の魅力についての気付きを促しながら、目標言語を使って表現していくことを促した。第4時ではそれをもとに、日本のどこに行きたいかについて、理由を考えた。

資料3.1

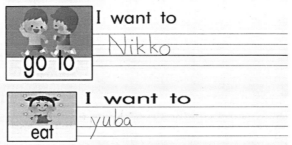

資料3.2

第5時では、第4時までの学びと修学旅行をつなげ、行きたい地方ごとにグループに分かれ、自分たちの行きたい場所について英語でやり取りをしながら、協同でHappy Planを作成した（写真）。同小

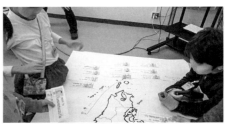

（写真）協同学習の様子

学校では6年生で長野県に修学旅行に行くのだが、自分たちで行きたい場所を決められるのであれば、どの地方に行き、どのようなことをしたいかについて、第4時で考えた行きたい地方が同じ児童が1つのグループになり、協同学習で旅行プランを考えた。第6時ではその旅行プランを発表した。第7時では、*We Can! 1* を使い、世界の国でできることについて知り、第8時では世界で行きたい場所について考え、伝え合う活動を行った。学習の成果物として、クラスで考えた栃木と日本の魅力発見地図を完成し、ALTの先生にプレゼントした。さらに第7, 8時には、ALTの先生の国や *We Can! 1* を使って、将来行ってみたい世界の国について学びを広げた。

　本単元では、学習目標の語彙、表現を、意味ある本物の内容と思考をともなう文脈の中で何度も繰り返し使えるように言語活動を設定した。具体的には、内容においては、小学校社会科の中学年の栃木に関する学びから高学年の日本に関する学びと世界の国々についての学びをつなげ、地域から日本、世界へと学びの内容を広げる単元づくりを試みた。このように、児童の発達段階に沿った、興味を促す本物の内容で学びを広げる一方で、学習目標とする語彙、表現を絞り、異なる文脈で、同じ表現に何度も出会わせた。その中で、児童の言語の理解を促し、主体的に使用するために、お互いの考えを聞き合い話し合う必然性のあるやり取りを行った。そのように十分に音声で慣れ親しんだ表現について、足場かけとして絵を入れたワークシートを使って、読むことを促し、そこに自分の考えを書きこむことを行った。さらにそれを協同学習の中のやり取りにも活用し、読むことと意見を交換し合うことをつなげ、よい旅行プランを協同で作成するためのcollaborative writing（Happy Planの再考と改善）も促した。

　本実践における児童の振り返りからは、4技能5領域と教科横断的な本

物の内容を統合した学習が、児童の外国語学習への意欲を高めるだけでなく、言語の豊かなインプット、自己関連性および必然性のあるアウトプット活動、やり取りと発表、協同学習と思考を促すことによって、主体的・対話的で深い学びがなされていたことがうかがえた。

(田邉義隆、山野有紀)

学 習 課 題

1. 言語技能を統合した活動を設計するにあたり、指導者に必要な視点をまとめよう。
2. 5年生の指導を想定して、単元のまとめの活動を1つ考えよう。話題は「一日の生活」として、技能統合的な活動を設計しよう。

📖 参考図書

伊東治己 (編著) (1999)『コミュニケーションのための4技能の指導——教科書の創造的な活用法を考える』教育出版.

樋口忠彦・泉惠美子 (編著) (2011)『続 小学校英語活動アイディアバンク——チャンツ・ゲーム・コミュニケーション活動・プロジェクト活動』教育出版.

授業実践に必要な基礎知識

　本章では、まず、小学校の外国語活動や外国語科を指導するうえで基礎となる第二言語の習得やコミュニケーション能力の育成に関わる基本的な知見について学習する。次に、音声、語彙、文構造・文法について、文の書き方などの正書法、音声と文字の関係など英語に関する基本的な知識、英語圏のうたやライム、絵本などの児童文学、国際理解、国際交流に関わる事柄について学習し、授業でのこれらの望ましい扱い方について考える。

外国語学習と第二言語習得理論の基礎

本節では第二言語習得理論研究の成果を概観しながら、外国語の指導に生かせる知見について解説する。とくに小学校での英語教育のあり方を考える上で重要な「外国語習得と年齢の関係」や、インプット、指導者の語りかけ、そして動機づけなどの研究成果を、どのように授業実践に生かしていくかを考える。

1. 第二言語習得理論学習の意義

　私たちは生まれてから数年かけて母語を習得する。母語とは、生まれた環境に応じて自然に身に付ける言語で、障害がある場合を除いては、特別な困難を感じることなく習得される。一方、第二言語 (L2) の習得には多くの困難がともない、また誰もが「習得に成功した」と感じられるレベルに到達できるわけではないことは、多くの人が経験から共感されるだろう。ここでいう第二言語とは、母語の後に習得される言語の総称で、「第二言語環境で習得される言語」と「外国語環境で習得される言語」の両方を含む言葉である。

　「第二言語環境で習得される言語」とは、習得しようとする言語が日常的に使用される環境で学ぶ言語のことで、ESL (English as a Second Language) と呼ばれる。例えば、日本人の両親のもと、日本で生まれ、日本語を母語とする人が、何らかの事情で英語が話される国に移住し、英語環境で生活することになった場合、この人にとっての英語は「第二言語環境で習得される言語」となる。一方、日本語を母語とする人が、日本で英語の習得を目指す場合、日常的には英語が使用されていない環境で学ぶことになるが、これを EFL (English as a Foreign Language) と呼んで区別する。本節で取り

扱う「第二言語習得理論」では、母語の後に習得される言語という意味で第二言語環境における習得と外国語環境における習得の両者をまとめて「第二言語習得」として扱い、その習得過程の仕組みや特徴を探る。当然のことながら、第二言語環境での習得過程と外国語環境での習得過程では、さまざまな条件が異なることを踏まえて研究成果を理解する必要があるが、第二言語環境での習得過程研究の成果を理解することも、外国語の指導を考える上で不可欠である。

　例えば、「英語をたくさん聞かせるとよいと聞くが、本当だろうか？ 児童に分からない英語を聞かせて意味があるのだろうか？」という疑問を持ったとしよう。これについて Krashen (1985) は、学習者が現在持っている英語の力を「i」とするとき、それを少し上回るレベル（「$i+1$」）のインプットを受け、それを理解することで第二言語の習得が起こると説いた。学習者に与えられるインプットは難しすぎず簡単すぎず、適切な「$i+1$」が提供されることが重要で、Krashen はこのようなインプットを「理解可能なインプット（comprehensible input）」と呼び、その重要性を主張した。この知見に基づいて考えると、児童にとってまったく理解できない英語を、インプットと称して 45 分間聞かせ続けても習得には効果が乏しいことが予測できる。ではどうすれば、指導者の発話（インプット）を児童にとって理解可能な、それでいて簡単すぎないものにできるだろうか。

　このように、指導の具体を考えると、さまざまな疑問がわいてくる。それらの疑問に示唆を与えてくれるのが第二言語習得理論である。本節では第二言語習得理論の成果のうち、小学校での授業実践に役立つ基礎的かつ重要なものを紹介する。

2.　年齢と第二言語習得

　外国語学習についてしばしば耳にする言説として「小さいうちに始めなくては習得できない」や「低年齢で学習を開始すれば楽に習得できる」といったものがある。このことについて、どう考えたらよいだろうか。

　個人差はあるものの、母語では通常、生後 1 年前後で最初の発語がみられ、小学校に上がる前には基本的な会話能力が身に付くとされている。こ

のわずか数年間に大変な速さで母語を習得していく子どもたちの様子から、第二言語も早く始めれば、母語のように簡単に素早く習得できるのではないかというような推測（期待）がなされることもある。これは、母語習得過程の特徴を第二言語にも反映させたものだと思われる。実際、家族の仕事の都合などで目標言語（習得を目指している言語）が話される場所に移住することになったさい、両親よりも子どものほうが早く、またより流暢に言語を操ることができるようになった事例は枚挙にいとまがない。では、本当に第二言語の習得は年齢の低い子どものほうが有利なのだろうか。この疑問に答えようとした第二言語習得研究の成果を以下に紹介する。具体的には、「発音」「文法」「語彙」の習得と年齢の関係を調査した研究を紹介し、最後にこれらの研究の課題について触れる。

❶ 年齢と第二言語の技能習得に関する研究成果

1) 発　音

　Oyama (1976) は、イタリアから移民としてアメリカ合衆国に入国した60 名の男性を入国時年齢で 3 つのグループ（6〜10 歳、11〜15 歳、16〜20 歳）に分け、母語なまりとの関係を調査した。調査協力者には「短いパラグラフの読み上げ」と「これまでの人生で怖かった体験を自由に語る」という 2 つの課題が与えられ、母語なまりの強さを英語母語話者が評価した。音読に用いられたパラグラフは、イタリア語話者にとって発音が難しいとされる音が含まれるように作成された。また、「自由な語り」の課題では、調査協力者によって発話の長さが異なったため、一律に最後の 45 秒のみを切り出し、評価対象とした。その結果、いずれの課題においても、入国時年齢が最も低いグループが最もなまりが少ないと評価され、入国時年齢が最も高いグループが最もなまりが強く残っていると評価された。なお、Oyama は同じデータを用いて、アメリカ合衆国に居住した期間で 2 つのグループ（5〜11 年、12〜18 年）に分け、滞在期間の長短と母語なまりの関係についても分析したが、滞在年月と母語なまりの強さには関係は見いだせなかった。

　最近の研究においても発音の習得については、目標言語環境に入った年齢が低いほうが有利であるという結果が多く示されている。Granena and

Long (2012) においても、スペインに暮らす中国語母語話者 65 名を対象にスペイン語による 3 行のパラグラフの読み上げ調査を行い、入国時年齢によって分けられた 3 つのグループ (3〜6 歳、7〜15 歳、16〜29 歳) のうち、入国時年齢が最も低いグループの評価が最も高く、グループ間の比較では入国時年齢が高いグループほどスコアが低いという結果になった。また、5 歳以降に入国した調査協力者でスペイン語母語話者レベルに到達した人はおらず、発音に関しては年齢的に早い段階で母語話者レベルに到達するのが困難になると考えられる結果が示された。

2) 文 法

Johnson and Newport (1989) は、韓国語または中国語を母語とする 46 名のアメリカ合衆国移住者を対象に、136 の文法的に正しい文と 140 の文法的に不適切な文 (例えば、"Susan is making some cookies for we.") を用意し、音声で流れる英文の文法的正しさを判断させる調査を実施した。図 1.1 のように入国時年齢によって 3〜7 歳、8〜10 歳、11〜15 歳、17〜39 歳の 4 つのグループに分けて結果を分析したところ、スコアの平均値で見ると入国時年齢が最も低いグループ (3〜7 歳で入国) は母語話者と同レベルであると判定されたものの、そのほかのグループは入国時年齢が高くなるにつれて右肩下がりにスコアが下がるという結果になった。

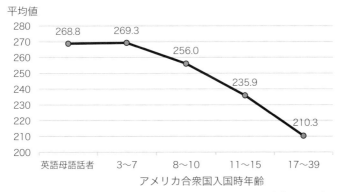

図 1.1 アメリカ合衆国入国時年齢と文法判断テストの成績との関係

さらに個人の得点を見ていくと、入国時年齢が 15 歳までの調査対象者については、学習開始年齢と得点に負の相関 (入国時年齢が高いほど点数

が低いという関係）がみられたが、17 歳以上で入国したグループの場合は年齢と得点の関係は弱く、年齢による差というより個人差が大きいという結果であった。

　しかしながら、文法については高いレベルでの習得が困難になる年齢は発音ほど低くない。先に 1) の「発音」で紹介した Granena and Long（2012）の研究では、入国時年齢別に文法能力の比較も行った結果、最も低い年齢で入国したグループ（3〜6 歳）のスコアが最も高いものの、12 歳で入国して、母語話者と同等レベルと評価された調査協力者もいた。また、入国時年齢が高くなるとスコアが低くなる傾向はあるものの、その度合いは緩やかであることを明らかにしている。このことから、高いレベルでの文法の習得が困難になる年齢は、発音に比べると高いと考えられる。

3) 語　彙

　語彙の習得に関しては、李（2006）が日本でイマージョン教育を受けている 15 歳の中国語母語話者 49 名を対象に、来日時年齢と日本語および中国語の語彙力との関係を調査した研究がある。調査協力者は調査時点で全員 15 歳だったが、来日時期の違いによって 3 つのグループ（0〜6 歳、7〜10 歳、11〜14 歳）に分けられた。調査協力者の母語である中国語と第二言語である日本語の語彙力を測定するため、示された語と同じ意味を持つ別の語を 5 つの選択肢から選択する問題と、示された語の意味を 5 つの選択肢から選ぶ問題が各言語 30 問ずつ出題された。その結果、7 歳以前に来日したグループ（早期来日グループ）は日本語の語彙力が母語よりも高くなっており、3 つのグループの中で最も高かった。7 歳から 10 歳の間に来日したグループ（中期来日グループ）では 2 言語の語彙力にほとんど差がなく、11 歳以降に来日したグループ（後期来日グループ）の日本語語彙力は中期来日グループとほぼ同等であった。つまり、第二言語である日本語の語彙力については、早期来日グループがほかのグループより高く、残りの 2 グループには差がなかった。また、後期来日グループの母語の語彙力は 3 グループの中で最も高く、母語の語彙力を保ちながら日本語でも中期来日グループと同等の語彙力を身に付けていた。

　本調査では調査時点での年齢が統一されており、後期来日グループが最も日本滞在期間が短かったことになる。にもかかわらず、第二言語の語彙

力にかなりの伸長がみられた。この結果を考察するに、後期来日グループの特徴は来日時年齢が 11 歳以降であり、母語での読み書きがかなりできる状態であったと推察される。また、中国語を母語としていることから、漢字の習得がなされた後に来日したことにより、日本語の語彙習得も比較的速く行われた可能性も考えられる。

4) 調査時の年齢の影響および調査方法の課題

Nishikawa（2014）は、日本語を第二言語として日本で生活する 47 名を対象に「日本語母語話者らしさ」「関係詞節の適切性判断」「関係詞節の産出」という 3 つのタスクにおける成績と来日時年齢の関係を調査した。比較されたのは「4 歳以下で来日」「4 歳から 6 歳の間に来日」「6 歳以上で来日」の 3 グループであった。

まず、提示された絵に合う物語を語らせ、録音したものを日本語母語話者が評価した「日本語母語話者らしさ」の調査では、4 歳以下で来日した「最年少グループ」は 1 名を除く全員が「母語話者らしい」と判定されたが、残りの 2 グループでは「母語話者らしくない」と判定される人数が増えた。この結果から、発音の要素を含む母語話者らしさについては、第二言語に触れ始める年齢が低いほうが、有利と思われる。

しかしながら、関係詞節の適切性判断課題および産出課題においては、いずれも 6 歳以降に来日した「最年長グループ」が最もすぐれているという結果となった。実は、6 歳までに来日した 2 グループの調査時年齢が 11 ～12 歳であったのに対し、6 歳以降に来日した最年長グループの調査時年齢の平均は約 17 歳であった。このことが、認知的に負荷の高い関係詞節の理解および産出課題での結果に影響したと考えられる。

調査時年齢が異なると、認知能力や集中力の持続時間などに差が生じることが考えられる。また、習得開始年齢の差は単なる「年齢の差」ではなく、どのような生活環境で、どのようなインプットを受けるかという違いも生むことになる。このような調査デザインの難しさを理解した上で、複数の研究の成果を客観的に見ていくことが重要だろう。

❷　外国語学習環境における年齢と習得の関係

では、外国語学習環境の場合、年齢はどのように習得に関わっているの

だろうか。外国語環境における大規模調査としては、スペインのBAFプロジェクト（The Barcelona Age Factor Project）がある（Muños 2006）。調査はバルセロナで行われ、調査協力者はスペイン語とカタルーニャ語（バルセロナがあるカタルーニャ州の言語）を話す英語学習者であった。学校での英語学習を開始した時期によって4つのグループ（8歳、11歳、14歳、18歳以降）に分けられ、それぞれの履修時間が200時間、416時間に到達した時点で言語テストが行われた。言語テストは多岐にわたり、例えば「音声弁別テスト」「音声模倣テスト」「文法テスト」といった独立した知識を問うタイプのもの、文脈に応じて適切に英語を理解したり、産出したりすることが求められる「聞き取り（listening comprehension）」「英作文」「口頭での語り」などの統合的なタイプのもの、そして「インタビュー」や「ロールプレイ」といったコミュニカティブなタイプのものから構成された。

　4グループで比較したところ、履修200時間経過時点では、すべてのテストにおいて最も高い年齢で英語学習を開始したグループから、最も低い年齢で開始したグループの順で成績上位から下位へと並ぶ結果であった。また、416時間経過時点でも、年長で学習を開始したグループがよりすぐれている傾向がみられたが、「インタビュー」テストと「口頭でのまとまりのある語り」テストにおいては、14歳開始グループが18歳以降開始グループを上回った。

　8歳開始と11歳開始の2グループについては、さらに726時間経過後にもテストが実施されたが、3つの時点（200時間、416時間、726時間）すべてにおいて、11歳で開始したグループの成績が8歳で開始したグループを上回るという結果になった。履修200時間経過時点では11歳開始グループのほうがよい成績を収めたものの、その差は大きくはなかった。しかし、416時間経過後には差は大きくなり、11歳開始グループにおいて加速度的な伸びが見られた。一方、726時間経過後には8歳開始グループのスコアは11歳開始グループより低いものの、8歳開始グループのほうが伸びが大きくなるという結果であった。

　Muñosはこの結果から、音声理解や発音、英作文の流暢さといった、統語（文法）処理を大きく必要としない技能においては、8歳で学習を開始したグループも、11歳グループにほぼ追いつくことができるが、高い認知処

理が必要になる技能については、年長者に利があるとしている。学校で外国語として限られた時間に学習する環境においては、認知的な能力が高まり、分析的に学ぶことができる学習者が伸びをみせたと考えられる。

一方、Kwon (2006) は 2003 年と 2006 年に韓国の高校 1 年生および 2 年生約 4,000 人に GTEC for STUDENTS という外部検定試験を受験させ、そのスコアを比較した。2003 年の調査協力者は小学校時代に学校で英語教育を受けておらず、一方の 2006 年の協力者は小学校で英語を学んだ世代であった。試験は speaking を除く 3 技能について測定するもので、writing 以外は多肢選択で回答する方式であった。結果、reading, listening, writing のすべてにおいて 2006 年の調査協力者が高いスコアを収め、実施年の差、つまりは小学校英語の経験の有無での差は有意だった。また、英語能力についての自己評価も 2006 年の調査協力者のほうが高く、自信につながっていることも示された。

Muños (2006) と Kwon (2006) は、相反する結果となっているが、調査に用いた評価方法の違いや、学校での指導内容とテストの内容の関係、さらには学校外での学習経験などさまざまな要因が影響していることを考慮した上で、結果を解釈する必要がある。

❸ 日本の小学校英語教育への示唆

外国語環境では、無条件に「早く始めるほうが効果的」ということは難しそうである。Cook and Singleton (2014) は、自然な第二言語習得環境ではなく、「指導」を通して学ぶ外国語環境においては、「年齢」だけですべての問題が解決することはなく、指導のあり方について多くの側面に熟慮が必要であると述べている。外国語環境では、単に早く学習を開始すればよい、ということではなく、「どのように指導するか」「どのように学ぶか」が重要になると言えるだろう。

そもそも、母語習得、第二言語環境での習得、そして外国語環境での習得は何が大きく異なるのだろうか。

母語習得では、みんな一律に誕生の瞬間から習得への道が始まり、その過程において膨大な時間をかけて大量の音声インプットを受けることができる。かつ、そのインプットは、食事の前に「ごはんを食べようか」、きれ

いな花を見て「きれいだねぇ」、象のイラストを見せながら「象さんだね、大きいねぇ」、眠そうな子どもの様子から「眠くなっちゃったね。そろそろお布団に行こうね」というふうに文脈に沿った語りかけを通して与えられる。文脈に合った、意味のある大量のインプットがあることが母語習得の環境の特徴と言えるだろう。

　第二言語環境での習得の場合は、おそらく年齢が低い場合には母語習得と同様に、日常的に周りで目標言語が使われ、現地の学校や近所の人たちとのやり取りなど、場面や状況に合った形で大量のインプットを受ける機会に恵まれることが多いと考えられる。一方で、大人になって生活拠点が動いた場合、例えば日本企業の海外支社に勤務する場合などには、日本人コミュニティでのやり取りが主となって、十分な第二言語のインプットにさらされないこともあり得る。第二言語環境での習得は母語習得と異なり、与えられた環境によって、習得の過程が変わってくることが特徴として考えられる。

　では外国語環境での習得はというと、非常に限られた時間で限られた量のインプットにしか触れることができない。この実情から考えるべきは、教室においていかに良質のインプットを提供するかということと、母語で培った知識や認知の力を生かしながら指導することの重要性である。

3.　第二言語習得研究の知見①──インプットからアウトプットへ

❶　インプット仮説

　母語習得と第二言語および外国語習得の大きな違いはインプットの量と質であると述べたが、第二言語習得研究において有名な理論に Krashen (1985) のインプット仮説がある。Krashen は、自然で、理解可能なインプット（comprehensible input）に大量に触れることにより第二言語を習得できると主張した。第二言語習得にインプットが重要であること自体について異議を唱える研究者はいないだろう。しかし、Krashen は、インプットのみで習得が起こるとし、インプットを十分に与えれば、発話は自然と生まれてくると主張した。

　この「インプットのみで言語の習得が可能」という主張は、多くの批判

を受けることとなった。複数の言語が話される家庭で育ったバイリンガルの中には、「聞いて理解することはできるが話すことは難しい」という受容バイリンガルになるケースがある。このことは親から十分な量のインプットを受けていても、発話の機会がないと話せるようにならないことを示している。とくに外国語環境においては、インプットは重要であるが、それだけでは不十分である、というのが現在の見解となっている。

❷ インタラクション仮説

Long (1983) はインプット仮説の考えを発展させ、どうすれば理解可能なインプットを生み出すことができるのかを考えた。そして対話者が双方向のやり取りを行うことによって、最初は難しくて理解できなかった表現も、理解可能なレベルのインプットへと転換できると考え、インタラクション (interaction) の必要性を説いた。例えば、対話において私たちは「ここまではいいですか？」と相手の理解状況を確認したり、「今の発言はこういう意味ですか？」と相手の意図を確認したりする。そこで相手の理解が不十分な内容があれば、言い換えたり、区切りながら話したりと、互いの「分からない、通じていない」部分をなくしていくためのやり取りを行う。このようなやり取りを「意味交渉」と呼ぶ。意味交渉によって、対話相手からのインプットが理解され、言語規則に対する意識も高まる。これは、指導者が学習者に適切なレベルの理解可能なインプットを提供する方法として有効なものである。

❸ アウトプット仮説

Swain (1985) は、言語習得はインプットのみでは不十分で、アウトプットが不可欠であると主張した。Swain がアウトプットの必要性に思い至った背景には、カナダのイマージョン教育での実態があった。イマージョン教育では、第二言語で数学や理科などの授業が行われるため、多くの時間を目標言語を用いて過ごすことになる。よって、日々、大量のインプットにさらされる。しかし、そのようなイマージョン教育を受けている学習者が、発音と理解は母語話者並みにすぐれているものの、発話においては文法の正確さに課題がみられることが分かった。そこで Swain は、インプッ

トが潤沢にあるだけでは言語習得には十分ではなく、話したり、書いたり
するアウトプットが必要であり、アウトプットを通して以下の効果を得る
ことができると主張した。

1) アウトプットを試みることによって、「知らないこと」や「理解不十
   分な点」に気付くことができる。
2) インプットの持つメッセージの趣旨をとらえようとして聞く場合には、
   細かい文法事項には注意が向かないことが多いが、アウトプットによっ
   て自分に足りないことに気付くと、次にインプットを受けるさい、語順
   などの「言語形式」により意識を向けて聞くことができるようになる。
3) できないことに気付くことによって、辞書や文法書で調べる、友だち
   や先生に尋ねる、次のインプットのさいにもっと注意を払う、といった
   対策を講じるようになる可能性がある。

❹ フォーカス・オン・フォームと修正フィードバック

インタラクションの重要性を訴えた Long (1991) も、当初はインプット
を理解可能にするためのものとしてインタラクションをとらえていたが、
インタラクションを通して言語形式にも注意が向けられるとし、コミュニ
ケーションを重視しながらも付随的に言語の形式面へ意識を向ける学び方
をフォーカス・オン・フォーム (Focus on Form, 以下 F on F) と呼んだ。こ
の Long の考える F on F では「テクストの内容を要約する」「イラストを
説明する」といったタスクに取り組む中で、多くの学習者に共通する誤り
を見つけたり、学習者から質問が出たりしたときに言語の形式面に説明を
加える、といった方法が基本となっている。こういった働きかけは修正
フィードバック (corrective feedback) と呼ばれ、次のようなものがあげら
れる (Lightbown and Spada 2006)。

1) 明示的修正: 誤りをはっきりと指摘する。
2) リキャスト (recast): 学習者が誤って発話した箇所を正しいものにし
   て提示する。
3) 明確化の要求: もう一度言い直すことを求める。
4) メタ言語的手がかり:「過去形だから…」のようにヒントを出す。
5) 誘導: 出だしを指導者が与え、学習者の発話を待って引き出す。

6) 繰り返し：学習者による誤った箇所を強調して、誤ったまま繰り返す。

これらのうち、とくに小学校での活用が望まれるのは 2) のリキャストである。例えば児童が、"I like banana." と言ったとする。この場合、banana は複数形でなくてはならない。しかし、そのことをはっきり伝え、言い直しをさせるのではなく、"Oh, you like bananas. I see. I like bananas, too." など、児童からのメッセージを受け止めた上で、メッセージの意味への反応をしながら正しい表現を児童に提示し、誤りに気付かせる方法である。リキャストは誤りに気付き、修正が起こることを必ず保証するものではないが、リキャストには、コミュニケーションの流れを分断しないという良さがあり、意味のやり取りに重きを置く小学校での活用は有効だろう。

一方、文構造を明示的、分析的に学習する前の段階であることを考えると、1) の明示的な誤りの修正は小学校にはあまりなじまない方法である。

なお、最近ではもう少し積極的な方法で言語形式への意識化が図られることもある。例えば、意図的に当該単元の学習項目である文法事項を繰り返し登場させたパッセージを用意し、学習者が自然とその文法事項に気付くように促したり、目標となっている文法項目を下線や太字で示して、学習者の意識がそこに向かうように仕向けたりする方法もとられる。

F on F および修正フィードバックの効果については、あらかじめ分かりやすく調整されたインプットを提示された場合や、インタラクションを通して分かりやすく修正されたインプットを受け取った学習者と比べ、インタラクションを通じて目標言語を修正してアウトプットすることによって、語彙習得が促されることが明らかにされている (Ellis and He 1999)。学習者が修正フィードバックを取り入れた発話をする機会を持つことが重要と言える。

4. 第二言語習得研究の知見②——指導者の発話

❶ ケアテイカー・スピーチ (Caretaker Speech)

前項で、インプットを理解可能にするために意味交渉を行うことの意義について触れたが、意味交渉において活用したい指導技術としてケアテイカー・スピーチがある (Krashen and Terrell 1983)。

ケアテイカー・スピーチとは、乳幼児に向けた周囲の大人からの語りかけのことであり、母親ことば（mother talk）と呼ばれることもある。ケアテイカー・スピーチはピッチ（声の高さ）を上げたり、イントネーションを誇張したりするなどの特徴があり、音を強調した話し方であるため、乳幼児にとって理解しやすいとされ、母語習得を促進する重要なメカニズムと考えられている。また、大人同士の会話と比べ、文構造はシンプルな形に調整され、とくに幼い子どもに対しては、「いま」「この場所で」起こっていることが話題にされる。ケアテイカー・スピーチは基本的に、言葉を教えるためではなく、周囲の大人が子どもと意思疎通を図るために用いられるものであり、コミュニケーションに主眼が置かれる。

❷ ティーチャー・トーク（Teacher Talk）

ティーチャー・トークはケアテイカー・スピーチの一形態であり、指導者が学習者に向けて話すさいの語り方のことである。外国語教育においては、目標言語の知識や運用能力において未熟な学習者に向けて調整された語りを指す。とくに小学校の外国語指導においては、児童がほぼ初めて触れる外国語であることから、指導者の語りは文法的に調整されているだけでなく、抑揚の使い方や表情、ジェスチャーなども工夫して「理解可能なインプット」を提供することが求められる。

また、児童が "Do you like vegetables?" という質問の vegetable の意味を理解できていない様子であれば、"Tomatoes, onions, cucumbers …" と vegetables の例を示してから、再度 "Do you like vegetables?" と尋ねたり、指導者が "I can ride a bicycle." と言ったものの、bicycle の意味が分からない様子であれば、自転車に乗っているジェスチャーをしながら再度 "I can ride a bicycle." と伝えるなどして、言語を用いたやり取りによってインプットの意味が児童に理解されるよう工夫することが大切である。さらに、ケアテイカー・スピーチと同じく、話す速度を抑えたり、強調した声音を使ったり、wh 疑問文を Yes / No 疑問文や選択疑問文に変えて答えやすくするなどの工夫もティーチャー・トークの重要な要素である。

5. 第二言語習得研究の知見③——学習者要因

❶ 動機づけ

第二言語習得の成否を考えるとき、学習意欲や動機づけは重要なカギとなる。母語習得は大きな苦労なく、誰もが一定レベルまで到達する。それもかなり短い期間に、である。一方、第二言語習得はそのように簡単ではないことはすでに見てきた通りである。第二言語を習得しようとするならば、長期に渡って学習を継続できることが重要であり、そのためには動機づけは非常に重要な役割を果たす。

動機づけ研究において、現在広く知られ、また受け入れられているのがDeci and Ryan (1985) による自己決定理論と言えるだろう。自己決定理論では「有能さへの欲求」「関係性への欲求」「自律性への欲求」を誰もがもともと持っている心理的欲求であるとし、この欲求が同時に満たされるような状況において意欲的に学ぶことができると考えられている。なお、関係性への欲求は他者やコミュニティと関わりたいという欲求であり、自律性への欲求は自ら何かを行いたいという欲求である。よって指導者は授業を実施する中で、学習者が自律的に自らの学習に関わり、クラスメートや指導者と関わり、そして自らの有能感を感じられるような場面や言語活動を通して学んでいけるように工夫することが求められる。

また、日本の英語学習者を対象に小学校教員がどのような口頭での励ましを行っているかという調査 (Sugita and Takeuchi 2006) では、5名の教員による3つの授業が観察され、登場したフィードバックの数が数えられた。その結果、口頭による励ましの半数以上が「特段児童のどの行為がよかったかに言及しないシンプルな褒め言葉 (Very good. など)」であった。次に多かったのが、「児童の発話、回答を受け止める表現 (I understand. など)」であり、何がよかったかの具体に触れながらの褒め言葉は全体のわずか3.87% であった。もちろん、児童のすばらしい発言や行動の直後にもたらされる "Very good!" は場面と一体化して効力を持つだろう。また、指導者自身の英語力という課題もあることから、十分に口頭で言えないもどかしさもあるかもしれない。この指導者からの励ましについては、今後、高学年での指導内容の高度化が予想される中、重要な役割を果たす支援になる

と思われる。児童がどのような励ましを嬉しく感じるのかも含め、今後、研究が必要である。

❷ コミュニケーション意欲（Willingness to Communicate）

　動機づけを高め、長く続く外国語学習に主体的に取り組む児童を育てる中で知っておきたい理論として、コミュニケーション意欲（Willingness to Communicate, 以下WTC）がある。これは他者と積極的にコミュニケーションを図ろうとする意欲のことを意味し、第二言語におけるWTCは状況によって変化するものと考えられている。以下の図1.2のように、ピラミッドの下から上へ向かって影響を与えていくモデルで、上から2番目のWTCが実際の第二言語使用（L2使用）へとつながっていく。上から3番目以下の階層のWTCに影響を与える要因には、会話をしたいと思う相手であるかや、第二言語能力に対する自信はどうであるかなどが影響することが示されている。このことは、先に述べた自己決定理論とも重なるところがあるだろう。外国語指導においては、単に言語の形式面への自信を育てるだけでなく、実際の言語使用につながる諸要素にも心を配る必要がある。とくに上の3層は状況に依存して変化しやすい要素ととらえられてい

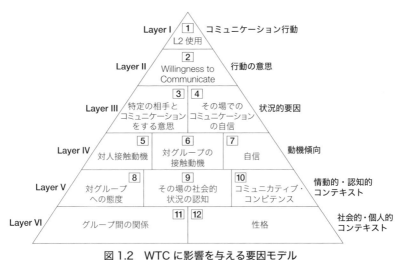

図1.2　WTCに影響を与える要因モデル
（MacIntyre et al. 1998: 訳は八島2004より転載）

る（八島 2004）。つまり、話す相手によって自信をもって話せるかどうか
は変わり、それが発話行動に出る意思へと影響する。外国語の授業におい
ては、クラスの雰囲気、人間関係や、扱うトピックが身近で自信や意欲を
もって話せるものであるか、などによってコミュニケーション意欲は変動
することを理解することが大切である。　　　　　　　　　（松宮奈賀子）

学 習 課 題

1. 母語習得、第二言語環境における言語習得および外国語環境における
   言語習得の特徴をまとめよう。
2. インプット、インタラクションおよびアウトプットの必要性をそれぞ
   れ説明しよう。

📖 参考図書

白畑知彦・若林茂則・村野井仁 (2010)『詳説　第二言語習得研究——理論から
　研究法まで』研究社.
パッツィ・M. ライトバウン & ニーナ・スパダ (白井恭弘・岡田雅子訳) (2014)
　『言語はどのように学ばれるか——外国語学習・教育に生かす第二言語習得
　論』岩波書店.

コミュニケーション能力とその指導

　本節では、コミュニケーションの定義とモデル、異文化間コミュニケーションや非言語コミュニケーションの特徴について考察するとともに、小学生に指導したいコミュニケーション・ストラテジーについて言及する。そのうえで、学習指導要領（2017年告示）で示されているコミュニケーションを図る素地や基礎となる資質、能力と、コミュニケーションにおける「見方・考え方」についても触れ、最後に、児童が単元のゴールとなるコミュニケーション・自己表現活動に取り組む、単元の最後の時間の授業実践例（4年生、5年生）を示す。

1. コミュニケーションとは——定義とモデル

❶ 定　義

　コミュニケーションの定義はさまざまであり、日本語に訳すのは難しい。基本的には、人が言語・文字・身振り手振りを媒介として、互いに意思や感情、思考をやり取りする相互的な情報伝達を指す。そのさい、他者を理解し、かつ他者からも理解されようとする過程で、伝達内容や方法は、状況に応じて、常に変化するものである。また、情報を伝達することだけではなく、相手の意思を推測して心を通じ合わせるプロセスを指すこともあれば、伝えられた内容を適切に解釈して、自身が行動し、結果を出すまでを指す場合もある。さらに、言語あるいは非言語の対話を通して新たな「意味」が生まれ、互いの存在を認め合い、感情を伝え分かち合うことにより、社会的協働の中で成長していくといったことも重要な役割だと言えよう。

　一方、小学校の言葉の教育においては、言葉は意味を伝えたり気持ちを運ぶなど人とつながる道具であり、コミュニケーションとは「言葉を使っ

て相手と思いを伝え合うこと」ととらえたい。その中で互いに共感したり理解することで生み出される発見や意味は、自分と他者や社会との結びつきを豊かにするものである。小学校の言語教育における「コミュニケーション」とは、このような「言葉と心のキャッチボール」というイメージで考えるのが適切であろう。

❷ モデル

初期のコミュニケーションの標準的な「伝達モデル」(Shannon and Weaver 1949)では、コミュニケーションとは、伝えたいメッセージを選択し、それを信号に変え、コミュニケーションチャンネル (媒体) を通して、受信体 (受信者) に送られることであると考えられた。つまり、ある情報を送信者 (sender) が符号化 (encoding, codifying) して、その符号化された情報はある経路を通って受信者 (receiver) に届き、受信者はそれを復号化 (decoding, decodifying) して復元する。そして、この伝達モデルでは、コミュニケーションは6つの要素から構成されているという。

---

1) 情報源 (information source):メッセージを生成する。
2) 送信器 (transmitter):メッセージを信号にコード化する。
3) チャネル (channel):信号が送信のために用いられ伝達される。
4) 受信器 (receiver):信号を受け、メッセージを再構成する。
5) 目的地 (destination):メッセージが到達する。
6) ノイズ (noise):機能障害を起こす要因で、送信と受信の間に差異をもたらす。

この伝達モデルは簡潔でさまざまな分野に応用できる一方、直線的で機械的でもある。また、現実社会における人間のコミュニケーションはより複雑で、どのような内容を伝えたいのか、隠喩やユーモア、言外の意味などほかの要素も関わってくる。場面や状況により言葉の意味が異なるため、独自に解釈され理解されることもある。また、この伝達モデルは、目的、時間、媒体などについても述べられておらず、人間の実際のコミュニケーションからすれば、不十分なモデルだと言えよう。

Hymes (1974) は、社会言語学的立場から、言語活動をコミュニケーション活動全体の中に位置付け、言語活動とは、言語が使用されているコンテクストに基づく社会文化的な「スピーチ・イベント」ととらえた。そして、発話 (スピーチ) に関連する 8 つの要素を取り出し、それらの頭文字をとって「SPEAKING モデル」として以下のように提示した。

・Setting / Scene (時間と場所)：どのような時間、場面、状況で行われるのか。物理的状況、心理的設定も含む。
・Participants (参加者)：参加者の情報。文化的、社会言語学的背景。誰が関わっているか。
・Ends (目的・結果)：どのような目的で行われるか。最終ゴールは何か。
・Act sequence (発話の順序)：コミュニケーションがどのように起こり、つながり、展開しているか。
・Key (基調)：形式的 (フォーマル) か略式 (インフォーマル) か。声の調子がどうであるか。
・Instrumentalities (手段)：どのような言語的／非言語的手段 (口頭、文字、など)、方言、スタイルなどが使われるか。
・Norms (規範)：目的を達成するために話し手はどのような規範 (文化的ルールや意味解釈) を用いるか。
・Genre (ジャンル)：物語、スピーチ、講義などどのような種類か。

コミュニケーションには話し手と聞き手が交流を行う社会文化的な要素が多分に含まれているという視点は、コミュニケーションを考える上できわめて有効である。

2. コミュニケーション能力とは

コミュニケーション能力を表すものとしてよく引用される Canale and Swain (1980), Canale (1983) のモデルでは、コミュニケーション能力は以下の 4 つの能力からなるとされている。

1) 文法能力 (grammatical competence)：音声・語彙・統語・文法などの能力で、言語をつかさどる基礎になる。
2) 社会言語学的能力 (sociolinguistic competence)：社会的に「適切」な言語を使用する能力で、相手によって使う言語や丁寧さなどが異なる。
3) 談話能力 (discourse competence)：文と文をつなぐ能力で、内容が一貫しているか、意味や文法がつながっているかなども含まれる。
4) 方略的能力 (strategic competence)：コミュニケーションにおいて問題が起こった時処理する能力で、助けを求めたり言い換えたりすることが含まれる。

その後、Celce-Murcia, et al. (1995) は、4つの能力（文法能力は「言語能力 (linguistic competence)」、社会言語学的能力は「社会文化的能力 (sociocultural competence)」に変更）に、自分の意図を伝え、相手の意図を理解する「行為的能力 (actional competence)」を加え5つとし、方略的能力が潤滑油の役目を果たしていることを図 2.1 のように表した。

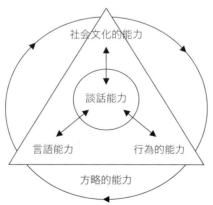

図 2.1　Celce-Murcia, et al. (1995) のモデル

Celce-Murcia (2007) は、上記のモデルをさらに修正し、「行為的能力」を削除した上で、以下の 2 つの能力を加えた。

5) 決まり文句能力 (formulaic competence)：of course など、よく
   使う決まり文句や表現に関する知識。
6) インターラクション能力 (interactional competence)：謝罪・依
   頼などの行動を適切に行う能力 (actional competence)、会話を始め
   たり終わらせたり、話題を変えたりする能力 (conversational compe-
   tence)、ジェスチャーなどをうまく使う能力 (non-verbal / paralin-
   guistic competence)。

　また、コミュニケーション能力は、一般的には、知識・理解 (knowledge /
analysis: the cognitive domain)、関心・意欲・態度 (motivation / sensitivity:
the affective domain)、表現 (skills: the psychomotor domain) を含む総合力
だと考えられている。すなわち、知識・技能のみならず、態度や価値観な
ども重要な要素となりつつある。

　一方、21世紀に入り現在はまさに情報化社会にある。現在の子どもたち
はα世代、デジタルネイティブとも呼ばれ、産まれた時からデジタル機器
が周囲にある環境で成長しており、GIGA スクール構想で1人1台端末が
配布されたが、それらは授業に必須の文房具の一つとなりつつある。今後
は音声や映像を伴うマルチモダル (複数感覚様式) な情報を組み合わせたコ
ミュニケーションが主流になると想定され、児童の認知をさらに刺激・促
進し、コミュニケーションへの意欲も高まると考えられる。バトラー後藤
(2021) はデジタル時代に必要な言語コミュニケーション能力として、これ
までの言語知識に加え、以下のような、自律的・社会的・創造的言語使用
能力が必要であると提唱している。

1) 基本的言語知識：基礎となる言語知識。
2) 自律的言語使用能力：目的を持って自律的に言語活動を行う能力。
   インターネットなど膨大な言語情報を効率よく処理し、信ぴょう性
   を判断したり、自分に必要な情報を取捨選択したり、批判的な視点
   を持ちながら分析・理解したりする言語能力。

> 3) 社会的言語使用能力：他者との間に有益なネットワークを築きな
>   がら、言語を使って個人および集団の知識を拡大できる能力。多様
>   性に対応できる柔軟な姿勢や感情・情緒を感知したり共感を深めた
>   りする能力。
> 4) 創造的言語使用能力：言語情報から変換された既存の知識を再構
>   成・再構築したり、新しいコンテクストへの植え替えを行ったりす
>   る能力。対象となる情報には、音声映像など非言語情報も含まれる。

　特に変化の激しいデジタル空間や世界においては、言語知識を自律的、創造的、かつ柔軟に活用していく能力がますます重要になると考えられる。

3. 異文化間コミュニケーション能力と非言語コミュニケーション

❶ 異文化間コミュニケーション能力

　他文化の人と外国語（foreign language）でやり取りする能力を、異文化間コミュニケーション能力と呼ぶ。英語教育でも言語のみならず、社会的、文化的コンテクストの中で意味のやり取りを重視した考え方が大きな位置を占めてきた。

　Byram（1997）によると、異文化間コミュニケーション能力は、言語に関する3つの能力「言語能力」「社会言語能力」「談話能力」に、文化に関する「異文化間能力（intercultural competence）」が加わり成立している。さらに、「異文化間能力」を「態度」「知識」「解釈と関連付けの技能」「発見と相互交流の技能」「批判的文化意識」という5項目で提示している。異文化間、例えば日本のように言葉そのものよりも、文脈や背景、言外の意味を重視するハイコンテクスト文化と、欧米のように言葉そのものの意味を重視するローコンテクスト文化の間では、さまざまな誤解や摩擦が生じることもあろう。そのようなさいに必要な知識や技能、また粘り強く相手を理解し相互交流をしようとする態度を身に付けることが肝要である。

　多言語・多文化であるヨーロッパにおける言語教育について、欧州評議会（Council of Europe）は「外国語の学習、教授、評価のためのヨーロッパ

共通参照枠（CEFR: Common European Framework of Reference for Languages: Learning, teaching, assessment）」（2001）を発行したが、その中で「異文化間技能 (intercultural skills)」として、「自文化と多文化を関係付けることができる」「自分自身の文化と外国文化との仲介役を務めることができる」「異文化間の誤解や衝突に対して効果的な解決ができる」などが目標として明記されている。

❷ 非言語コミュニケーション

複数の人間が互いに意思・感情・思考を伝達し合うことを意味するコミュニケーションは、言葉による言語コミュニケーションと、言葉以外の非言語コミュニケーションに分類できる。非言語コミュニケーションは、図 2.2 のように、口調、声の大きさ、話す速さなどの「聴覚情報」と、表情、態度、ボディランゲージ、服装などの「視覚情報」とに分けられる。

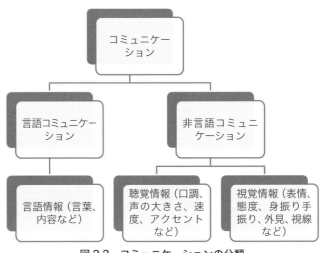

図 2.2　コミュニケーションの分類

例えば、発表やプレゼンテーションでどんなことを話すか（内容・言葉）は大切な要素であるが、それを伝えるための話し方、姿勢、表情なども相手の印象に影響を与える重要な要素である。「メラビアンの法則」（Mehrabian 1971）によると、コミュニケーションにおいて、言語情報、聴覚情報、

視覚情報が受け手に与えるインパクトを数値で表すと、言語はわずか7%、聴覚は38%、視覚は55%である。これは、言葉の内容よりも話し手の口調や表情によって、受け手の印象が大きく変わることを意味する。もちろんすべてのコミュニケーションにおいてこの数字が適用されるわけではないが、非言語コミュニケーションの与える影響は大きく重要であり、コミュニケーションを行うときには、アイコンタクト、表情、態度、声量、イントネーションなどにも十分に注意することが必要である。

4. コミュニケーション・ストラテジーの指導

　Canale（1983）はコミュニケーション能力の一つである方略的能力を、「コミュニケーションを維持し、挫折が生じればそれを修復するとともに、支障を避け、コミュニケーションを円滑に促進するための知識や技能」としており、そのために用いられる方略は「コミュニケーション・ストラテジー（Communication Strategy, 以下、CS）」と呼ばれる。CSには2つの種類があり、語彙が浮かばない、相手の言っていることが分からないなど、コミュニケーションに挫折が生じたさいやコミュニケーション能力の不足を補うための「補償方略」と、つなぎ語や理解の確認など、コミュニケーションを効果的に促進し、成功に導くための「達成方略」に分かれる。いずれにせよ、目的に応じて、CSを効果的に選択し、組み合わせてうまく活用することが大切である。またCSには、表現する場合、理解する場合、互いにやり取りをする場合の3つの側面があり、次のような方略が必要である（Izumi 1996 一部改訂）。

---

1) **産出方略**: 語彙が分からない時などに用いるストラテジーとしては、回避（例：I'm sorry. I don't know.）、言い換えの1つである近似表現の利用（例：water pipe → pipe）、造語（例：balloon → airball）などがある。また、沈黙を避け考える時間を生むつなぎ語（例：well, um）や、援助要請（例：How do you say ... in English?）、身振りなどの非言語手段も重要である。

2) 理解方略: 相手の話を理解したり、相手の理解を確認したりする
ために用いるストラテジーで、明確化の要求 (例: I don't understand.
What is poncho?)、繰り返しの要求 (例: Pardon?, Once more, please.)、
理解の確認(例: OK? Do you understand?)などは、小学校でも役立つ。
3) 相互交流 (会話) 方略: やり取りにおけるストラテジーである発
言権の交代 (例: How about you?)、トピックの転換 (例: By the way
…)、話に割って入る (例: Excuse me.)、反応 (例: That sounds
good.) なども大切である。

　CS を指導するさいには、次のような段階を意識し、児童のメタ認知能
力を高めたい。
① 提示: HRT と ALT がコミュニケーションがうまくいかない場面を示
し、児童にどうすればよいかを考えさせる。その後、ストラテジーを用
いたよいモデルを提示し、気付いたことを発表させる。
② 表現の練習: ストラテジーとして用いる表現を練習する。
③ タスクの実施: 例えば、間違い探しやインフォメーションギャップ活
動などのタスクの最中に、聞き返しや互いに確認する表現などを用いて、
実際にペアでやり取りを行わせる。
④ 評価: 活動を振り返らせ、CS 表現がうまく使えたかどうかを尋ねる。
うまく使えていた児童の例を示し、ストラテジーが役立つことを確認し、
次からも自発的に用いるように励ます。

　CS を指導するさいは、明示的に表現や使用方法を説明したのち、実際
のコミュニケーションや言語活動の中で使わせてみる体験が重要である。
この体験をもとに、児童が自発的にストラテジーや表現を選択して使うよ
うに促すことで、主体的で自律的な学習者の育成につなげたい。児童が楽
しくコミュニケーションを行い、成功体験を積み重ねるために、ストラテ
ジー指導は欠かせない。情報差がある 2 枚の絵を用いた CS の使用例を見
てみよう。

CS 使用の具体例： 間違い探しタスク

S1（左の絵を持っている）: How many pears do you have? I have three pears.

S2（右の絵を持っている）: Pears? What's that?

S1: Well, pear is *nashi* in Japanese. It's green. Do you understand?
S2: I see. I have two pears. I have one apple, too. How about you?
S1: One apple? An apple is on the apron.
S2: Really? A melon is on the apron in my picture. （下線部は CS 使用）

　さまざまな表現やジェスチャーなどの CS 指導は、コミュニケーションの成功に役立ち、児童に達成感や有能感を持たせるであろう。

5. 学習指導要領におけるコミュニケーション能力の育成

　『小学校学習指導要領　解説』（文部科学省 2017d）でもコミュニケーションに関する記述が多く、小学校においてコミュニケーション能力や態度の育成が重要課題であることが分かる。

❶ コミュニケーション能力の素地と基礎

　外国語活動では、コミュニケーションを図る「素地」となる資質・能力の育成、外国語科ではコミュニケーションを図る「基礎」となる資質・能力の育成を目指すことが大きな目標となっている。そのさい、実際のコミュニケーションにおいて活用できる基礎的な技能を身に付けるようにし、コミュニケーションを行う目的や場面、状況などに応じて、身近で簡単な事柄について、自分の考えや気持ちなどを伝え合うことができる力を養うことが求められる。

❷ 見方・考え方

　世界の国の挨拶や行事などを学習することで、外国語やその背景にある文化を理解するとともに、日本文化や行事などを伝えるさいには相手に分かりやすいように十分配慮するといった考え方を大切にしたい。また、買い物や注文、道案内、将来の夢を伝えるなど、コミュニケーションを行う目的・場面・状況に応じて、情報や自分の考えなどを形成、整理、再構築することが重要である。

　例えば5年生では、外国にはその国特有の行事があり、それらが文化に根差したものであることに気付いたり、祝い方はさまざまだが、多くの国で誕生日を祝い、カードを贈る習慣があることを知り、家族や外国の友だちに英語でカードを書いて交流したりすることもできる。また、諸外国の小学校の時間割や科目、給食などについてビデオを見て英語を聞き取ることで、自分たちとの違いやその背景に気付き、日本の学校生活についてビデオレターなどを作成して外国の小学校の児童と交流することもできる。さらには、世界の小学生が将来就きたい職業を紹介する動画などは、日本語と外国語で職業を表す語に共通点や違いがあることに気付いたり、人々の職業観を知り自分の将来などについて考えるきっかけになるかもしれない。

　初めて外国語に出会い触れる小学校においては、母語によるコミュニケーションとは異なり、相手の発する外国語を注意深く聞いて相手の思いを理解しようとしたり、持っている知識などを総動員して他者に外国語で自分の思いを何とか伝えようとしたりする体験を通して、言語でコミュニケーションを図る難しさや大切さを感じることが重要である。

6. コミュニケーション能力を育成する授業実践

　以下に、コミュニケーション能力の素地や基礎の育成を目指した、4年生と5年生の授業実践例を紹介する。4年生は文科省作成教材、5年生は検定済教科書を基にしている。

実践例1: 中学年（4年生）
1.　単元名: 好きな遊びを伝えよう（Let's play cards.）

2. 目標

・世界と日本の遊びの共通点と相違点を通して、多様な考え方があることに気付くとともに、さまざまな動作、遊びや天気の言い方、遊びに誘う表現にいっそう慣れ親しむ。

・好きな遊びについて尋ねたり答えたりして伝え合う。

・相手に配慮しながら、友だちを自分の好きな遊びに誘おうとする。

3. 主な表現、語彙

・表現：How's the weather? It's sunny. Let's play cards. Yes, let's. OK. / Sorry. No, let's not. Stand up. Sit down. Stop.

・語彙：天気 (sunny, rainy, cloudy, snowy, etc.)、状態・気持ち (hot, cold, etc.)、動作 (jump, turn, walk, run, look, put, touch, etc.)、遊び (tag, jump rope, bingo, game, etc.)、outside, inside, etc.

・既出：Do you like (blue)? What (sport) do you like?
身体の部位、色、スポーツなど

4. 単元計画 (4 時間)

① 世界と日本の遊びの共通点と相違点を通して、多様な考え方があることに気付くとともに、天気や遊びの言い方を知る。(第 1 時)

② 遊びや天気の言い方に慣れ親しみ、さまざまな動作を表す語句や遊びに誘う表現を知る。(第 2 時)

③ 天気の言い方に慣れ親しみ、好きな遊びについて尋ねたり答えたりして伝え合う。(第 3 時)

④ 相手に配慮しながら、友だちを自分の好きな遊びに誘おうとする。(第 4 時)

5. 準備物

絵カード、音声教材かデジタル教材、ワークシート、振り返りカード

6. 本時の展開 (第 4 時)

児童は、前時までに映像視聴、チャンツ、リスニングなどを通して、天気の言い方や、好きな遊びについての表現や語彙に慣れ親しんでいる。本時は、それらを活用して、相手を自分の好きな遊びに誘い、クラス全員で楽しむ遊びを決定する活動を行う。本時の流れは以下の通りである。

① チャンツ――How's the weather? (3 分)

チャンツを使ってリズムよく繰り返しながら楽しく練習する。天気の表現は毎時間授業の最初に繰り返しているが、改めて表現の定着を確認する。

② Let's Sing ("Rain, Rain, Go Away", "Eeny, Meeny, Miny, Moe", "One Little Finger")（7分）

これらの3つのうたは「子どもの遊び」に関係するものである。早く天気になってほしい気持ちを表したり、オニの順番決めや指遊びをしたりするときなどに使われる。遊びうたなので、実際に遊びのオニを決めたり、指導者と指遊びをしたりしながら繰り返し歌い、単元の活動前の動機づけや、英語の授業の雰囲気づくりに活用する。

③ Activity（25分）

【前半】（15分）

・指導者は、その日の天気と気候を児童とやり取りする。

例） T: How is the weather, Kyoko?　　S: It's sunny.
　　　T: Good. Is it cold today, Satoru?　　S: No. It's hot.

・その日の午後にどんな遊びをしたいか決めて、自分の考えをテキストに日本語（または英語）で書くように指示する。

・次に、クラス全体では、どんな遊びの希望が一番多いかを予想して、テキストに日本語（または英語で）書くよう指示する。

・その日の午後にどんな遊びをしたいか、友だちとやり取りして、自分のしたい遊びを決めるよう指示する。

例1） T: I like playing tag. Do you like playing tag, too?
　　　S: Yes, I do.
　　　T: Let's play tag together.
　　　S: OK. Let's play tag.

例2） T: I like playing tag. Do you like playing tag, too?
　　　S: Sorry. I don't like playing tag.
　　　T: Let's play soccer together.
　　　S: Yes, let's.

・友だちをうまく誘えるように、相手が普段どんな遊びをしているか、当日の気温と相手の体調はどうかなど、相手意識を持って交渉する。

・児童をいったん全員着席させ、その時点でどの遊びの希望者が一番多いか中間集計と振り返りをする。次の例のように相手の誘いを受け止めつつ、理由を述べて別の遊びの提案をするなど、参考になるやり取りをしていたペアを紹介する。

例) S1: I like playing *keidoro*. Let's play *keidoro* together.

S2: Sorry. I like playing *keidoro,* too. But it's very hot today. Let's play cards. ←（理由と提案）

S1: That's a good idea. Let's play cards together.

【後半】（10 分）

・前半と同様に友だちとやり取りをして、自分のしたい遊びを決めるよう指示する。そのさい、中間振り返りで紹介したやり取りの例を参考にするよう助言する。

・友だちの意見を聞いて、最終的に自分がしたい遊びを決定する。

④　最終的にどの遊びをしたいか挙手をさせ集計する。（5 分）

　　クラス全体で最終的に、どの遊びの希望者が多かったのか集計する。また、友だちの意見を聞いて意見が変わった児童に挙手をさせて、そのさい、友だちのどんな誘い方に説得力があったかを尋ねて、全員でシェアする。

⑤　振り返り・うた──Goodbye Song（5 分）

　　振り返りカードに、本時に学んだことや友だちの学びのよさを記録する。本時は単元最後の時間なので、本時だけではなく単元全体を通してできるようになったことなどの振り返りもさせる。

7.　指導上の留意点

　　コミュニケーションの観点から、ただ単に友だちを遊びに誘うだけでなく、相手の気持ちを受け止めつつ、自分の思いを柔らかく効果的に伝えるにはどのようにすればよいかを児童に考えさせる活動にしたい。

実践例 2: 高学年（5 年生）

1.　単元名: My Hero　あこがれの人をしょうかいしよう。（*Junior Sunshine 5*（開隆堂、令和 2 年度版）, Lesson 6）

2.　目　標

自分のことをよく知ってもらったり、相手のことをよく知ったりするために、第三者のできることや得意なことを伝える表現を理解し、あこがれの人について、考えや気持ちを含めて紹介することができる。また、大文字と小文字を正しく認識し、大文字で書き始める単語のルールを理解することができる。

3. 主な表現、語彙

・表現：This is (my sister). Who is your hero? He [She] is a (singer). He [She] is good at (playing the piano). He [She] can (cook well). He [She] is (cool).

・語彙：状態・気持ち（active, cool, fantastic, friendly, funny, great, kind, nice, strong, wonderful）

・既出：動作、スポーツ、日課、職業、家族

4. 単元計画（6時間）

① 本単元の見通しを持ち、得意なことの表現の仕方が分かる。（第1時）

② 第三者のできることや得意なことを聞いたり言ったりする。（第2時）

③ 状態・気持ちを表す表現に慣れ親しむ。また、音声教材を聞き、あこがれの人の紹介の仕方が分かる。（第3時）

④ 例文を参考に、あこがれの人についての発表メモやポスターを作る。また、ペアで練習をする。（第4時）

⑤ 他者に配慮しながら、あこがれの人について、自分の意見を含めて発表する。（第5時）

⑥ 大文字と、それに対応する小文字を正しく認識する。また、大文字で書き始める単語についてのルールを知る。（第6時）

5. 準備物

　絵カード、音声教材かデジタル教材、ワークシート、発表用ポスター、振り返りシート

6. 本時の展開（第5時）

　児童は、前時までに、指導者による small talk（内容的にまとまりのある話）、映像視聴、リスニング、チャンツ、ゲーム、ペアでの会話などを通して、あこがれの人について発表するために必要な表現や語彙に慣れ親しんでいる。それを受けて、本時は、あこがれの人について、自分の意見を含

めて発表する。本時の流れは以下の通りである。

① 指導者による small talk を聞く。（5分）

　指導者による small talk は、毎時間もしくは2回に一度程度行いたい活動である。児童にとって、まとまりのある英語を推測しながら聞く機会になるからである。知らない単語や表現が含まれていても、話の内容の概要をとらえる力を養うことができる。児童の理解を助けるために写真や実物、ジェスチャーなどを使用するとよい。また、指導者は、一方的に話すのではなく、質問をするなどして児童を会話に巻き込みながら話す。児童は、その場でとっさに反応しなければならないため、どうにかして応答しようとする方略的能力が養われる。このように small talk を上手に活用すれば、実際のコミュニケーションにより近い経験をすることができる。

　指導者による small talk 例：This is my hero. Do you know him? He is Miura Kazuyoshi. We call him King Kazu. He is a soccer player. When he was 16 years old, he went to Brazil. He can run fast. He is good at dribbling a ball. Can you play soccer well? He is great and nice to everyone.

② チャンツをする。[Let's Chant　友だちチャンツをしよう]（5分）

　前時までも繰り返し行ってきた、英語らしいリズムで言う活動である。チャンツの内容が、発表項目で構成されているので、チャンツを繰り返し言うことで、発表内容や発表の仕方をとらえることができる。

③ よい話し方や聞き方について話し合う。（5分）

　よい話し方として、相手を意識して話すことがあげられる。聞き手を見て話すことや、聞き手の反応を見ながらゆっくり話したり、間をおいたり強調したりすること、はっきりした声で話すこと、笑顔で話すことなどである。ジェスチャーを使うことが効果的であることも押さえたい。よい聞き方としては、内容に注目し、発表者を見る、うなずくなどの反応をする、メモをとる、質問をする、感想を言うなどがあげられる。

④ ペアで発表練習をする。（5分）

　グループでの発表の前に、ペアで練習を行う。そのとき、よい話し方ができているかについて助言し合う。

⑤ グループ内で発表をする。（15分）

ペアで練習した相手を含まない6名程度のグループで、1人ずつ発表する。発表者は、発表用ポスター（あこがれの人の名前と写真または絵を載せたもの）を聞き手に見せながら話す。1人の発表が終わったらすぐ、聞き手は、ワークシートに聞き取れたことや話し方のよいところを記録し、その後、質問や感想を言う。

児童の発表例：This is my hero. She is Sakamoto Kaori. She is a figure skater. She can spin very fast. She is good at jumping high. She is fantastic.

＊発表で未習語を使う必要が生じた児童には、個別に指導する。

⑥ 感想を全体へ発表する。（5分）

発表を聞いての感想（初めて知ったこと、意外だったことなど）を全体に向けて発表する。指導者は、それぞれの感想に必ずコメントをする。

⑦ 振り返りを行う。（5分）

振り返りシートに、学んだことや自分の学び方を記録する。本時は、文字指導を除いて単元最後の時間なので、本時だけではなく、単元を通しての振り返りもさせるとよい。

7. 指導上の留意点

・単元の初めに、指導者による small talk や映像視聴を通して、単元のゴール（あこがれの人について発表すること）と、それに至るまでの見通し（必要な語彙、表現）を児童につかませることが大切である。

・自分の本当に伝えたいあこがれの人について発表させることが大切である。5年生では、国語科で伝記を読む活動を行う。教科書本文に書かれた伝記を読んだ後、一人ひとりが興味のある人物の伝記を選んで読む。その人物について、この単元で紹介するのもよい。児童の興味・関心を高めるために、他教科などにおける学習と関連させることは大変効果的である。

（泉惠美子、加藤拓由、上原明子）

学　習　課　題

1. コミュニケーションとコミュニケーション能力の定義とモデルについてまとめ、自分なりの定義を考えてみよう。

2. コミュニケーション・ストラテジーの中から、「明確化の要求」「援助要請」「発言権の交代」を指導するために、具体的なやり取りの例を考え、効果的な指導方法を考えてみよう。

📖 参考図書

泉惠美子・門田修平（編著）（2016）『英語スピーキング指導ハンドブック』大修館書店.

樋口忠彦・髙橋一幸・加賀田哲也・泉惠美子（編）（2017c）『Q&A　小学英語指導法事典——教師の質問 112 に答える』教育出版.

3節 音声の指導

> 小学校学習指導要領・外国語（2017年告示）では、「音声」について、次に示す事項のうち基本的な語や句、文について取り扱うこと、としている。
> 　（ア）現代の標準的な発音、（イ）語と語の連結による音の変化、（ウ）語や句、文における基本的な強勢、（エ）文における基本的なイントネーション、（オ）文における基本的な区切り
> 　本節では、これらの音声指導の内容や効果的に行うための方法、留意点について考える。

1. 音声指導の重要性

　「外国語」の目標として、外国語の音声について「日本語と外国語との違いに気付き…[略]…知識を理解する」という文言がある。日本語と英語の音声上の相違点は、個々の音（母音、子音）、プロソディー（アクセント、リズム、イントネーション）などにおいて顕著であり、アクセントの位置やイントネーションを間違えると意図しているメッセージが伝わらないことがある。英語を学び、英語でコミュニケーションを行う上では、英語の音声の特徴に気付き、学習することが重要である。

2. 音素（母音、子音）

　音素には「母音（vowel）」と「子音（consonant）」がある。口腔内で呼気の流れがあまり妨げられることなく調音される音は母音、呼気の流れがある程度妨げられて調音される音は子音と呼ばれる。

❶ 母　音

　一般に英語の母音は、調音のさいの舌の前後位置（前舌、中舌、後舌）、舌の最高部の位置（高母音、中母音、低母音）、唇の形状（円唇、平唇）、舌筋の緊張度（緊張、弛緩）などに基づいて分類される。代表的なものを以下に示す。

/i/	English, system	/iː/	eat, green
/e/	elephant, heavy	/ə/	about, holiday
/æ/	animal, thank	/u/	book, cook
/ʌ/	onion, summer	/ɔː/	August, ball
/uː/	June, glue	/ɑː/	father, calm
/ɑ/	omelet, want	/ɔːr/	four, sport
/ɑːr/	art, March	/əːr/	earth, Thursday
/ər/	calendar, wonderful		

　また、同じように聞こえる音でも、cat の /æ/ と cut の /ʌ/, hurt の /əːr/ と heart の /ɑːr/ は、英語ではそれぞれ異なる音である。さらに、同じ綴り字でも、look と pool はそれぞれ /u/ と /uː/, wait と said はそれぞれ /ei/ と /e/ と発音される。母音音素が5種類（/a/ /i/ /u/ /e/ /o/）である日本語と比較すると、いかに英語の母音の発音が複雑であるか分かる。

【練習】/æ/ と /ʌ/ の違いに気をつけて、次の文を発音してみよう。

・Do you have my cap?

・Do you have my cup?

❷　二重母音

　英語には ice の /ai/, out の /au/, open の /ou/ など、「二重母音 (diphthong)」がある。発音記号だけを見るとそれぞれ日本語の「愛」「会う」「追う」と同じように思えるが、似て非なるものである。bowl と ball も日本語の「オー」の音に似ているように感じるが、英語では異なる音となり、それぞれ /ou/ と /ɔː/ である。英語の二重母音は単に母音が2つ並んでいるわけではなく、前の母音を強く長く、前の母音から後ろの母音に緩やかに移行するように発音する。

図 3.1 は、英語の母音が口のどの位置で調音されるかを示している。

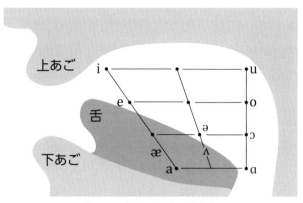

図 3.1　英語の母音の調音点

❸ 子　音

子音は、息や声が口・鼻から出るまでに妨げられる場所である「調音点」（唇、歯、歯茎、硬口蓋、軟口蓋など）と、調音点において呼気がどのように流れるかという「調音方法」に基づいて分類される。表 3.1 は、英語の子音の分類表である。

表 3.1　子音の分類表

	両唇音	唇歯音	歯音	歯茎音	硬口蓋・歯茎音	硬口蓋音	軟口蓋音	声門音
閉鎖音	p　b			t　d			k　g	
摩擦音		f　v	θ　ð	s　z	ʃ　ʒ			h
破擦音					tʃ　dʒ			
鼻音	m			n			ŋ	
側音				l				
半母音	w				r	j		

以下、子音の種類とその特徴、例を示す。

【調音点に基づく分類】

・両唇音: 上下の唇を使って発音する音。

・唇歯音: 下唇と上歯を接触させて発音する音。

・歯音: 舌先を上前歯の先に当てて発音する音。

・歯茎音: 舌先と歯茎（上の前歯の根元あたり）で発音する音。

・硬口蓋・歯茎音: 前舌と歯茎の少し後ろで発音する音。

・硬口蓋音: 前舌と硬口蓋（上あごの中部にある硬い部分）で発音する音。

・軟口蓋音: 後舌を軟口蓋（硬口蓋の後ろにある柔らかい部分）の方向に持ち上げて発音する音。

・声門音: 声帯を使って発音する音。

【調音方法に基づく分類】

・閉鎖音: 口腔内で呼気を一瞬止めた後に、それを一気に開放して発音する音。park の /p/, team の /t/, kind の /k/ など。

・摩擦音: 呼気の流れを舌や歯などの隙間で摩擦を起こすことによって発音する音。fish の /f/, view の /v/, sing の /s/, zoo の /z/ など。

・破擦音: 口腔内の呼気を一気にはじき出すように破擦させて発音する音。cheek の /tʃ/, joke の /dʒ/ など。

・鼻音: 呼気を鼻腔に通して発音する音。morning の /m/, near の /n/ など。

・側音: 持ち上げた舌の両側面を呼気が通ることによって発音される音。lemon の /l/, help の /l/ など。

・半母音: 母音のような特性を持つが、すぐに次の音に移るという特徴を持つ音。wet の /w/, red の /r/, year の /j/.

また子音は、「無声音」と「有声音」に分類される。発音するさいに喉に手を当てて喉が振動しない音（例: /p//f//s/）が無声音で、喉が振動する音（例: /b//v//z/）が有声音である。

実際のコミュニケーションにおいては、日本語にはない子音の発音が弱

いために意思疎通に支障が起こることがある。例えば、筆者の知人はアイスクリーム店でバニラを注文したところ、vanilla の /v/ が /b/ に聞こえたらしく、バナナ味のアイスクリームが出されたそうだ。また、語頭に来る閉鎖音 (park の /p/, time の /t/, keep の /k/ など) は、日本語のパ行、タ行、カ行よりも強い息をともなって発音されるので、口の前にティッシュペーパーをかざして、息でティッシュペーパーを動かすことができるように練習するとよい。

【練習】/s/ と /θ/, /l/ と /r/ の違いに気をつけて、次の文を発音してみよう。

・Please draw a mouse. / Please draw a mouth.

・This telephone number is long. / This telephone number is wrong.

3. プロソディー (アクセント、リズム、イントネーション)

　We export rice.（米を輸出している）と言うつもりで、lice（蚤）と発音してしまうと大きな誤解が生じてしまうように、個々の音素を正しく発音することは、個々の単語を区別するさいには重要であるが、実際のコミュニケーションでは、アクセント、リズムやイントネーションなどのプロソディーが果たす役割が大きい。英語の場合、プロソディー上の正確さを欠くと、文の意味や発話者の意図がうまく伝わらなかったり、誤解が生じて意思疎通の妨げとなったりすることがある。例えば、woman dóctor（婦人科の医師）と言うつもりが、woman を強く発音すると wóman doctor（女性の医師）と勘違いされてしまう可能性がある。

　以下、円滑な音声コミュニケーションのために不可欠な英語のアクセント、リズム、イントネーションの特徴について説明する。

❶ アクセント

1) 語強勢

　日本語と英語の音節構造は異なっている。例えば、日本語の「ドラマ」は 3 音節（ド｜ラ｜マ）だが、英語の "drama" は 2 音節（dra·ma）で /drάːmə/ と発音される。日本語の場合はそれぞれの音節をほぼ同じ強さ、長さで発音するが、英語の場合には長母音の /ɑː/ を音節主音として一気に発音する。

このように語中で強く発音される場合は、「語強勢」と呼ばれる。なお、語中に母音が 1 つしかない場合には語強勢は 1 つだが、airplane のような 2 音節の単語や basketball のような 3 音節の単語のように、強く発音される音節が複数ある場合には、áirplàne や básketbàll のように、最も強く発音される音節に第一強勢（´）、次に強く発音される音節に第二強勢（`）が置かれる。

2) 句強勢

　green house（緑色の家）のように形容詞的な働きをする語が名詞を修飾して句を形成する場合には、名詞 house に強勢が置かれるが、フレーズ単位での強勢は「句強勢」と呼ばれる。なお、greenhouse（温室）は同じ単語で構成されているが、green と house が結合して一つの意味を表しており、green に第一強勢、house に第二強勢が置かれる。基本的に「形容詞＋名詞」の 2 語の場合は名詞に、「名詞＋名詞」や「形容詞＋名詞」などの複合語の場合には前の単語にアクセントを置く。

【練習】アクセントの違いに気をつけて、次の文を発音してみよう。

・Look at that gold físh. / Look at that góldfish.
・I made a hótcake. / I made a hot cáke.

3) 文強勢

　センテンス単位での強勢は「文強勢」と呼ばれる。英語を英語らしく発音するためには文強勢の位置をしっかりと認識する必要がある。文強勢が置かれる語は、名詞、動詞、形容詞、副詞、疑問代名詞など意味内容がはっきりとした「内容語（content word）」であり、冠詞、be 動詞、助動詞、前置詞、関係代名詞、関係副詞、接続詞など内容語を補佐する役割を持つ「機能語（function word）」には、通常、文強勢が置かれない。内容語は強く長く、機能語は弱く短く発音するのがコツである。

【練習】太字の部分を強く長めに発音してみよう。

　What **sport** do you **want** to **watch**?

❷　リズム

　日本語は「音節拍リズム＊（syllable-timed rhythm）」の言語で、どの音節もほぼ等しい強さ、長さで発音され、音節の数だけ時間をかけて話される

という特徴がある。一方、英語は「強勢拍リズム＊＊（stress-timed rhythm）」の言語で、強勢の強弱が規則的に繰り返され、次の例のように強い強勢（●印）から次の強い強勢（●印）が同じ時間的間隔を持つという特徴がある。

　＊「等音節性のリズム」と呼ぶ場合もある。
　＊＊「等時性のリズム」と呼ぶ場合もある。

$$\overset{\bullet}{}\quad\overset{\bullet}{}\quad\overset{\bullet}{}$$

The dog eats the bones.

$$\overset{\bullet}{}\qquad\overset{\bullet}{}\qquad\overset{\bullet}{}$$

The dog will have eaten the bones.

　強勢の音節主音がほぼ等間隔に現れるこの特徴は、「等時性（isochronism）」と呼ばれる。文を構成する単語数が異なる複数の文において、強勢が置かれる音節の数が同じであれば、すべての文がほぼ同じ時間をかけて話される。このことが英語独特のリズムを生み出している。

　英語の場合、通常、文強勢が置かれる単語が意味上重要な単語と一致するため、文の意味を正しく理解するには、文強勢が置かれる単語を聞き取ることが大切である。また発話するさいには、文強勢が置かれる単語を強く長く発音するだけでずいぶん英語らしく聞こえる。

❸　イントネーション

　英語が話される場合、文末や文の途中で声の調子が上がったり下がったりする。このことで英語独特の抑揚が生まれるのだが、この抑揚を総称して「イントネーション（intonation）」と呼ぶ。大きくは、「下降調（falling intonation）」と「上昇調（rising intonation）」に分類される。

・下降調：平叙文（例：I play the violin.）、命令文（例：Color it red.）、感嘆文（例：What a beautiful day!）、wh 疑問文（例：Who is this?）の文末。
・上昇調：yes-no 疑問文（例：Are you good at tennis?）の文末。
・上昇調と下降調の混在：AかBかを問う選択疑問文の場合、Aの後ろは上昇調、Bの後ろは下降調（例：Which is better, bus↗ or train?↘）となる。また、選択肢が3つ以上の場合には、最後の選択肢以外は上

> 昇調、最後の選択肢は下降調（例：I'd like Swiss cheese,↗ tomato,↗ onion↗ and lettuce.↘）となる。

　また、同じ表現であってもイントネーションによって意味が変わることがある。

(1)　A:　Oh! I forgot about it. Sorry.↘

　　　B:　That's OK.

(2)　A:　Please call me at seven.

　　　B:　Sorry?↗

(1)の "sorry." は下降調で「すみません」という謝罪表現になるが、(2)の "sorry?" は上昇調で「何て言ったの？」「もう一度言って」と相手に繰り返しを求める表現になる。

　使用頻度の高い基本的な慣用表現の一つである "Excuse me." も、イントネーションの違いによって異なる意味になる。(3)のように下降調で言うと、相手に話しかけるときや、自分の言動に対して謝るときの表現となり、(4)のように上昇調で言うと、相手の言うことがよく聞き取れなかったり、意味が理解できない場合に繰り返しを求める表現となる。

(3)　Excuse me.↘ Where is the post office?

(4)　Excuse me.↗ Could you repeat that?

　以上のように、英語においてイントネーションの役割は重要であり、イントネーションを誤ると自分の考えや気持ちが誤解されることもある。発話内容を明確に伝えるためにも、場面や状況に応じてイントネーションを適切に使いこなす必要がある。

【練習】イントネーションの違いに気をつけて、次の文を発音してみよう。

・Today's numbers are 22↗ and 7.↘ / Today's numbers are 20,↗ 2↗ and 7.↘

・I'd like chicken soup↗ and salad.↘ / I'd like chicken,↗ soup↗ and salad.↘

・How is your sister,↘ Mary?↗ / How is your sister Mary?↘

4. 音声変化

　話しことばでは、英語の単語は 1 語ずつ発音されるのではなく、その語が置かれている音の環境によってさまざまな音声変化が起こることがある。以下、代表的な 3 つの音声変化（連結、同化、脱落）について説明する。

❶ 連結 (linking)

　連結とは、前の語の語末の音と次にくる語の語頭の音が連結して発音される現象を言う。far away や clear up のように、語末の /r/ が次の語の語頭の母音と連結して［ファーラウェイ］や［クリァラップ］のように発音される現象は「r 連結」と呼ばれる。

　また、an apple や run away のように、語末の /n/ が次の語の語頭の母音と連結して［アナップル］や［ランナウェイ］のように発音される現象は「n 連結」と呼ばれる。これらのほかに、stop it (/p/＋母音)，not at all (/t/＋母音)，stand up (/d/＋母音)，look up (/k/＋母音)，give up (/v/＋母音) などがあげられる。

【練習】連結に気をつけて、次の文を発音してみよう。

・He is good at baseball.　（連結）

・You can see it on your left.　（連結）

・I have a question.　（連結）

❷ 同化 (assimilation)

　同化とは、音が前後の音に影響されて別の音に変化する現象のことを指す。隣接する二つの音が互いに影響し合って変化する場合は「相互同化」と呼ばれる。例えば、meet you［ミィーチュ］のように、meet の語末の /t/ と you の語頭の /j/ が互いに影響し合って /tʃ/ となる現象のことである。would you［ウッジュ］(/d/＋/j/ → /dʒ/)，this year［ディッシャー］(/s/＋/j/ → /ʃ/)，as you［アジュー］(/z/＋/j/ → /ʒ/) も相互同化の例である。

【練習】同化等に気をつけて、次の文を発音してみよう。

・What would you like?　（同化）

・When is your birthday?　（連結と同化）

❸ 脱落 (elision)

　脱落とは、語中または語間で、ある音が消失する現象のことを指す。例えば、bookcase［ブッケース］や hot dog［ホッドッグ］のように語中や語間で子音が連続するさいに片方の子音が脱落する。また、some more や night time のようにまとまった意味を表す句において片方の子音が脱落し、［サモア］や［ナイタイム］のように発音されることがある。これらは、隣接する2つの子音が同じ音であったり、調音点が近かったり、調音方法が似ていたりする場合に起こる現象である。

【練習】脱落等に気をつけて、次の文を発音してみよう。

・He is a good dancer.　（脱落）
・What time do you get up?　（脱落と連結）
・I want to be an astronaut.　（脱落と連結）

5.　発音の上達方法

　少しでも英語らしい発音に近づけるためには、実際に発音してみることが最も大切である。中学、高校の英語教科書や大学の英語テキストなどを使って、音声教材の後について英文を何度も繰り返し発音してみることである。身に付いているか確認するためには、自身の音読を録音して、オリジナル音声と比較してみるとよい。携帯のアプリやパソコン用の発音判定ソフトを利用して、発音の違いを視覚化し比較してみてもよい。何度も練習することで英語らしい発音が身に付くだけでなく、英文中の語彙や表現が記憶に残りやすくなるなど、プラスの波及効果も期待できる。

　個々の音に焦点を当てて練習する場合には、似たような音に聞こえる音、例えば、sing の /s/ と thing の /θ/、she の /ʃ/ と sea の /s/、right の /r/ と light の /l/ などを一緒に練習すると相違点が分かりやすくなる。

　外来語として日本語になっている語についても個別に練習するとよい。例えば、英語では tip と chip はそれぞれ /t/ と /tʃ/ で区別して発音されるが、カタカナ語の場合、いずれも「チップ」と発音される。同じように、gray の /ei/ や post の /ou/ などのように、英語では二重母音となる音がカタカナ語では長母音や短母音で代用されることがある。外来語の場合には、とく

に日本語と英語の違いを意識して発音する必要がある。

　発音練習のさいには早口ことばを利用することも考えられる。以下は、練習に使える早口ことばの例である。とくに最後の早口ことばは英語母語話者にとっても難しいと言われており、是非ともチャレンジしてほしい。

・She sells seashells by the seashore.
　The shells she sells are surely seashells.
　So if she sells shells on the seashore,
　I'm sure she sells seashore shells. (/ʃ/ と /s/)
・Whether the weather is warm, whether the weather is hot, we have to put up with the weather, whether we like it or not. (whether と weather)
・The sixth sick sheik's sixth sheep's sick. (/θ/ と /s/)

　これら以外に、自分が覚えてみたい有名人のスピーチなど、ある程度の長さの文章を題材に選び、継続的に練習したい。また、そのような文章やダイアログの発音練習をするさいには、目的・場面・状況をイメージしながら、気持ちを込めて発音することが大切である。

6. 音声指導の進め方

　中学年では英語の音声に親しませ、日本語と英語の音声の違いに体験的に気付かせ、その違いに興味を持たせることが大切である。高学年では、発音練習の時にただ漫然と語句や表現を繰り返させるのではなく、日本語と英語の発音の違いについて簡潔に注意を促し、語句や基本的な表現を何度も繰り返し聞いたり言ったりさせ、英語の音声や独特のリズムに慣れ親しませるとよい。そのさい、指導者はゆっくり、はっきりとした発音を心がけるとともに、発音上注意すべき点や発音方法のコツ（例えば、/p/, /t/, /k/ は「プ」「ト」「ク」よりも息を多めに強く発音するなど）を理解し、適宜、アドバイスを行うことが重要である。

　例えば、夏休みの思い出についてやり取りを行う場面では、児童は訪問した場所とその感想を述べることになるが、内容語（次の例の太字部分）を強く長く発音したり、強勢から次の強勢までの時間的間隔を保つなど、英

語のプロソディーを中心に練習を行うとよい。

例）S1: I **went** to the **festival**. I **watched** the **fireworks**. I had **fun**.
How about **you**?↘

S2: I **went** to **Hokkaido**. I **saw** a **rainbow**. It was **beautiful**.

高学年では「自分の考えや気持ちなどを伝え合うことができる基礎的な力を養う」ことが目標としてあげられている。言葉に気持ちを乗せるためにも、相手意識を持たせることが大切である。目標表現を機械的に繰り返させるのではなく、どのような場面か、相手や聞き手は誰か、などについても意識しながら練習させるとよい。

指導者は、本節で述べた音声指導の重要性を認識するとともに、英語の音声的特徴についてよく理解した上で指導を行い、児童の豊かな表現力の育成につなげていきたいものである。　　　　　　　　　　（箱﨑雄子）

学 習 課 題

1. 次のダイアログをペアで練習し、発表してみよう。

場面 1：テレビ台を修理するため、量販店で「黒い板」を探しています。

A: May I help you?

B: Yes, I'm looking for a black board.

場面 2：量販店に「黒板」を買いに来ました。

A: Excuse me. Where can I find a blackboard?

B: It's in the stationary section.

2. She sells seashells by the seashore.（108 頁）で始まる早口ことばをしっかり練習しよう。次にグループで「早口ことば競争」を楽しもう。

📖 参考図書

National Geographic Society（2012）*National Geographic Kids Just Joking: 300 Hilarious Jokes, Tricky Tongue Twisters, and Ridiculous Riddles.* Washington, DC: National Geographic.

津田塾大学英文学科（編）（2012）『アメリカ英語の発音教本 三訂版』研究社.

COLUMN

❸ 「標準的な発音」と発音指導における留意点

小学校学習指導要領（2017年告示）解説には、「多様性に富んだ現代の英語の発音の中でも、特定の地域やグループの人々の発音に偏ったり、口語的過ぎたりしない、いわゆる標準的な発音を指導する」と明記されている。では、英語を母語あるいは第一言語とする国であるイギリスやアメリカでは、どのような発音が「標準的な発音」とみなされているのだろうか。

「イギリス英語」は発音の地域差がきわめて大きく、伝統的に「容認発音（Received Pronunciation, 以下RP）」が標準発音とみなされている。公共放送局であるBBCのアナウンサーが使うことから「BBC英語」とも呼ばれている。しかしRPの話者が総人口の約3%にまで減少しており、1980年頃からはロンドンとその周辺で話される「河口域英語（Estuary English）」が新たな標準発音とみなされつつある。helpやwillなどの語頭以外の /l/ が /u/ に近い発音になったり、birthやthinなどの /θ/ が /f/ と発音されたりする特徴がある。

一方、「アメリカ英語」は広大な土地にもかかわらず発音の地域差が少なく、東部や南部を除いた地域で話されている「一般米語（General American）」が標準発音とみなされており、その話者は総人口の3分の2以上を占めている。イギリス英語と異なりcarやparkなどの語頭以外のr（/r/）も発音し、waterやwriterなど母音に挟まれた /t/ が /d/ に近い発音になるなどの特徴がある。

では、発音を指導するにあたって留意すべき点は何だろうか。

グローバル化が進む現代社会において、多様な英語が国際コミュニケーションの手段として機能しているが、国際コミュニケーションの場面においては、「明瞭性（intelligibility）」を高めることが大切である。明瞭性とは、一般に、話し手に対する「通じやすさ」や「分かりやすさ」のことである。指導するさいには、円滑な音声コミュニケーションに不可欠な英語のアクセント、リズム、イントネーションの特徴に親しませた上で、日本語との違いに気付かせることが大切である。英語を英語らしく発音して、明瞭性を高めるためには、個々の単語の発音よりも、まず本節で扱ったプロソディーを練習することをおすすめしたい。

（箱﨑雄子）

語彙の指導

　語彙学習は外国語学習の成否を決める大きな要因の一つである。したがって、効果的な語彙指導の進め方についてさまざまな工夫が必要である。本節では、まず語彙指導の課題とあり方について述べ、語彙学習のポイントを英語の語彙の特徴および語彙が持つ意味の広さと深さという視点から見ていく。次に、学習指導要領が示す小・中・高等学校の学習語彙サイズと特徴を概観し、最後に小学校での語彙指導の進め方について考える。

1. 語彙指導の課題とあり方

　英語学習において、語彙指導はきわめて重要な役割を果たしている。英語で理解したり発表したりするさいに、適切な語彙知識がないと意味理解に支障をきたしたり、語彙の選択を誤ると誤解や摩擦を生じさせる可能性がある。よって、コミュニケーション能力を育成する上で、語彙指導は非常に重要となる。

　一方、現行の学習指導要領では、前回の学習指導要領と比較すると、学習語彙数はかなり増加している [☞ 本節 表 4.2]。これまでの研究で、児童が英語嫌いになる主たる要因に「単語を覚えるのが嫌いだった」ことが挙げられていることを踏まえると、語彙習得における効果的な指導のあり方を考えなければならない。

　語彙指導では、基本的には「身近な場面、文脈で触れさせる」「慣れ親しませるための楽しい練習を多量に行う」「尋ねたいことを尋ね、伝えたいことを伝えるために使わせる」ことを継続的に行うことが大切である [☞ 本節 4]。また、聞いたり読んだりすることを通して意味が理解できる「受容語彙」と、話したり書いたりして表現できる「発信語彙」とに分けて指導す

ることが望まれる [☞ 本節3]。

　しかしながら、これまでの中・高等学校における語彙指導を見ると、体系的な指導が行われてきたとは言いがたく、学習者個人の学習に任されてきた感が強い。この主な理由としては、授業で語彙指導に費やす時間の確保が困難であることや、指導者の語彙指導に関する知識が十分でないことなどがあげられよう。

　一方、学習者側は、もっぱら「語彙学習＝暗記学習」といった印象をもち、暗記を嫌がったり、せっかく覚えた語彙を実際に使用する機会がないなどの理由で英語学習から離れていく者も少なくない。言うまでもなく、語彙学習には英語の上級者であろうと初級者であろうと、暗記学習がともなう。しかし、暗記学習と言っても、以下の 2. で示す語彙学習のポイントを理解していると、ある程度効率的に学習できるであろう。

2.　語彙学習のポイント

　ここでは語彙学習のポイントを「英語の語彙の特徴」と「語彙の広さと深さ」といった視点から考える。

❶　英語の語彙の特徴

　英語は今や世界の「共通言語 (lingua franca)」としての機能を有する。その英語の語彙の特徴を、次の 3 点にまとめてみる。

1)　英語は世界の言語の中で、外国語から最も多くの語彙を借用している。

　ギリシャ語：calligraphy, geometry, philosophy, rhythm, etc.

　スペイン語：banana, chocolate, iguana, potato, tobacco, etc.

　イタリア語：broccoli, piano, spaghetti, violin, volcano, zebra, etc.

　フランス語：beef, café, croissant, dinner, flower, vogue, etc.

　ドイツ語：frankfurter, kindergarten, poodle, rucksack, waltz, etc.

　中国語：chow mein（チャーメン）, dim sum（点心）, kung fu（カンフー）, ginseng（チョウセンニンジン）, tea, silk, etc.

　なお、日本語からの借用語については本節末のコラムを参照されたい。

2)　英語の語彙には、複合、品詞転換、省略、頭文字語、混成、商標名か

らの一般化などがみられる。

- ・複合： air＋port＝airport, earth＋quake＝earthquake, etc.
- ・品詞転換： take a walk（もとは動詞），empty the room（もとは形容詞），name the dog *Pochi*（もとは名詞），etc.
- ・省略： gasoline → gas, telephone → phone, influenza → flu, etc.
- ・頭文字語： ATM（Automated Teller Machine），NATO（the North Atlantic Treaty Organization），UN（United Nation），etc.
- ・混成： breakfast＋lunch＝brunch, smoke＋fog＝smog, etc.
- ・商標名からの一般化： Kleenex（ティッシュペーパー），xerox（コピーする），google（検索する），etc.

3) イギリス英語（左側）とアメリカ英語（右側）でスペリングが異なる。

centre / center   colour / color

dialogue / dialog   licence / license

organise / organize   travelling / traveling

❷　語彙の広さと深さ

　語彙知識は、一般に「広さ（breadth）」と「深さ（depth）」の2つの次元に分けられる。「広さ」とは語彙サイズとも言われ、どれくらい多くの単語を知っているかを表す量的側面（how many）を言う。単語の量が多ければ多いほど、未知語に遭遇した場合にその意味を予測するのに役立つ。一方、「深さ」とはある単語についてどれくらい詳しく知っているかを表す質的側面（how well）を言う。質的側面には当該語彙に関する発音・アクセント、スペリング、接辞（接頭辞・接尾辞）、品詞、意味、同意語・反意語、コロケーション（当該単語と別の単語の自然な組み合わせ）などが含まれる。例えば、"difficulty" という語を例にあげると、発音・アクセントは /dífikəlti/，スペリングは d･i･f･f･i･c･u･l･t･y, 接尾辞は「性質」を表す "-y" で、品詞は名詞である。意味は「難しさ」で、同意語は trouble, hardship, 反意語は ease, facility などである。コロケーションについては、financial difficulties, without any difficulties, have difficulty (in) ～ing, などがあげられる。

　以下、接辞、同意語・反意語、コロケーションについて見ていきたい。

1) 接辞——接頭辞・接尾辞

接辞 (affix) には、語根 (root) の前に付く「接頭辞 (prefix)」と後に付く「接尾辞 (suffix)」がある。接辞はそれ自体何らかの意味を持っているが、単独で用いられることはない。常に語根に付いて用いられ、意味を添えたり、文法上の性質を変えたりする。例えば、日本語の場合、前者には「御一」(御親切、御馳走) や「異一」（異文化、異業種）、後者には、「一さ」（名詞化する：厳しさ、心地よさ）や「一る」（動詞化する：考える、答える）などがあげられる。

以下の表 4.1–1, 表 4.1–2 はそれぞれ英語の接頭辞、接尾辞のいくつかの例を示したものであるが、これらを理解すると単語の持つ意味をイメージすることができ、語彙学習に役立つ。

表 4.1–1　接頭辞

接頭辞	意　味	単語例
co-	共同、共通	coeducation, coeditor, coexist, cooperation
dis-	否定、反対	disable, disagree, disappear, dislike
inter-	〜の間	interchange, intercultural, interfere, interact
pre- / pro-	前の	predict, prepare, project, prologue
un-	反対、無	uninteresting, unhappy, unkind, unknown

表 4.1–2　接尾辞

接尾辞	意　味	単語例
-able, -ible	能力	breakable, lovable, possible, usable, visible
-ful	満ちている	beautiful, careful, forgetful, useful
-less	〜ない	countless, endless, hopeless, meaningless
-ship	状態、身分	friendship, membership, sportsmanship
-ward	方向	backward, forward, toward, westward

2) 同意語・反意語

語彙学習のさい、当該単語の同意語 (synonym) や反意語 (antonym) とともに学習すると効果的である。ただし、同意語と言っても語の持つニュアンスの違いを知っておく必要がある。例えば、「旅行」を示す語に trip /

travel があげられるが、次のような違いがある。

trip：	娯楽やビジネスなどを目的とする短期間の旅行
	例）I made a trip to Tokyo.
travel：	一般的な長期間にわたる旅行
	例）I really enjoy air travel.

同様に、「大きい」ことを表す big / large, 「高い」ことを表す high / tall にも次のような違いがある。

big：	主観的、感覚的に決められる大きさ
	例）I have a big dream.
large：	客観的、相対的に決められる大きさ
	例）I want a large size of orange juice.
high：	ものの位置の高さ（あるものが基準よりも高い場合）
	例）The mountain is high.
tall：	地面からの高さ
	例）My sister is tall.

　反意語については、接辞を使って表す語（unkind, impossible, nonverbal, disagree, helpless, etc.）や peace ↔ war, easy ↔ difficult, ask ↔ answer などのように接辞を用いないものがある。

3)　コロケーション

　コロケーション（collocation）とは、当該単語とよく使用される別の単語との組み合わせ、自然な語のつながりを言う。単語を個々に覚えるよりも、コロケーションに注目しながら学んだほうが、その語の持つニュアンスをより深く知ることができ、コミュニケーションのさいにも自然な英語となる。例をあげると、The book is very interesting. とは言えるが、Skiing is very interesting. は不自然である（Skiing is enjoyable［a lot of fun］. が自然な英語）。「約束をする」と言う場合は do a promise ではなく、make a promise となる。

　いずれの例も文構造上の誤りはなく、コミュニケーションに大きな支障をきたすことはないと思われるが、英語母語話者からはやや不自然な英語として聞こえる。ちなみに先述の promise を学ぶさいには、make a promise（約束をする）、keep a promise（約束を守る）、break a promise（約束を破る）

のような言い回しとともに、日本語で「約束」を表す appointment との違いも理解しておきたい。

また、breakfast や bath を覚えるさいには、次に示す言い回しとともに学習したい。

breakfast: make [cook] breakfast, eat breakfast, finish breakfast, skip breakfast

bath: take a bath, be in the bath, get out of the bath

なお、コロケーションの学習には、『新編 英和活用大辞典』（研究社）や *Oxford Collocations Dictionary for Students of English* (OUP) などを活用するとよい。

3. 学習語彙サイズと語彙の分類

❶ 小・中・高等学校における学習語彙サイズ

旧学習指導要領と現行の学習指導要領（小は 2020 年度、中は 2021 年度、高は 2022 年度より施行）で示されている学習語彙サイズは表 4.2 の通りである。

表 4.2　小・中・高等学校における学習語彙サイズ

	旧学習指導要領	現行の学習指導要領
小学校	350 語程度（高学年）	600～700 語程度（中・高学年）
中学校	1,200 語程度	1,600～1,800 語程度
高等学校	1,800 語程度	1,800～2,500 語程度
合計	3,000 語程度*	4,000～5,000 語程度

*旧学習指導要領では、小学校の外国語活動は「慣れ親しむ」ことが目的なので、旧学習指導要領の合計には含めていない。

現行の学習指導要領では、小・中・高等学校ともに語彙がかなり増加している。これは 2013 年 12 月に文部科学省が公表した「グローバル化に対応した英語教育改革実施計画」に基づき、初等中等教育段階からグローバル化に対応した教育環境づくりを進め、到達目標を中学校では CEFR A1～A2 程度、高校では CEFR B1～B2 程度とする小・中・高等学校を通じた英

語教育全体の抜本的な充実を図るための一環であると考えられる。

　なお、学習指導要領では、語彙学習にあたっては、聞いたり読んだりすることを通して意味が理解できる「受容語彙」と、話したり書いたりして表現できる「発信語彙」とに分けて指導するとしている。小学校段階では「600〜700 語程度」を学習するが、この数字は受容語彙と発信語彙を含めた語彙サイズである。ただし、英語学習の入門期である小学校では、「聞くこと」「話すこと」をより重視するので、「聞くこと」「話すこと」と「読むこと」「書くこと」とでは求めるレベルが異なる。このことを踏まえると、聞いて意味を理解できるようにする語彙と、話して表現できるようにする語彙が中心になる（文科省 2017d）。ただし、受容語彙と発信語彙の分類については特別な規定などがないことから、各教科書の著者の裁量に委ねられたり、もしくは学習者の実態に応じて指導者が判断して指導したりすることになるだろう。

❷　小・中学校における学習語彙の品詞別分類

　次頁の表 4.3 は、*We Can! 1, 2* と中学校検定済教科書（6 社）で扱われている語彙を「品詞別」に分類したものである（大谷 2018）。この表を見ると、小・中学校とも名詞、形容詞、動詞、副詞など「内容語（content words）」が圧倒的に多く扱われている。また、動詞を除いては小・中学校ともに類似した傾向があることが分かる。ただし、それぞれの品詞の詳細を調べると、質の違いがみられる。例えば、「名詞」では、小学校では「飲食物」「教科」「施設や建物」「職業」など身の回りの具体的なものを表す普通名詞がほぼすべてを占めているが、中学校では information, importance, friendship, peace などの抽象的な名詞も少なくない。また「形容詞」では、小学校では cool, cute, exciting, fun, great, interesting, wonderful など状態や気持ちを表すものや、bitter, salty, sour, sweet など味覚を表すものが多いのに対し、中学校では enough, more, few, little など数量を表すものや、necessary, possible, traditional, useful など、やや抽象性のあるものが多くみられる。

表 4.3　小・中学校における学習語彙の品詞別分類

	名詞	形容詞	動詞	副詞	その他*	合計
小 (%)	69	14	7	4	6	100
中 (%)	60	14	15	5	6	100

*「その他」には代名詞、接続詞、前置詞、冠詞などが含まれる。

4.　語彙指導の進め方

　語彙指導には、新出単語を繰り返し聞かせたり、発音させたり、綴りを書かせたり、品詞、接辞やコロケーションに注目させたり、同意語や反意語と関連付けたり、実際に新出単語を使って話す活動をしたり、書かせたりする活動を設定することが挙げられる。

　ここでは、小学校における語彙指導の一般的な指導手順を簡潔に述べる。

①　身近な話題、場面で導入する

　語彙は、児童の興味・関心のある話題について、具体的な場面を設定し、まとまりのあるちょっとした話や会話の中で使用しながら導入する。例えば、小学校では、astronaut（宇宙飛行士）は I want to be a/an ～ という表現とともに使用されることが多いので、表現と語彙を一体化して導入するとよい。そのさい、実物、絵カード、写真、図表などの視覚教材を使用したり、動作やジェスチャーをつけたりして、できるかぎり日本語での説明を避けながら単語の意味に気付かせ、ごく簡単に口慣らしをさせる。

②　理解度を確認し、慣れ親しませ、習熟・定着を図る

　口頭導入した語彙について、線結びや T or F クイズなどのリスニングタスクを通して理解度を確認したり、うたやチャンツ、クイズやゲームなどさまざまな活動を通して、楽しく多量に練習させたりして、理解を深め慣れ親しませる。語彙は、自己表現活動やコミュニケーション活動を展開する中で使用させながら定着を図る。つまり、語彙指導では単に機械的な応答による使用に終始することなく、目的のある活動、必然性のある活動を設定し、その中で相手に尋ねたいことを尋ねたり、自分の考えや気持ちなど自分が伝えたいことを伝えたりしながら、定着を図ることを心がけたい。

③ タブレット端末を活用した語彙指導

　タブレット端末と学習者用デジタル教科書は語彙指導に有効活用できる。指導者用デジタル教科書では、全員同時に、同じタイミングで語彙を聞かせていたが、個別端末があれば、児童は必要な語彙を選んで自分のペースで繰り返し聞き直すことができる。また、やり取りを行うさいに、言い慣れない語彙や表現があれば、自分で選んで聞き直すことができる。1人1台端末を活用した「個別最適な学び」の可能性を活かすことができる。

　語彙は、少し練習し使ってみるだけでは身に付かない。繰り返し何度も触れ、繰り返し何度も使うことで身に付く。したがって、語彙は導入した次の時間に復習をすることはもちろん、当該単元を通して、さまざまな活動を通して繰り返し触れ、使用することが不可欠であり、さらに、当該単元以降の学習においてもスパイラル的に触れ、使用する機会を設けることが大切である。

5.　実践事例

　日本の年中行事（祭り）や文化などについての語彙を指導する実践例を紹介する。

Step 1: 語彙が使われる実際の文脈の中で導入する

　担任と ALT が日本の年中行事（祭り）や文化等についてやり取りし、児童にどのようなことを言っているのかを推測させながら聞かせる。その後、新出語彙の意味に気付かせ、単元後半の表現活動にも結びつける。

（*We Can! 2*, Unit 2, Welcome to Japan の日本地図を示しながら）

ALT： I saw a beautiful festival on TV yesterday.

HRT： Oh, really? What festival? Please tell us more.

ALT： OK. I saw very big lantern dolls. They looked like *kabuki* and they were very colorful.

HRT： I see. Where was it?

ALT： It was in Aomori.

S1: Nebuta ....
ALT: Yes. Nebuta Festival.

＊ALT と HRT のやり取りを聞きながら、実際にその語彙が使われる文脈の中で意味を推測させる。理解が困難な時には追加情報を聞かせてもよい。

　上記のようなやり取りを聞かせながら、その他の地方の祭りや建造物を紹介するのに必要な語彙（Snow Festival, Horyuji Temple, Kumamoto Castle, firework, traditional, popular ほか）や食べ物に関連する語彙（delicious, bitter, spicy ほか）なども導入する。語彙そのものをリピートさせるような機械的な練習は必要最低限にとどめる。自然な文脈の中で繰り返し語彙を聞かせる中で、児童が"Nebuta Festival."とつぶやいたり、教科書の文字を頼りに、主体的に読み始めたりするのを待つ。その後、ごく簡単に口慣らしをさせ、慣れ親しませる。

Step 2: 語彙の習熟、定着を図るための指導

　Step 1 で学習した日本の年中行事や地方の食べ物などの語彙や既習表現を組み合わせてリスニング活動を行う。ここでも、語彙が使われる実際の文脈を大切にしながら、最初に教師と児童のやり取りを行い、新出語彙や表現に十分慣れ親しませてから、リスニングの活動に入る。

HRT: What is this?（たこの絵を指さして）
S1: A kite.
HRT: Yes, that's right. I like flying kites very much. Do you like flying kites?
S2: Yes, I like flying kites ....
HRT: When do you enjoy flying kites? In spring? In summer? ...
S3: In winter. *Oshogatsu*.

この後にも、いくつかの写真についてやり取りを行い、新出語彙を繰り

返し聞かせてから、リスニングの活動を行う。また、聞いた後には、以下のように新出語彙を使って児童同士で簡単なやり取りをさせても良い。

S1: （写真を指さしながら）I like cat's cradles. How about you?
S2: No, I don't. I like flying kites.

Step 3: デジタル教科書を用いた語彙指導

Step 2 までに学習した表現を用いたリスニングを、タブレット端末にある児童用デジタル教科書を使い、個別学習や協働学習の要素を取り入れながら発展的に学習させる。

We Can! 2, Unit 2, Welcome to Japan

【個別学習】

児童は各自 *rakugo, kabuki, sumo* のどれか1つを選んで、デジタル教科書を使って音声を繰り返し聞く。

〔スクリプトの例〕
Sumo is a kind of wrestling. *Sumo* wrestlers are usually big and heavy. They are very strong, too. They can only wear *mawashi*. They push each other out of the ring.

児童の書いたメモの例

分かったことを教科書にメモをする。メモはキーワードとなる単語のみでよい。

【協働学習①】エキスパートグループ

rakugo, kabuki, sumo のうち、自分と同じものを選んだ仲間と3〜4人のグループになり、聞き取ったことをシェアする。分からない点はタブレットで繰り返し聞き直したり、ALTや担任に尋ねたりする。次に、メモした言葉をもとに、グループの仲間に英語で説明する。このとき、うまく言えない場合は、友だちや先生の助けを借りても良い。

【協働学習①】シェアグループ

rakugo, kabuki, sumo のうち、それぞれ異なるものを選んだ人で3人1組になる。このシェアグループで、自分が選んだ項目について友だちに簡単な英語で説明する。

指導者は、中間振り返りを行い、「英語で言いたかったが、うまく言えなかったことはないか」と尋ね、全員で考えをシェアしてもよい。シェアグループを組み替えて、2回目、3回目と説明を行う。

〔児童の発話例〕

Sumo is Japanese wrestling. Sumo wrestlers are big. They are strong.
They have mawashi.

（加賀田哲也、加藤拓由）

学 習 課 題

1. 英語の語彙にみられる複合、品詞転換、省略、頭文字語、混成、商標名からの般化について、本章にあげた以外の語を数語ずつ調べてみよう。
2. 「教科名」「職業名」「公共の建物名」のいずれかの語彙の導入方法を考え、グループで話し合ってみよう。

📖 参考図書

酒井英樹 (2023)『小学校の外国語活動・外国語科 基本の「き」』大修館書店.
樋口忠彦・衣笠知子 (編著) (2004)『小学校英語活動アイディアバンク──ソング・ゲーム集』教育出版.

COLUMN

❹ 外来語と英語になった日本語

　外来語とはほかの言語から借用され、自国語のように使用されるようになった語である。主として欧米諸国から入ってきた語で、一般に片仮名で表記される。日本語には、今やありとあらゆる領域において外来語が「濫用」されている。そのため、高齢者が新聞の意味理解に困難を生じ、新聞社を訴えたという話もある。筆者も数年前に新聞で「ユビキタス（ubiquitous）」という語に出くわしたときには愕然とした。以下に、外来語の例をあげてみる。分野によって外来語の出自国に偏りがみられる。

- イタリア語：（音楽関連）アルト、アレグロ、オペラ、カルテット、ソプラノ、チェロ、フォルテ、トッカータ、モデラート、など
- ドイツ語：（医学関連）アドレナリン、アレルギー、ウイルス、ガーゼ、クランケ、ノイローゼ、ホルモン、ワクチン、など
- フランス語：（料理関連）エクレア、エスカルゴ、オードブル、カフェ、クレープ、コロッケ、シュークリーム、ピラフ、ムニエル、など
- 英語：（多様な領域）イメージ、カタログ、カルチャー、カード、クラブ、パーソナリティ、フォーム、ホットドッグ、ヨット、など

　これらの外来語以外に、英語の単語をつなぎ合わせたり、既存の語形を短縮したりするなどして英語らしく作った「和製英語」がある（カッコ内は本来の英語表現）。

　ガードマン（security guard）、ゴールデンタイム（prime time）、ダンプカー（dump truck）、モーニングコール（wake-up-call）、パソコン（personal computer）、ワープロ（word processor）

　また、和製英語には英語の本来の意味とは異なった意味で使用されているものもある。

　カンニング（cheating）、スマート（slim）、マンション（apartment）

　反対に、英語にも日本語からの借用語がある。これらの単語を見ると、日本が海外からどのように見られているか分かり興味深い。

anime, bonsai, haiku, hikikomori, karaoke, karate, karoshi, kawaii, manga, origami, ramen, sake, sukiyaki, tofu, tsunami, etc.

（加賀田哲也）

音声と文字の関係の指導
——フォニックスの基礎

　本節においては、小学生が英語を学ぶさいに、文字を見てそれを音声化したり（decoding）、音を聞いてその音に対応する文字を選んだり、あるいは書いたり（encoding）する指導を扱う。さらに、その前段階として重要とされる音韻認識能力を高める指導とはどのようなものか、またそれをどのような活動を用いて実践し、読むことにつなげるかを学ぶ。

1. 音から文字への指導

❶ 文字指導

　2008年告示の小学校学習指導要領では「アルファベットなどの文字や単語の取扱いについては、児童の学習負担に配慮しつつ、音声によるコミュニケーションを補助するものとして用いること」とされ、発音と綴りの関係については中学校段階で扱うものとされていた。しかし、2017年に告示された小学校学習指導要領の『解説　外国語活動・外国語編』（文部科学省 2017d）では、発音と綴りの関係についてはこれまで通り中学校で指導することとする一方、小学校では音声と文字を関連付けて指導することを促しており、例えば *We Can! 1* の Unit 5 の単元目標の一つに「文字には音があることに気付く」をあげている。

　さて、これまでの研究・実践から、文字の指導は、アルファベットの**名称**、**形**、**音**の3つの内容に分けられるが、なかでも重要なのは**音**——文字と音を結びつける指導である（例えば、Cameron 2001）。また、これら3つは、いずれか一つを達成して次を目指すものではなく、児童の発達段階に応じスパイラル的にじっくり取り組むものである。それぞれの指導内容は次の通りである。

1） 名称 (Names)

　AからZまでアルファベット 26 文字の、/ei/, /biː/ といった名称を聞き、文字の形を想起し、認知でき、文字を見てその名称が言えることを目指す。小学校では英語学習の入門期から、アルファベットソングとポスターを使ってその文字を目で追いつつ歌ったり、カルタなどのカードゲームにして楽しんだりすることが多い。名称の読み方を正しく丁寧に指導することで、その名称の読み方の中に複数の音素が含まれる（例えば A は /e//i/, また B は /b//iː/ のように単独で発することができる音が 2 つある）ことに気付かせ、音の指導にも結びつけられる。

2） 形 (Shapes)

　大文字や小文字の形を認識し、文字の形を正しく書けることを目指す。従来、ローマ字指導を除いては、中学校でアルファベットを書く指導を開始したが、これからは小学校高学年でこの部分を担うことになる [☞1章2節、2章6節]。

3） 音 (Sounds)

　アルファベットには文字の「名称」とは別に 26 文字の一つひとつに音（おん）があることを学ぶ。児童が音を聞いてその該当する文字が分かり、選択肢の中から選んだり、文字を認識しその音を発音したりできることを目指す。

　以上、文字指導を 3 つの観点から見てきたが、母語として英語の文字を学ぶ子どもたちの文字の学びのゴールは、次の通りである。

1） 文字の形を識別する。
2） 文字の形を認識して音声化・発音できる。
3） 音を聞いて該当する文字の形を想起する（あるいは選択肢から選ぶ）。
4） 文字の形を正しい筆順ならびに位置で書ける。
5） 文字の名称が言える。
6） 文字の名称から文字の形を想起し認知できる。

（英国文部省（DfES）　2007）

❷　文字の音声化への指導

　文字と音を結びつける指導には、大きく分けて 2 つの考え方、方法論が

あり、どちらが子どもの学習により効果的で、その発達段階にふさわしいかは長く論議されてきた。日本の児童のように第二言語として英語を学習する場合と母語話者が習得する場合では違いはあるが、それぞれの考え方から得られる示唆は大きい。

1）ホール・ランゲージ・ティーチング（Whole Language Teaching）

　文字指導においては、音の指導を何よりも優先すべきであるとされているが、読みの力を伸ばすためには、大きく分けて2つのアプローチがある。一つは、ホール・ランゲージ・ティーチング（以下、ホール・ランゲージ）と呼ばれるトップダウン型の指導である。もともとホール・ランゲージは、1970年代後半に、当時主流であった「リテラシーの指導は、まず、その文に含まれる一つひとつの単語を、フォニックスのルールに基づいて母音や子音などの構成素に分解・分析し、それを音声化し、文全体の意味理解につなげるスキルおよびその知識の指導を基礎とする」立場を批判するものとして登場した（赤沢 2008）。ホール・ランゲージの指導は、ホール（whole: 全体）という言葉で表されるように、文全体を単語や文字さらにその音素に分解し、それらを積み上げながら系統的に指導するものではない。文理解では、個人が持っているそのトピックに関しての内容知識を喚起させ、他者とのやり取りの中で新しい情報を類推し、理解しつつ学んでいくことを意図している。読みの過程自体が、自分の持っている先行知識を最大限に生かしながら、その「意味」を予測していくものだと考えると、このアプローチは知的好奇心が高まる高学年の児童にとっては大変ふさわしいものだと思われる。

　しかし、ここで注意すべきは、ホール・ランゲージはもともと英語を母語とする児童、それも低学年の児童を対象に考えられた指導法だということである。読み聞かせなどを含めた英語に触れる時間が限られており、既知の語句や表現が大変少ない日本人児童にふさわしいかどうか、という点である。これは、後に述べるフォニックスの2つのアプローチにも当てはまることだが、帰納的に音と綴りのルールに気付かせるために、いかに多量の音声インプットを確保するかという問題にもつながる。

　また、ホール・ランゲージによる指導は、それのみの指導では、読み書きが困難な児童には母語話者であっても有効ではないという指摘や、英語

が第二言語の児童にとっては、かえって学力低下を招くというケースなど
が見られた。これらの理由により、ホール・ランゲージのみで教えるより、
読み聞かせの中に出てくる単語を使って、その場その場で文字と音を結び
つけ読ませるフォニックスの手法を取り入れた指導が多くみられるように
なったようである。

2) フォニックス（Phonics）の指導

　トップダウン型指導のホール・ランゲージに対し、ボトムアップ型指導
の代表的なものがフォニックスと呼ばれる指導法である。ホール・ランゲー
ジが、たくさんの読み聞かせなどを通して音や文字に出会わせ、その文脈
から単語の意味を類推し、読みを学ばせるのに対し、フォニックスは、体
系的にまた明示的に文字と音の結びつきのルールを指導する。それによっ
て、小さい単位での情報を積み上げ、音の操作を行うことで単語や文の読
みを促進する、いわば土台から一つひとつレンガを積み上げて読みの基礎
を作っていくような指導法である。

　フォニックスの指導法にはいくつかのパターンがあるが、次の2つに大
別することができる。

① シンセティック・アプローチ（Synthetic Approach）

　一文字一音を一つずつ教えることに始まり、その読みと綴りを学習する
方法である。例えば、a で始まるたくさんの単語に絵本の中で出会わせた
り、カードゲームを通して apple と聞こえたらその語頭音（初頭音）を認識
して a のカードを取ったり、アルファベットのうたやチャンツを一緒に歌
うといった多重知能を活用しながら触れさせ、a の音の読み方は /æ/ である
ということに気付かせ、文字を音に変換する。あるいは音を聞いたときに
どんな文字か分かるようにする。次に、音の操作を行う。例えば a＋t＝at
という2文字を /æt/ と音声化する。さらに、その前に s をつけることで sat
という三文字単語が /sæt/ と読める（母語話者の場合はここで sat の意味も
分かっている）。このような段階的指導を経て、丁寧に一つひとつの単語が
読めるように導く（山下 2017）。さらに発展活動として、最初の文字を別
の文字に替える（bat, cat, fat など）という操作も行うことができる [☞1章
2節]。

　これら以外に広く行われているのは、アルファベットジングルを使った

指導である。AからZで始まる食べ物、スポーツ、職業、国名などのカテゴリー別の単語26個を集めて、その語頭の文字を、名称の読み方 → 音（おん）の読み方 → そのアルファベットで始まる単語の順にリズムに合わせて言う。例えば、a (/ei/), a, a (/æ/, /æ/), apple (/æpəl/) という順に児童に言わせ、音と文字の関係に気付かせる。このジングルを使った指導は、短時間学習などでよく見かける。この指導の利点は、良質の音源を用いることで、英語の専門家ではない小学校教員が、児童に無理なくたくさんの音に触れさせることが可能となる点である。同時に、動物や食べ物、あるいは国の名称など多様なカテゴリーのアルファベットジングルがあるので（例えば文科省の *Hi, friends! Plus* や、フォニックスアルファベット・ジングルを使った動画など）、児童の「もっといろいろな英語を知りたい」という知的好奇心に添いながら、多くの語彙も教えることができる［☞ 本節3❹］。

シンセティック・フォニックスでは、なるべく未知の単語を扱わず、児童に「読めて意味が分かった！」という達成感を与えることが指導の基本となっている。それゆえ、音と文字の関係の教材作成にあたり、日本の児童にふさわしい語彙の選択も大切である。

② アナリティック・アプローチ（Analytic Approach）

単語を構成する音や文字を分解し、音と文字の関係を理解させるアプローチである。英語が母語の子どもたちの間でよく歌われるフォニックスのうたに、apple, apple, /æ/, /æ/, /æ/, baby, baby, /b/, /b/, /b/ と、アルファベット順にそれぞれの単語の最初の音を強調しながら歌うものがある。このようにある既知の単語を聞いたとき、その単語を構成する文字と音（この場合は語頭音）の関係が分かる。この指導法では、同じ音を含む単語をたくさん聞かせ、書き並べることで意図的に児童に共通するルールに気付かせるといった活動を行う。例えば、Pat, the cat, is in the hat. (*We Can! 2*, Unit 1) という文を聞かせ、挿絵から意味も類推させながら文字を見せる。児童に何度もその音に触れさせながら、「pat, cat, hat の3つの単語に共通してい

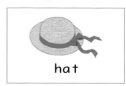

る音があるな」と気付かせ、at という音に意識を向けさせることによって、音と文字の関係を理解させるといった指導である。

　また、blend と呼ばれる二文字子音（例えば、bl, br, cl, cr, st）の中から、bl で始まる blue, black, bloom のような単語を示した後に、br で始まる brown, bread, brush などを示す。そのさい、できれば児童にとって既知の単語を、絵の情報とともに示しながら 2 つのグループを対比することで、/bl/ と日本語にない音である /br/ などの違いや文字と音の関係を分からせる指導もできる。

　このように、アナリティック・アプローチでは、まずかたまりとして単語に触れさせ、その音に十分慣れ親しませた後に細部を分析させる。そのため、大きなかたまりから小さなものへと指導を進めることが大切である。

　フォニックス指導は、まずは、①で紹介した一字一音からスタートするシンセティック・アプローチを利用し、その後アナリティック・アプローチを使って二文字子音などを扱い、児童の理解を深めることが多い。フォニックスは、児童が音と文字の関係を分析するためには、たくさんの語彙を知っている必要があることから、母語話者にはふさわしいアプローチであり、外国語として英語を学ぶ日本の児童を指導するさいには、ある程度既習の語彙が蓄積する時期を待ったほうがよいだろう。しかし、ホール・ランゲージの指導でも触れたように、トップダウン指導の中で、絵本などで出会った語彙を、その場その場で分析しながら指導するのも効果的である。

2.　音声と文字の関係——フォニックスの基礎

　フォニックスは、公立小学校での指導に先駆け、民間の児童英語教室や私立小学校など一部の小学校で指導されてきたが、その歴史はまだ浅い。

　以下、日本人の小学生を対象としたフォニックス指導の効果と問題点について考える。

❶　フォニックスの基礎指導の効果
1)　フォニックスを学ぶことで、英語の文字を見ればそれを音声化し読め

たり（意味が分かったり）するとともに、しだいに簡単な単語を聞くと、英語で書けたりすることにもつながる。そのため、児童が英語学習を重ねると「自分で英語が読めた」といった達成感を味わい、自己効力感を持つことが多い。また、それが自立した学習者を育てることにつながる。フォニックスが指導されている現場では、学んだ音と文字の関係のルールを活用し、たどたどしくはあるものの誇らしげに自力で絵本などを読もうとする児童の姿をよく目にする。

2) ルールを学ぶとともに、同じ音で始まる単語を集めたり、そのルールに合う単語に注目したりすることで、新しい単語を音声に注目しつつ学べる効果がある。例えば、bat, cat, fat, hat, mat, pat, rat, sat といった同韻語（rime: ライム）を並べ、英絵辞典のように絵を添えて表示することで、音とともに語彙も学ぶことができる。

3) フォニックスのボトムアップ型の指導で、従来日本人が苦手としてきた日本語にない音を、早い時期から意識して聞き分けたり、発音したりする学習を行うことが可能である。フォニックスそのものは発音指導ではなく、読みの指導が本来の目的ではあるものの、一字一音の扱いの中で、/r/ と /l/ の違いに触れたり、日本語にはない /θ/, /ð/ などの音に十分触れることで、児童がそれらを苦労なく聞き分けている姿をよく目にする。

以上のように、フォニックスの指導は比較的短期間で効果が表れるので、児童にふさわしい指導法と教材（音源を含む）さえあれば、指導者にとって「教え甲斐のある」指導になる。

❷ フォニックスの基礎指導の問題点

1) 日本語の仮名文字は基本的に「一文字一音対応」であるが、英語はそうではない。そのため、英語圏の子どもたちが文字を読めるようになるには、日本の子どもたちが日本語を学ぶ場合と比べるとかなり長い時間を要することになる。

例えば、文字を読み始めた日本人の子どもが、「い」という文字と「ぬ」という文字2つを識別し、その音さえ知っていれば「いぬ」と書かれたものが読め、さらに「犬」という概念を知っていることで、読みにつながる。しかし、英語の場合、d, o, g というそれぞれのアルファベットの

名称の読み方（/díː/ /óu/ /dʒíː/）が分かっていても、一字一字の音の読み方（/d/ /ɔː/ /g/）が分かり、それらを結びつける音の操作ができないと dog（/dɔ́ːg/）という単語は読めないし、"dog"（犬）であることも分からない。そのため、英語圏では早い時期から文字なしで音声の聞き分けや分離（segmentation）、結合（blending）といった音の操作を含めた音韻認識（音素認識）の指導を始め、段階を経てフォニックスを導入する。したがって、このような準備期間なしでのフォニックス指導、ましてや英語を外国語として学ぶ環境でのフォニックス指導には相当な工夫が必要である。

2)　フォニックスのルールには例外が多い。例えば love, come, some は e で終わる単語であるため、フォニックスの silent-e というルールによってこの o は /ou/ と発音されるべきであるが、/ʌ/ と発音される、などである。英語の十分なインプットがない児童が、フォニックスのルールを学んだとしてもかえって混乱することもあるだろう。そのため、the, of, you といった、フォニックスのルールに当てはまらないが重要な頻出語（sight word: サイトワード）に関しては、それらをリストとしてあげ、常に目につく場所に掲示しておくといったことも必要である［☞1章2節］。

3)　文字指導については、特別支援の必要な児童や、ルールとして学ばなくても事例を重ねることで帰納的に読みが分かる児童、あるいはその中間にいる児童など、学びに大きな差が出てくるのではないかという心配がある。実際、小学校英語教育の先進校ではこれらの事例が報告されている。また、英語圏においても Reading Recovery といった読みが困難な児童のための特別プログラムが研究されているが、日本でも今後この分野の研究が必要である。

3.　音声と文字の関係──フォニックスの基礎指導の進め方

　フォニックスの基本として、英語の音声に慣れ親しませ、音韻認識を高め、同時に語彙を増やす必要がある。以下、指導の進め方を紹介する。

❶　英語の音声やリズムに十分慣れ親しませる活動
　文字との出会いに先駆け、日本語と異なる英語の音声やリズムに十分触

れさせたい。（できれば低学年から）英語のうたやチャンツに触れさせ、体を動かしてそのリズムを楽しませ、英語独特の音声やリズムなどに慣れ親しませる。最初は、聞き取れる単語や音だけを口ずさむように指示し、何度も繰り返しインプットを与える。そして、音声に慣れれば、絵カードや動作で意味を理解させながら、うたやチャンツを楽しく歌わせる。

1）　望ましいうたやチャンツの条件

古くから歌われている英語圏の伝承歌や、繰り返しも多いリズミカルなうたで、児童がすぐに歌えるようになるもの、あるいは歌詞の中に韻を踏んでいる言葉がたくさんあるものがよい。

例）　**Five Little Monkeys**（手遊びチャンツ）

Five little monkeys jumping on the bed.

One fell off and bumped his head.

Mother called the doctor and the doctor said,

"No more monkeys jumping on the bed!"

うたやチャンツ以外に読み聞かせも、音韻認識を高める指導としては大変有効な活動である。絵本の選択にあたっては、できるだけ繰り返しがたくさんあり、その繰り返しを児童が指導者の読み聞かせとして聞くことで、抑揚やリズム、また韻を踏む音声が楽しく、一緒に読みたくなるような本を選ぶようにする [☞2章8節]。

2）　指導手順

① 全員で音源を聞く。

② 何が聞こえたかという指導者の問いかけに対して、聞こえた音や語彙、表現をあげる「音拾い活動」を行う。

③ 絵やその内容に沿った動画を見ながら意味を考えつつ、もう一度聞く。

④ 歌えそうなところは一緒に歌う。

⑤ （発展活動）字幕あるいはその英語の歌詞を示し、歌いながら英語を目で追うといった活動を行ってもよい。

❷　音韻認識を高める活動

1）　絵カードを使った活動

新出単語を導入するさい、絵カードで示すことが多いが、まずは音声と

意味を導入した後、それらのカードを使って音韻認識を高める活動を行う。英語の単語の中にはすでにカタカナで日本語として使われているものも多いので、最初にそれが何であるか児童に問いかけた後、バッグ、ベッドなどの既知の単語をさりげなく英語の言い方に直し導入してもよい。以下に指導手順を示す。

① あらかじめ準備された絵カードの語彙を全員で言う（文字は提示しない）。

例： pan, pen, pet, pencil, pig, piano, baby, bat, bag, bed, bicycle, box

② 指導者が何枚かのカードを語頭の音が同じ 2 つのグループに分ける。

③ 残りのカードについて、児童に /p/, /b/ どちらのグループに属するか問いかける。

④ 共通する語頭の文字と音を考える。

⑤ 同じような活動を、異なる 2 つの文字（c-g や t-d など）を使って行う。

⑥ （発展活動）掲示された文字で始まる既習の語彙を全員で、あるいはペアであげていく。

2） カルタ取り

語彙の定着のために行うカルタ取りも、進め方によっては、文字に触れ、音声と文字の関係に気付くすぐれた活動になる。以下に指導手順を示す。

① 読み上げられた単語の絵カードを取る（絵のみ・英語の文字表示なし）。

例： 月あるいは曜日の名称

② 読み上げられた単語の文字カードを取る（絵と英語の文字表示あり）。

③ 読み上げられた単語の文字カードを取る（文字表示のみ）。

④ グループまたはペアで、児童が順に文字カードを読み上げ、ほかの児童は文字カードを取る。

❸ 語彙を増やす活動

英語圏の小学校で、児童がカテゴリーごとに多くの語彙を集めてアルファベット順に並べる活動をよく見かける。職業名、動物名、形容詞などをポスター化し掲示している教室を目にすることもまれではない。同様に、日本の小学校でも、さまざまなカテゴリーの身の回りの物事の掲示物を定期的に入れ替えて掲示し、児童の目に触れる機会を増やしたい。また、語頭音に気付かせ音韻認識を高めるとともに、語彙を増やす目的でアルファベッ

トジングル用の語彙やチャートを使うことができる。ポスターやチャートの絵とともに音源を活用しながら、さまざまなカテゴリーのアルファベットジングルに何度も繰り返し触れさせることで、カテゴリーごとの語彙を増やすことが可能になるだろう。

❹ アルファベットジングルを使った活動

音源とともに単語をアルファベット順に並べたアルファベットジングルを活用することで、語彙を増やす活動に加え、語頭音に気付かせる活動もできるだろう。アルファベットジングルを使った短時間でできる活動を考えてみよう。

ストーリーチャンツ(オリジナル)より一部抜粋　　絵: オーガスティン真智 (C,D,F-H)

1)　アルファベットジングルをクラス全員で聞く。
2)　聞きながら、タブレットまたはテキストに表示されたアルファベットジングルのチャートの文字を指で押さえて一緒に言えるところは言うように指示する。
3)　クラスを半分に分けて、文字の名称の読み方 B (/biː/) を言うグループと、語頭音の /b/ に続けてキーワードの bear を言うグループで掛け合いのように言わせる。パートを交代する。
4)　ペアを作り、アルファベットジングルのチャートを見て、1 人が名称

と語頭音を言えば相手はキーワードを言うようにする。

5) ペアになり 1 人が dog というキーワードを言えば、相手は /d/, /d/ と語頭の音を口にしながら絵を示すようにする。

　上記の 1) または 2) の活動に引き続き、3) ～ 5) を児童の実態に合わせて短時間で繰り返し行うことで、単語の最初の文字の音に気付かせたり、それぞれのアルファベットの名称の読み方と音を結びつけることができるだろう。ジングルを言うだけで終わるのではなく、いくつかのジングルのパターンも使いながら、児童が飽きないようにたくさんの音声を聞かせ、音から文字への気付きを促すことが、アルファベットジングル活用の大きな目的である。

　子音が無声音の場合、日本語にはない音なので児童は次の母音を伴って発音する場合が多い (例: house の h を児童は /h/, /h/ ではなく a を伴い /ha/, /ha/ と発音する)。「どんな音ですか？　もう一度しっかり聞いてみよう」と語頭音を意識させ、日本語の音との違いに気付かせることもできるだろう。

　なお、本節では紹介しなかったが、絵本の読み聞かせは児童の音韻認識力および語彙力の向上に大いに役立つ活動である [☞ 1 章 2 節、2 章 8 節]。

（田縁眞弓）

学 習 課 題

1. ホール・ランゲージ・ティーチングとフォニックスの指導上の特徴をまとめよう。

2. 132 頁の Five Little Monkeys の意味内容を考えよう。次に、ライムに注意して音読しよう。

📖 参考図書

アレン玉井光江 (2010) 『小学校英語の教育法——理論と実践』大修館書店.

山本玲子・田縁眞弓 (2020) 『小学校英語 だれでもできる英語の音と文字の指導』三省堂.

文字、単語、文の書き方の指導

> 外国語活動には読み書きは含まれないが、外国語科では「読むこと」とともに「書くこと」が加わり、活字体の大文字・小文字を書いたり、音声で十分に慣れ親しんだ簡単な語句や基本的な表現を書き写したり、書いたりする指導が求められる。
> 本節では、まずアルファベットの起源について概観し、次にアルファベットの文字、単語や文の書き方を指導するために必要な基礎知識や指導内容、指導法について考える。

1. アルファベットの起源

アルファベットの原型は、紀元前1500年頃フェニキア地方（現在のシリアやレバノン付近）に住んでいたフェニキア人が使用したフェニキア文字と言われている。フェニキア人は地中海各地で海上交易を行っていたので、彼らの貿易を通じてフェニキア文字はギリシアに伝えられた。紀元前850〜1000年頃、当時文字を持たなかったギリシア人は、フェニキア文字を借用して初期ギリシア文字を作り、ギリシア文字へと発展させた。ギリシア文字は、紀元前500年頃イタリアに移住したギリシア人によりイタリアに伝わり、イタリア人の話すラテン語の文字となり、ローマ帝国の拡張とともに世界の広い範囲に行き渡って、フランス語、スペイン語や英語など多くの言語のアルファベットの基礎となった。

フェニキア文字は象形文字であったとされ、次頁の図6.1のように、最初の文字 ∢「アーレプ (alep)」は牛の頭を意味しており、それがギリシア文字の「アルファ (alpha)」になり、ラテン文字の「A」になったと言われている。同様に、家を意味するフェニキア文字 ﾀ「ベート (bet)」は、ギリシア文字の「ベータ (beta)」に変化し、ラテン文字の「B」となった。

図 6.1　アルファベットの変遷（S. R. フィッシャー（2005）を借用）

　ちなみに、「アルファベット」の語源は、ギリシア文字の最初の 2 文字、Aα「アルファ（alpha）」と Bβ「ベータ（beta）」を続けて読んだものである。

2.　文字、単語、文の書き方の指導

　最初に、書くことの指導を進めるにあたって留意すべき点をあげておく。「書くこと」を指導するさいには、「聞くこと」→「話すこと」→「読むこと」→「書くこと」という順序を踏まえることが必須である。単元全体の指導においても単位時間の指導においても、まず「聞く」活動や「話す」活動で文字や単語、文に慣れ親しんだ後、「読む」活動、「書く」活動へと進むことが重要である。ここでの「書く」とは、文字に関しては、最終的に児童が何も見ずに自分の力で書くことができることが求められているが、語句や文に関しては、例となる語句や表現を児童に示し、児童はそれを見ながら書き写したり、自分が必要なものを選んで書き写す段階であることに留意しておきたい。書き写しのモデルとなる語句や文で使用するフォント（特に小文字の a と g）には注意し、UD デジタル教科書体など検定済教科書の字体に近いものを使用する。

　次に、「書くこと」は個人差が生じやすく、指導者が予想する以上に時間がかかる児童もいる。児童に過度の負担にならないように、毎時間少しずつ計画的に書く活動に取り組ませて、文字から単語、単語から文、文から文章へとスモールステップで段階的に指導することが大切である。

　また、何度もなぞり書きをしたり書き写したりするだけの機械的な単純作業ではなく、児童が何度も楽しく繰り返したくなるようにクイズやゲーム的要素を取り入れたい。レストランのメニューづくりや紹介したい場所

のポスターづくり、自分の将来の夢について書くといったような、児童が積極的に書きたくなる、相手に伝える意味や目的をともなった書く活動を工夫することも大切である。

❶ 文字——大文字・小文字の指導

1) 中学年の文字指導

　中学年の文字指導の目標は、「文字の読み方が発音されるのを聞いた際に、どの文字であるかが分かるようにする」（文部科学省 2017c）である。ABC ソングを歌いながら身体や指で文字の形を作るなど体験的に文字に慣れ親しむ活動や、文字の読み方が発音されるのを聞いて大文字や小文字を指さしたり、発音された順番通りに線つなぎをしたり、文字カードを並べたりする活動などを通して、文字の「読み方」と「文字」を一致させることができるようになることである。また、音声によるコミュニケーションの中で文字付きの絵カードやポスターなど児童が自然に文字に触れ、楽しみながら文字に親しむ環境を作り、文字に対する興味・関心を高めさせることも大切である。これらが高学年での「読むこと」「書くこと」の学習の動機づけや土台になるからである。

2) 高学年の文字指導

　高学年の文字指導の書くことの目標は「大文字、小文字を活字体で書くことができるようにする」である。以下、大文字、小文字を書くことの指導の進め方について考える。

① 大文字と小文字の指導の順序

　大文字と小文字の指導順序に関しては、大文字から小文字、大文字と小文字を同時に、また使用頻度の高い小文字から始めるなどの議論がある。大文字はすべて同じ高さであり直線も多く、児童にとっては比較的覚えやすく書きやすいが、小文字は字形だけでなく 4 線上の位置や高さを理解しておかなければならないので、大文字から始めるほうが児童にとってハードルが低いようである。

② 授業での指導時間と文字数

　文字を書く指導は、児童の集中力を考えると、毎時間 5 分程度、帯活動として継続して指導するのが望ましい。また大文字や小文字の全部を一度

に扱うのではなく、大文字なら毎時4〜5文字程度、小文字なら3〜5文字程度なぞり書きや書き写しを行うのが目安だが、あくまで児童の実態に合わせ調整したい。授業で扱う文字は、アルファベット順にこだわらず効果的な順番を工夫すればよい。

③　大文字・小文字の書き順の指導

　書き順は上から下へ、左から右に書くことが基本であるが、文字によっては複数の書き順が存在したり、V, Wなど、児童によっては一筆書きが書きやすい場合もある。標準的な書き順はあるが、読みやすい字形で書けるのであれば、児童にとって書きやすい書き順でよいだろう。

④　授業における文字指導の進め方

　まず、大文字の書き方の指導を紹介する。指導者はなじみのあるロゴの大文字や文字カードの一部を見せてクイズ形式で児童にどの文字かを推測させる。児童の答えを受けて、その大文字を正しく発音しながら、書き出しの位置と書き順に注意させて黒板に書く。指導者がモデルを示して、児童全員と発音しながら、その文字を空書きする。残りの3〜4文字も同様に行う。次にワークシートに、発音しながら3回程度なぞり書きし、書き写す。そのさい、大文字はすべて4線の第1線と3線の間に書くよう注意を促す。なお時間があれば、最後にその日に扱った文字に既習の文字を加えて指導者が発音し、児童は聞こえた順番に1文字ずつ書く活動を加えるのもよい。

　次に、小文字の書き方の指導をbを例に紹介する。まず、指導者は大文字のBの名前を /biː/ と正しく発音して黒板に書き、その隣に書く位置と書き順を確認しながら小文字bを黒板に書く。指導者がモデルを示し、児童全員と発音しながらbを空書きする。次に、児童に次頁のワークシートの絵が何かを尋ね、"/biː/, /b/, /b/, bear" と聞かせ、bearの最初の文字がbで始まることに気付かせる。児童はbの文字を3回程度なぞり書きし、書き写す。この活動の終了後、"b, b, bear" と再度発音し、book, blue などbで始ま

る既習の単語を児童から引き出し、/b/ の音と文字が結びつくよう指導する。

①↓b② b b b

⑤ 文字指導の工夫

●文字の形の特徴に注目させる

　左右対称の大文字や同じ形の大文字、小文字など、児童が楽しみながら文字の形の共通点を発見したり、文字の共通点に基づいて文字のグループ分けをしたりする活動が効果的である。また、小文字は4線上の高さが複雑で混乱しやすいので、書く指導を始める前に、1階建ての文字で椅子に座る、2階建ての文字で立つ、地下室の文字でしゃがむなどの動作を付けながら ABC ソングを歌う活動もよく行われる。

　紛らわしい形の文字は、とくに丁寧に指導する。b と d, p と q などの混同しやすい文字は、向きにも注意を向けさせ「文字同士が向かいあっている」などと意識させるのも有効である。

・左右対称の大文字　　　　　　・大文字と小文字が同じ形の文字
　AHIMOTUVW　　　　　　Cc Oo Ss Ww

・大文字と小文字がよく似た形の文字
　Ii Jj Kk Pp Tt Uu Yy

・紛らわしい形の大文字　　　　・紛らわしい形の小文字
　CG OQ PR MN　　　　　　ad bd hn ij pq

・「1階建て」「2階建て」「地下室つき」の小文字
　■acemnorsuvwxz　■bdfhiklt　■gjpqy

●ゲームを活用し、アルファベットの定着を促す

　ビンゴ、カルタ、大文字と小文字のマッチング・ゲームなど、アルファベット Aa〜Zz を通した復習を楽しく行い、大文字、小文字の定着を促す。

●必要に応じて個別指導を行う

　書く活動は個人差が出やすいので、机間指導のさいに必要に応じて個別

に指導するなど、一人ひとりの状況を丁寧に見届けた支援を心がける。

❷ 単語の書き方の指導

単語の書き方の指導の進め方を教科名を例に紹介する。まず、音声で十分に慣れ親しんだ単語を4線上になぞり書き、書き写しの順にそれぞれ1, 2回行うなど、児童に無理のないように段階的に進める。書き写しのさいは、文字と文字の間を空けすぎないよう、児童に注意させる。また、なぞり書きや書き写しの活動が、意味や音声がともなわないドリル練習にならないように、単語をイラストとともに提示し、書く前に単語や最初の文字の音を指導者が発音して聞かせ、書き終えたら全員で書いた単語を指導者の後について音読する。以下になぞり書きと書き写しの活動例を示す。

〔なぞり書きの活動例〕
　絵の番号を、その教科名を表す英語の（　）に書き、英語をなぞりましょう。

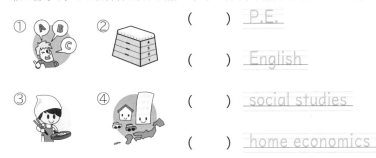

〔書き写しの活動例〕
　教科名を表す英語をさがして、下のように〇でかこみ、英語を書き写しましょう。

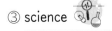

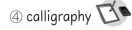

❸ 文の書き方の指導

　文の書き方の指導は、単語と同様、音声で十分慣れ親しんだ文のなぞり書き、次に書き写し、最終的には自分が伝えたいことを伝えるために自分が使いたい語彙を、文字付きの絵カードや語彙リストから選んで書く活動へと段階的に進める。文を書き写すさいには、語と語のスペースを詰めすぎたり空けすぎたりせず、一文字程度のスペースを空けて書くように注意させる。また、大文字・小文字の使い方、終止符 (.)、疑問符 (?)、コンマ (,)、アポストロフィ (') などの符号にも意識を向けて書き写すように、毎回の授業で積み重ね指導していく。日本語と英語の語順の違いにも、単語を並べ替えて書き写す活動などを通して気付きを促したい。書き終えたら、児童が指導者の後についてまたは自分で、自ら書いた文を読む活動につなげることで、児童にそれらの規則性に意識を向けさせることも大切である。

　以下、「日曜によくするスポーツ」を例に活動例をあげる。

〔なぞり書きと書き写しの活動例〕

　絵を見て、文をなぞったあと、(　　) の中の英語を並べ替えて文を完成させましょう。次に、自分が日曜によくするスポーツを単語リストから選び、文を作りましょう。

I play soccer on Sundays.

(tennis, play, I) on Sundays.
　　　　　　　　　　on Sundays.

baseball	basketball	badminton	volleyball

I　　　　　　　　　on

❹　文章の書き方の指導

　単元の題材に関連して、個人、ペア、グループで自分や自分たちの考え
や気持ちなど、5〜6 文程度の内容的にまとまりのある文章を書く指導の進
め方を、個人による「友だち紹介」を例に紹介する。単元のまとめの活動
として各児童が紹介文を作成、発表し、その後、児童が書いた文章を壁新
聞にして掲示することを伝え、自分の考えや思いを読み手のクラスメート
に伝えるという目的意識をもって活動に取り組ませる。

　以下は、単元のまとめの活動を行う単元の最後の 2 時間 (例えば、第 7
時と第 8 時) の指導計画である。

時　数	活動内容
第 7 時	モデル文の配布、音読、作文、指導者の助言、修正
第 8 時	発表の練習、発表、振り返り → 終了後、壁新聞にして掲示

〔タイトル: 友だちを紹介しよう！ This is my friend.〕

内　容	英文例
1　紹介する友だちの名前	This is my friend, Ken.
2　友だちの得意なこと①	He can play soccer.
3　友だちの得意なこと②	He can dance well.
4　友だちの性格	He is funny.
5　友だちへの自分の思い	I like Ken very much.

　まず、指導者は上記のプリントのモデル文を、ジェスチャーをまじえて
児童に読み聞かせ、内容を理解させる。次に、指導者の後について音読練
習を十分に行う。その後、自分が紹介したい友だちを決め、2, 3, 4 の下線
部について、自分の友だちを紹介するのに必要な語彙を語彙リストから選
んで文章全体を書き換える。なお、指導者は児童が必要とする語彙を予想
して語彙リストを作成し配付するが、児童から語彙リストにない語彙につ
いて質問があれば英絵辞書を参考にするなどして個別に指導する。

　なお、文章の書き方指導として、1 単元のうち数回の指導でモデル文中
の 1 つか 2 つの英文を参考に自分に関する事柄を書きためていき、単元の
最後にそれらの文を書き写して清書し文章を完成する方法もよく行われて
いる [☞ 1 章 2 節]。

　いずれの方法にしろ、児童が自分の伝えたいことを相手に伝えるために

文章を書くには、児童が「書くこと」に目的意識を持って取り組めるような課題の設定を工夫することが必要である。例えば、自己紹介文であれば指導者やほかの児童が読んで誰が書いたものかを考えたり、作成したポスターを校内に掲示したり、My Best Memory を卒業文集に掲載することなどを、課題に取り組む前に児童に伝え、書くことの目的と読み手を意識させ、まとまりのある文章を書く楽しさを実感させたいものである。

3. ローマ字指導とアルファベット指導

❶ ローマ字指導の現状

2008 年告示の小学校学習指導要領・国語において、ローマ字指導は、情報機器の活用やほかの学習活動との関連を考慮して、従前の第 4 学年から第 3 学年に移行した。2017 年告示の学習指導要領・国語においても、案内標識やコンピューターのキーボード入力などローマ字が児童の生活に身近であることから、第 3 学年において、「日常使われている簡単な単語について、ローマ字で表記されたものを読み、ローマ字で書くこと」を 3〜4 時間程度で指導するとしている。なお、児童に指導するローマ字表記については、1954 年の「内閣告示第一号」およびそれに基づく「教科用図書検定基準」が、国際的関係などの事情がある場合に限りヘボン式の綴り方でさしつかえないが、一般に国語を書き表す場合は、訓令式の綴り方によるものとしている関係上、訓令式ローマ字が基本となっている（樋口ほか 2017c）。

❷ ローマ字指導のアルファベット指導への影響

ローマ字を学習する 3 年生の児童は、ローマ字を英語であると勘違いしたり、自分の名前の表記、例えば「ちか」が国語では Tika, 外国語活動では Chika のように表記が異なる関係で、戸惑う児童が多い。また、ローマ字表記では、コップ (koppu)、テスト (tesuto) のように「子音＋母音」であるため、英単語でも desk を /d/ /e/ /s/ /u/ /k/ /u/ のようにローマ字同様母音を付けて発音するなど、ローマ字学習が英語の発音にマイナスの影響を与えるとの指摘もある。

一方、ローマ字学習によって、日本語の音が母音と子音の組み合わせであることを理解し、児童が意識的に「音素」という単位に気付く助けとなり、ローマ字の知識を使って文字を手がかりに英語を読もうとしている（アレン玉井 2010）など、プラスの影響もみられるという。

❸　ローマ字指導とアルファベット指導の望ましい関係
　国語のローマ字指導と外国語活動のアルファベット指導の望ましい関係を考えてみたい。

1)　氏名や駅名、地名の表記は、ヘボン式表記を指導する
　高学年の外国語科では、国際共通語として英語を使用するという観点から日本語の原音に近い音を表記するヘボン式ローマ字を指導することになっているので、3年生の国語および外国語活動においても、人名や地名、駅名は訓令式ではなくヘボン式表記とし、児童の混乱を避けるようにする。
　指導にあたっては、身近な人名や地名、駅名を提示し、ヘボン式の実用性を児童に気付かせたい。また、普通名詞、例えば鉛筆を enpitu や enpitsu とローマ字で書かせると、これを英語であると誤解する児童もいるので、ローマ字は日本語の音声を英語の表記法に当てはめて表したもので、あくまで日本語であることを理解させる。

2)　ローマ字学習を通して、日本語の特徴を音素レベルで気付かせる
　ローマ字表から、「あ」行以外は日本語の音が「子音＋母音」の組み合わせであることや、日本語の音が基本的に母音で終わるという特徴に気付かせる。また、ローマ字の「か行」「さ行」「た行」などには、どんな音が「あ行」に加わったのかを考えさせ、/k/, /s/, /t/ などの音素の存在に気付かせる。
　一方、milk, bus, cat など英語の読み方は「子音＋母音＋子音」の音声パターンであり、子音で終わっていることを理解する。このような音素への気付きが、文字と音との結びつきを手がかりとして単語や文を音声化する力となり、「読む」素地となるので、児童の音素認識を育てる上で大変重要である。

（多田玲子）

学 習 課 題

1. 文字の書き方を指導するさいの留意点をまとめてみよう。
2. 6年生の児童に、「夢の修学旅行」というタイトルで5～6文からなる文章を書かせるために、児童に提示するモデル文と、自分のことに置き換えさせる箇所を考えてみよう。

参考図書

粕谷みゆき（監修）、金子由美 (2011)『All about the ABC's——あそんで学ぶアルファベット　第2版』mpi 松香フォニックス.

樋口忠彦・泉惠美子（編著）(2011)『続　小学校英語活動アイディアバンク——チャンツ・ゲーム・コミュニケーション活動・プロジェクト活動』教育出版.

COLUMN

❺ 世界の言葉と文字

　現在、地球上で話されている言葉の数は、6,000 語とも 7,000 語とも言われ、その数を正確に把握することは困難であると考えられている。また、多くの言葉が親族関係にあり、同一の親言語にさかのぼる「語族」と呼ばれる言語集団に分かれる。英語、ドイツ語、フランス語、ロシア語などは、同一の言語から変化して分かれたものと推定され、インド・ヨーロッパ語族に属している。ほかには、ヘブライ語、アラビア語などの諸言語からなるセム語族、フィンランド語、ハンガリー語などのウラル語族などがある。また、中国語はシナ・チベット語族に属しているが、日本語や朝鮮・韓国語はさまざま説はあるものの、どの語族に属するか未だはっきり分類されていない。

　文字は話しことばを記録するために作られた記号であり、その表記特性から一つの文字で音素または音節を表す「表音文字」と、一つひとつの文字が意味を表す「表意文字」に分類される。

　表音文字は「音節文字」と「音素文字」に分類される。音節文字は、日本語の仮名のように、一文字が一音節（例: か /ka/ は、/k/ と /a/ の 2 つの音素でできた音節）を表しており、日本語のほかにアメリカ先住民チェロキー族の文字などがある。一方、音素文字は、一文字が一音素（例: k は /k/, t は /t/ の一音素）に対応しており、英語で用いられるローマ字（ラテン文字とも呼ばれる、ABCDE...）やギリシア文字（ΑΒΓΔΕ...）、アラビア文字（ح ث ت ب ا ...）、ロシア語を表すキリル文字（АБВГД...）など、世界の大多数の文字が音素文字である。他方、表意文字の代表的なものは中国語の漢字であるが、古代エジプトの象形文字（𓀀 𓂝 𓏏）も表意文字であった。

　なお、英語と同様にローマ字表記をする言葉は、英語以外にフランス語、スペイン語、イタリア語、インドネシア語、ベトナム語、トルコ語などがあり、地球上で最も多い。

　（注）エジプトの象形文字は S. R. フィッシャー（2005）を借用。

（多田玲子）

7節 文、文構造、文法の指導

> 本節では、児童が英語コミュニケーションを図る「基礎」となる資質・能力の育成を念頭に置き、指導者自身が英語の文構造や定型表現の機能をどのように理解することが必要であるかを示すとともに、実際のコミュニケーションにおいて活用できる基礎的な技能の習得に児童を導くためには、どのような視点を持つことが大切であるかというテーマについて、具体例とともに考察する。

1. 英語の文構造——基本語順に関わる事例

　小学校英語の言語活動として扱う内容は、身近で簡単な事柄ではあるが、「挨拶」「自己紹介」だけでなく、「考えや意図を伝える」「相手の行動を促す」なども盛り込まれ、中学校の学習指導要領と大差のないものとなっている。この点については、英語教育の一貫性という観点から首肯できるが、小学校段階における文法理解については、児童に英語の基礎の基礎を発見的に学習させる工夫を施すことが大切である。

　いわゆる英文法の知識が十分身に付いていなくても、英語学習者は定型表現を覚え、繰り返し使用する機会を増やすことにより、日常のコミュニケーションに役立つ表現をある程度まで習得することは可能である。例えば、初対面の人に挨拶する場面では、"Nice to meet you." や "Nice to meet you, too." という表現の応答が繰り返される。これらの表現は、使用頻度が高く適切な状況や場面の中で繰り返し使用することで学習の定着が促進される。"Nice to meet you." や "Nice to meet you, too." には、to 不定詞という文法構造が含まれているが、"Good morning." や "Thank you." のように、同一の形式で使用されるため、少なくとも小学校段階において、文の構造を分析的に理解させる必要はない。表現の意味と使用文脈を理解させ

ることが大切である。

　他方、英語の文法や基本構造についての基本的な理解が必要となる場合がある。母語である日本語との違いに気付かせ、基本語順や言語の働き（機能）を理解できるように指導するためには、どのような点に留意すべきであるかを、具体的な言語材料を参照して考えてみることにする。

❶　［主語］＋［一般動詞］＋［目的語］

　英語では、基本的に語順によって文の意味が決定される。基本的な文構造として、児童が「［主語］＋［一般動詞］＋［目的語］」の語順を理解し、英語の基本語順を正しく活用できるように指導したい。主語や目的語という用語を使用せずに、典型的な英語の型として、「動作主」の次に「動作」を表す語、さらに「動作あるいは作用が及ぶ対象や相手」（名詞）が続くことを、具体例とともに理解させたい。なお、周知の通り、目的語は文中では名詞的な働きをするものである。小学校英語においては、典型的には名詞を中心とする句 (an apple や my room) や代名詞 (you や it) が相当するが、加えて、to 不定詞 (to＋V［動詞の原形］) や動名詞 (Ving) が、一部の限定された動詞とともに現れる。to 不定詞と動名詞については後述する。

　さて、英語の基本語順の指導のさい、日本語では「［主語］＋［目的語］＋［一般動詞］」の語順が基本であることに気付かせ、英語という個別言語の基本語順とは、いわば「鏡像関係」にあることを理解させることが大切である。

(1)　a.　I eat fish.（［主語］＋［一般動詞］＋［目的語］）
　　　b.　私は 魚を 食べる 。（［主語］＋［目的語］＋［一般動詞］）
(2)　a.　I study English.
　　　b.　私は 英語を 勉強する 。

　動詞という用語で表されている語であっても、具体的な動作を表していない動詞が散見されるが、やはり同様の語順で言語化される。次に示す have や like は、小学校段階から高頻度に使用される動詞だが、語義として動作性が欠けている点で動詞のプロトタイプであるとは言えず、やはり状態動詞としてカテゴリー化される。

(3)　a.　I have a violin.

149

7節　文、文構造、文法の指導

b. 私は　バイオリンを　持っている。

(4) a. I like soccer.

b. 私は　サッカーが　好きだ。

have は「～を持っている」という意味の状態動詞なので、「持つ」といった動作性につながるような訳語で理解すべきではない。逆に、"I had lunch at eleven." や "I had a good time at the concert." のような表現では、have がそれぞれ eat, spend の意味で使用されていることが分かる。動作性が認められるため、文法上、動作動詞としてとらえられる。その証拠に、それぞれの文は、動作動詞の特権とも言える「進行形 (be 動詞＋Ving［現在分詞］」という形式にして使用することができる。

(5) I was having lunch at eleven.

(6) I was having a good time at the concert.

小学校段階での英語の指導において、動作動詞・状態動詞の区別は明示的に指導する必要はないが、中等英語科教育において扱われる文法項目の理解には、動詞に関する上記のような区別ができることが求められる。そのため、英語指導者自身、一般論として、動詞の語義を理解するさいにはこの点にも意識を向けるべきであろう。

❷ ［主語］＋［be 動詞］＋［補語］

この形式で用いられる be 動詞には動作性が認められず、動詞とは名ばかりである。また、日本語にはこれに相当する動詞は見当たらない。be 動詞に続く語句は、主語の状態や人の気持ちなどを表すことが多い。状態や人の気持ちなどは、典型的には形容詞を中心とする語句によって表現される。

(7) a. My violin is new.

b. 私のバイオリンは　新しい。

(8) a. She is busy.

b. 彼女は　忙しい。

____部の new と busy は、いずれも動詞 is に対して補語として分析される。目的語でないことは明らかである。目的語は、定義上、名詞的な働きをするものに厳密に限定されるため、形容詞を中心とする語（句）を目的語として定義できないからである。学習英文法の指導においては、be 動詞に

続く語句は目的語ではなく補語であり、目的語とは当然区別される必要がある。

ここで、日英語の対照に基づく興味深い観察を紹介することにする。日本語には1文に動詞が1つも見当たらないような文が存在するが、英語では、書き出しからピリオドまでに必ず動詞が存在するという事実である。(7b), (8b) には、いずれも動詞が存在していない。日本語は、形容詞だけで述部を構成することができる言語だが、英語ではそれが不可能である。この事実は、次の例によって簡単に裏付けられる（本節では*の記号は、文が文法的に正しい文として容認されないことを示している）。

(9)　　*My violin new.

(10)　*She busy.

小学生に限らず英語の初学者には、例えば (9), (10) のような誤りがみられることがよくある。日本語に基づいて英語表現を構成するさいに、名詞や形容詞のような内容語だけを並べれば、be動詞がなくても文は成立しているように感じられるかもしれない。しかし、それは誤りである。英語では be動詞が必要となる。

「[主語]＋[be動詞]＋[補語]」の形式では、表現のさいに be動詞の脱落が起こりやすいため、be動詞を型にしっかり埋め込み、最初から "I am 〜." や "You are 〜." という形式で繰り返し使用することで、基本語順の定着を図りたい。

❸　[主語]＋[can]＋[動詞の原形]──助動詞を含む文の語順

学習英文法という観点から、can, will, may, must などは助動詞として扱われている。英語には、be going to, have to, had better など、助動詞と類似した働き（機能）を持つ定型表現も少なからず存在する。

以下では、小学校英語で扱われる can の指導に関わる留意点を、英語の基本語順の観点から考察することにする。

小学校英語では、児童が自分・相手・第三者について、「できること」や「できないこと」を伝え合う活動が行われる。言語材料として、"I can 〜." や "I can't 〜." からスタートし、"Can you 〜?" という疑問文とその応答、さらには "He [She] can [can't] 〜." などの表現が登場する。can は助動詞

であるため、直後には動詞の原形が現れることは周知の事実だが、これは英語教育で助動詞として扱われる語句全般に当てはまることであり、非常に大切なルールであるため、あえて強調しておきたい（ただ、小学校学習指導要領・外国語（2017年告示）では、小学校段階での三人称単数の語形変化の習得に負担が大きいとの認識に基づき、動詞の語形変化の学習を回避している。そのため、can をともなう文の主語として三人称が現れても、指導段階で大きな問題にはならないであろう）。

can の指導にさいしては、主語を付けた形式、すなわち、"I [You, He, She] can 〜." という型を習得させるとともに、can がプラスされていることで「〜する能力がある」という概念的意味があることを理解しておきたい。「〜できる」という訳語ばかりを強調すると、日本語訳との単なる置き換えになってしまい、言語の働き（機能）や概念の理解につながらないからである。can を含む文では、「何かをする能力がある」という内容は、言い換えると、「何かをするのが上手である」「何かをするのが得意である」という意味内容を推意として伝えていると理解することもできるだろう。

言語材料として、後に登場する "be good at 〜"「〜が得意である」という表現の指導とその定着を図るためにも、"I can 〜." などの文に対する概念的理解が達成されることが望ましい。

ここで、be good at を述部とする文の構造について理解しておきたいことを、「[主語]＋[can]＋[動詞の原形]」の形式と対照させながら説明する。

(11) a. She can cook well.

b. She is good at cooking.

(12) a. She can play tennis well.

b. She is good at playing tennis.

「[主語]＋[can]＋[動詞の原形]」の形式がほぼ定着した段階で、(11b)や (12b) の言語材料が導入されるとする。この表現には、児童がそれまでにおそらく感じられなかったと思われる複雑な構造が顕在化している。構造に限って言えば、at という前置詞があり、その後ろには動名詞が続いているという点である。英語のルールとして、一般に前置詞（at, for, in, on, to, with, etc.）の後ろには、名詞的な働きをする語句が置かれることになっている。前置詞の後ろに動詞を続ける場合には、必ず動名詞（Ving 形）に

語形変化させて配置しなければならない。

　したがって、次の (13) のように -ing をともなわない動詞の原形が at に後続している文は、明らかに誤りである。

（13）　＊She is good at play tennis.

また、たとえ名詞的な働きをする表現や構造であっても、前置詞の後ろに to 不定詞を置くことはできない。次の文も同様に誤りである。

（14）　＊She is good at to play tennis.

　このように、前置詞の後ろは、be good at に限らず汎用的に、動名詞という文法構造が要求されるのである。次の例文で、下線部が動名詞であることを確認されたい。

（15）　a.　Thank you for inviting me to the party.

　　　　b.　I look forward to seeing you in London.

　ここで、実際の指導実践を念頭に置いて、be good at という個別事例の扱いについて考察することにする。

　第一に、"be good at 〜" の表現は、3 語でひとまとまりの意味を持つ表現であることを理解することが大切である。これは、"Thank you. (ありがとう)"、"Wait a minute. (ちょっと待って)"、"Take care. (さようなら)" などの表現の学習と同様に、決して分析的な理解をしようとせず、まるで 1 語表現であるかのように記憶させるとよい。

　次に、〜の位置に名詞的な語句が現れることに、児童はできるだけ多くの具体例を経験することを通して慣れることが大切である。例えば、"She is good at tennis." や "She is good at math." などの表現にできるだけ触れるとともに、自ら記憶した表現を再現したり、新たな表現を創造したりすることが重要になる。また、児童には、〜の位置に「動作」を表す語句を挿入して「〜すること」という意味を表現したい場合に、動詞を Ving に語形変化させる必要があることに気付かせ、その発見を活用できるような工夫を施したい。例えば、tennis (テニス) や math (算数) という動作は存在しないが、singing (歌うこと) や swimming (泳ぐこと) は動作であり、もともと sing や swim という動作を表す言葉 (動詞) が存在していることに意識が向かえば、動作を表す場合には、Ving 形を使用することを理解できるようになるかもしれない。

❹ wh 疑問文──基本語順としての疑問詞の移動

英語の wh 疑問文では、疑問詞（who, when, where, what, how, etc.）が文頭位置に現れることは周知の事実である。小学校段階では、言語材料として、基本的な wh 疑問文に加えて、次のような言語材料の習得が目標とされている。

(16)　a.　What sport do you like?
　　　b.　What color do you like?
　　　c.　What food do you like?

"What do you like?" が既習の言語材料として扱われているが、「好きなもの」を尋ねる状況では、漠然と「何が好き」と表現するのではなく、あるカテゴリー（例えば、スポーツ、色、食物など）の中から、何が好きかを尋ねるほうが自然であるため、最終的には (16) のような表現の定着を図ることは理にかなっている。

上記の表現を "What do you like?" と比較すると、明らかに文の構造が異なっていることが分かる。what は後続の名詞とともに [what 〜] という形式で、「どんな〜」というユニット（構成素）を形成している。

(16a) に対する答えとして、"I like tennis." のような文が相当することから、疑問文中の "what sport" という 2 語からなるユニットは、答えの文では tennis という 1 語に対応していることが分かる。

英語で「あなたは青が好きですか」と表現する場合、"Do you like blue?" という語順が形成される。一方、「あなたはどんなスポーツが好きですか」という疑問文の場合には、スポーツが好きか否かではなく、具体的な答えを求めている。このような疑問文の場合に、"Do you like tennis?" にならって、"Do you like what sport?" と表現することはできない。"What sport do you like?" のように、"what sport" というユニットを文頭に移動させた語順で正しく表現することが求められる。これは、英語という言語に観察される疑問詞の移動、すなわち「wh 移動」の一種であり、この点においても英語は日本語と文の構造が顕著に異なると言える。

"What 〜 do you like?" というまとまりを 1 つのユニットとして理解、定着させるためには、コミュニケーション活動を繰り返し行うことが必要である。

小学校段階の指導において、疑問詞の移動を英語学で扱われるような移動現象として指導すると混乱が生じるであろう。ただ、「いつ」「どこで」「誰が」「何を」「どのように」に相当する英語の疑問詞は、いつも文頭に現れていることを印象深く理解させ、児童自らが表現を繰り返し使用する過程で、英語の疑問詞を含む文の語順について気付いてくれるような指導を心がけたい。

❺　副詞の用法と語順──「頻度」の副詞を中心に

very や well など、英語には副詞と呼ばれる多種多様な語句が存在する。副詞という用語は、英語の adverb に対する訳語である。ラテン語の接頭辞 ad- が「〜を修飾する、〜に付加する」という意味を持っていることから、もともとは verb（動詞）を修飾するという意味が adverb にあったことが推察される。現代英語の副詞には、動詞だけでなく、形容詞や副詞を修飾する基本用法があることに加え、文を修飾する用法も存在する。以下では、副詞の基本用法の具体例を確認しておく。

（17）　She can speak English *well*.　〈動詞 speak を修飾〉

（18）　She is *very* busy.　〈形容詞 busy を修飾〉

（19）　They play tennis *very* well.　〈副詞 well を修飾〉

以上に加えて、参考までに文を修飾する用法をあげておく。

（20）　*Surprisingly*, he won the first prize.　〈文を修飾〉

この例は、文修飾副詞として使用された surprisingly の具体例で、文全体では、「驚いたことに、彼は1等賞をもらった」という解釈を得る。この例が示しているように、副詞が文を修飾する場合、典型的には副詞を文頭に置き、コンマの使用が観察される。紙幅の制限があるため、以下、本節では、副詞の用法を俯瞰的に概説することは断念し、小学校における英語のコミュニケーション活動において重要な役割を果たす、「頻度（frequency）」の副詞の用法とその指導に焦点を当てることにする。

一般に、頻度の副詞は、every day（毎日）, weekly（週1回）, three times a week（週3回）など一定の頻度（回数）を明確に示すタイプと、always, usually, often, sometimes, rarely, seldom, never など、不定の頻度を表すタイプの2種類に大別することができる。

前者のタイプは、文中のどの位置に現れるのだろうか。例えば、"I clean my room." という文に every day を挿入するとすれば、次のどの＿＿が適切であろうか。

(21) ＿＿ I ＿＿ clean ＿＿ my room ＿＿.

一般に、文末に現れるのが通例である（ただし、文頭に現れる場合もある）。

(22) I clean my room *every day.*

これに対して、always などの不定の頻度を表すタイプは、通例、一般動詞の前に現れる。

(23) I *always* clean my room.

これはきわめて重要な文法事項である。敷衍して説明すると、英語では一般動詞と目的語の間には、頻度の副詞を置くことはできないということである。文頭位置を許す副詞もあるが、文頭位置をそもそも許さない副詞もある（always, rarely, seldom, never, etc.）という言語事実と、小学校での英語指導のあり方を考慮すると、語順的には一般動詞の前に置くことだけに注意を向けさせるよう、指導のさいには教育的配慮を施すことが大切である。つまり、頻度の副詞を文中のどの位置に置くかということについての基本的な理解を促すために、"Sometimes I clean my room." が正しい表現であっても、"I sometimes clean my room." を児童が使用する機会を増やすことで、あえて英語表現の基本となる型の定着を図るべきであろう（なお、先に言及したことであるが、"Always I clean my room." とは言わない）。

他方、be 動詞を含む文中で不定の頻度を表す副詞が用いられる場合は、be 動詞の後ろに置かれる。

(24) She is *always* late for school.

このことから、動詞の種類によって副詞の挿入される位置も変わることが分かる。

英語の指導実践においては、英語の基本語順として、「[主語]＋[一般動詞]＋[目的語]」を意識させながら、不定の頻度を表す副詞を一貫して一般動詞の前に置いて指導するのがよい。英語の基礎を学習するという意味では、同一のパターンで繰り返し練習を積むことで定着を図るべきであろう [☞2章4節]。一般論としてではあるが、ある程度、英語学習に慣れてきた段階で、個々の児童が語の意味だけでなく、語の使用（とくに語順）にも意

識を向けられるようになれば、それは少々の困難をともなうかもしれない
が、いっそう具体的で詳細な情報を含む内容を英語で表現する大切な第一
歩となるであろう。

❻ 「to 不定詞」——I want to 不定詞

言語活動を行うさいには、言語の使用場面として児童にとって馴染みの
ある具体的な場面を取り上げ、言語の働きを意識させることが大切である。
言語の働きの例として、「考えや意図を伝える」さいに使用する "I want to
不定詞" という形式がある。want は、"I want a new violin." のように、目
的語の位置には、ものを表す語句を取る動詞である。ここでは、基本語順
の目的語の位置に「to 不定詞」が現れた形式となっている。

to の後ろには、動作を表す語句 (動詞) が入ることを定着させ、to 自体
の働きについては分析的な説明や指導をあえて行わないことが望ましい。
"I want to 〜." は、表現全体として「〜したい」という意味になるが、不
定詞のところは、動詞の原形が入るスロットであり、ここに多様な動詞を
挿入することでさまざまな言語表現が可能となる。

(25)　a.　I want to go to Italy.

　　　b.　I want to join the soccer club.

　　　c.　I want to be a soccer player.

一般に、複雑な表現の導入のさいには、形式と意味の対応についての丁
寧な指導が必要であることは言うまでもない。しかしそれと同時に、その
表現の機能、すなわち言語の働きを理解させることが大切である。言語の
機能的側面の理解に基づいて言語表現に習熟するように指導すれば、コミュ
ニケーション力の育成に一層の効果が期待できる。そのためには、日常生
活の中で学習者が体験することが期待される具体的な言語の使用場面と、
それに対応する言語表現の相関に気付かせるような指導を、学習者の英語
の学習段階を十分考慮しながら行うことが必要である。これに関連して、
"What would you like?" という定型表現に言及しておく。

(26)　A:　What would you like for your main dish?

　　　B:　I'd like a beefsteak and salad on the side. I'd like *daifuku* for des-

　　　　　sert.

これは、ホテルのレストランで料理を注文する場面（ウエイターの A に対してB が注文内容を伝えている場面）での会話である。"What do you want?"という表現を既習事項として、"What would you like?" を導入している。ここで指導上大切なのは、英語にも場面や状況に応じた丁寧な表現があることを、"What do you want?" を思い出させて対照することにより、児童に気付かせることである。"What would you like?" に対して、"I'd like 〜." という定型で応答しているところにも注意を向けさせたい [☞ 本節3]。

2. 文法指導──頻度効果の観点

　小学校段階では、英語の文法規則を明示的に指導するのではなく、児童が身近な場面で、当該の文法事項を含む表現に数多く触れ、くり返し何度も使用し、成功体験を重ねていく過程が大切であることを確認しておきたい。すなわち、児童の学習効果を高め、学習内容の定着を図るためには「頻度効果」が重要な役割を果たすということである。

　「頻度」というキーワードは、言語学の分野では「トークン頻度 (token frequency)」と「タイプ頻度 (type frequency)」に大別され、母語の言語習得を解明しようとするさいにも使用される用語である。トークン頻度とは、ある表現が同じ形式でどのくらい出現したかを表す頻度を意味する。トークン頻度が高い表現ほど、記憶に残り定着しやすいと言える。一方、タイプ頻度は、ある表現やパターンがどれだけ異なる形式で出現したかを表す頻度である。例えば、英語の複数形の形式は、当該の名詞の語尾に -s を取るものが多い。したがって、複数形の語尾として接辞化される -s は、タイプ頻度が高く顕著な規則性を示すマーカーとしてとらえることができる。

　頻度効果を考慮に入れると、児童がある表現を習得し有効に活用できるように導くためには、形式と意味の対応を文法規則としてトップダウン的に指導するのではなく、語彙項目ごとに使用パターンを蓄積していくことを基礎にしたボトムアップ的な学習が有効であろう。一般に、タイプ頻度が高いと規則として習得されやすいが、小学校段階で児童が接する文法事項を含む言語表現は、必ずしも生産性の高いものばかりではない。むしろ、文法への気付きや理解は、語彙学習に観察される場合と同様に、トークン

頻度の高まりによって生まれてくるものであると考えられる。

　最後に、児童の成功体験の積み重ねが自己効力感を生むことを考えると、英語教育を通して、「英語が理解できた」ということだけでなく、「やればできる」「母語以外の言語を使って意思疎通ができた」という、いわば自己に対する信頼に裏打ちされた感覚を児童自らが育むことが期待できる。このような意味での自己効力感は、英語教育に限らず広く児童の成長に関わることでもあり、ひいては自律性の涵養にもつながる大切な成功体験となる。

　児童自らが、言葉の不思議さ、言葉について思索することのおもしろさに気付いてくれるような英語指導のあり方を、英語を指導する指導者一人ひとりが探求していくことが大切である。

3.　実践事例

　以下に、日本語と英語の語順の違い、および英語の丁寧表現について児童の気付きを促す実践例を紹介する。

実践例 1： 日本語と英語の語順の違い

　外国語活動では、音声を中心に、児童にとって身近な英語表現を扱ってきた。児童は、チャンツやゲーム、インタビューなどを通して、それらを何度も聞いたり言ったりして、"I like apples." や "What subject do you like?" などの語順を身に付けてきたと言える。なぜなら、"I apples like." や "What do you like subject?" などと間違った語順で言う児童はほとんどいないからである。このことから、繰り返し聞いたり言ったりする音声活動は、ある程度、英語の語順を身に付けることにも効果を発揮していると言える。ここでは、上記のような指導からもう一歩踏み込んで、日本語と英語の語順の違いに気付きを促す実践例を紹介する。指導上の留意点として、主語や述語、目的語などの用語は使用せず、絵を用いて児童の理解を促すことがあげられる。

1.　述語と目的語の語順について

①　日本語と英語を比較して気付きを促す。

まず、J1の3枚のカードを使い日本語の文を提示する。次に、英語で "I study math." と数回言い、児童にも発音させた後、E1の3枚のカードを使って、英文を提示する。最後に、J1の日本語とE1の英語を比べて気付くことはないかと児童に質問し、ペアまたは

J1

E1

グループで話し合う時間をとる。児童は、「〜を」の部分と「〜する」の部分が、日本語と英語とでは順番が逆になっていることに気付くであろう。
② 絵カード（綴り付き）を並べ替え、理解を深め定着を促す。

①の活動で、児童が英語は「〜は(が)」「する」「〜を」の語順でなければならないことに気付いたら、その理解を深めるために、英語の語順に合うようにカ

例

ードを並べ替えて絵に合う文を作る活動を行うとよい。活動は実態に応じて、個人、ペアまたはグループで行う。正しい文ができたら発音させる。"I drink water." "I cook curry." などの文を使って、数回練習をする。
2. 主語と目的語の語順について
① 日本語と英語を比較して気付きを促す。

まず、「あきは　りょうを　押した」という3枚の絵カードからなる文 (J2) と、あきがりょうを押している絵 (J2′) を見せる。次に、「りょうを　あきは　押した」という3枚の絵カードからなる文 (J3) と、あきがりょうを押している絵 (J3′) を見せる。

さらに、"Aki pushed Ryo." という3枚の絵カードからなる文 (E2) と、あきがりょうを押している絵 (E2′) を見せる。続いて、"Ryo pushed Aki." という3枚の絵カードからなる文 (E3) と、りょうがあきを押している絵

(E3′) を見せる。

　ここで、1.①と同様に日本語と英語を比べて気付いたことについて、ペアまたはグループで話し合う時間をとる。児童は、日本語は、語順を替えても「は（が）」や「を」という助詞の働きによって文の意味は変わらないこと、一方、英語は、主語と目的語の語順が替われば意味が変わることに気付くであろう。

②　英語を聞いて正しい絵を選び、理解を深める。

　"Ryo pulled Aki." という英文を聞いて、次頁のどちらかの絵を選ぶ。その後、その文を発音する。

"Aki chased Ryo." などの文を使って、同様に練習する。
③ 絵カード（綴り付き）を並び替えて②で選んだ絵に合う文を作り、理解を深め定着を促す。

これらの活動を通して、児童は、英語の文を作るさい、単に日本語の単語を英語の単語に置き換えるだけでよいのではなく、語順を

例

きちんとおさえなければならないことに気付くとともに、母語である日本語の特徴や、言語のおもしろさに気付くであろう。

実践例2：英語の丁寧表現

英語にも、場面や状況によって丁寧な表現があることへの気付きを促す実践例を紹介する。まず、家庭で母親が子どもたちに、デザートは何がよいか尋ねている絵を見せ、次の英語を聞かせる。

①
Mother: What do you want for dessert?
Child 1: I want fruits.
Child 2: I want ice cream.
Child 3: I want cake.
Mother: OK.

どんな英語が聞き取れたかを尋ねた後、リピートしたり、指導者と児童で役割を分担して言ったりして表現に慣れ親しませる。続いて、レストランでデザートを注文している家族の絵を見せ、次の英語を聞かせる。

②

Waiter: What would you like for dessert?
Father: I'd like fruits.
Mother: I'd like ice cream.
Child: I'd like cake.
Waiter: Fruits, ice cream, and cake. OK.

　上記と同様に、どんな英語が聞き取れたかを尋ねた後、リピートしたり、役割分担して言ったりして表現に慣れ親しませる。そして、①と②の違いをとらえさせ、なぜこのように表現の違いがあるのかを考えさせる。場面や対人関係の違いを話し合ったり、日本語ではそれぞれの場面でどのように言うかを考えたりして、英語にも、場面や相手との関係によって丁寧な表現があることに気付かせる。

実践例3: 既習表現の文字カード並べ

　外国語の授業の中で、繰り返し聞いたり話したりした英語表現は、児童の記憶に残り学習の定着が促進され、児童はそれらの表現をスラスラと正しい語順で発話できるようになる。しかし、それは語順を理解して運用しているというよりも、一連の音のかたまり（チャンク）として発している場合が多いため、自由に自分の思いや考えなどを言おうとすると、日本語の語順になったり、be動詞が抜けたり、be動詞と一般動詞が混在する文になったりすることが多い。語順への気付きを促し、児童が自在に文を作れるように導く方法として、児童が発話できるようになった表現（英文）を単語に分解し、品詞別に色分けした単語文字カードを用意して、「文字カード並べ」をするとよい。「主語＋一般動詞＋目的語」「主語＋be動詞＋補語」「主語＋can＋動詞の原形」の語順や、形容詞・副詞の位置を視覚的に認識することができる。タブレットを使用して、ロイロノートなどで文字カードを作成すると、児童に一斉送信ができ、児童はタブレット上で並べ替えが楽しめる。

　学習表現を品詞別に色分けした文字カードで視覚的に示すことは、授業

過程の中で、言語材料の導入時に黒板に掲示したり、展開活動や発展活動で十分聞いたり話したりした表現を「文字カード並べ」として読んだり書いたりする活動に準ずるものとして使うこともできる。ここでは、すべての検定教科書が扱っている自己紹介や他者紹介のサンプルを以下に示す。なお、文字カードの中に、代名詞やbe動詞の語頭が大文字のものと小文字のもの両方をあえて混ぜ、また句読点もダミーを入れておくと、英語の表記方法への気付きにもつながる。

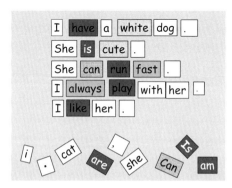

【色分けの例】
（カラーユニバーサルデザインに基づく配色例）
一般動詞：青地・黒文字
be動詞：青字・白抜き文字
助動詞：黄色地・黒文字
形容詞：水色地・黒文字
副詞：橙色地・黒文字
その他：白地・黒文字

（児玉一宏、上原明子、衣笠知子）

学 習 課 題

1. 英語と日本語の基本語順についての理解をもとに、両言語の文構造の違いを児童にどのように指導することが効果的であるか、話し合ってみよう。
2. 英語の基本語順の観点から、頻度の副詞の用法について例文をあげてまとめてみよう。

📖 参考図書

藤田耕司・松本マスミ・児玉一宏・谷口一美（編）(2012)『最新言語理論を英語教育に活用する』開拓社.

村野井仁（編著）(2018)『コア・カリキュラム準拠 小学校英語教育の基礎知識』大修館書店.

COLUMN

❻ 品詞を理解することの大切さ

　英語の文構造や文法を指導するさいに、指導者としてどのような点に注意を払うことが大切だろうか。言うまでもないことであるが、英語を学ぶ児童、とくに初学者に対して、文法用語を多用し英語の指導を分析的かつ明示的に行うことから始めるべきではない。他方、コミュニケーション重視の英語教育が標榜されて久しいが、小学校で英語を指導する場合でも、児童への影響や学習効果を考慮すると、指導者の文構造や文法についての知識は不可欠である。

　例えば、「彼女はフランスへ行った」と表現する場合、"She went to France." となる。一方で、abroad を使用して、「彼女は海外へ行った」と表現する場合に、誤って "She went to abroad." と表現してしまうこともあるかもしれない。abroad は名詞ではなく副詞であるため、語義は「海外へ」が正しい。すなわち、「へ」に相当する働きがそもそも内在する語であるため、to abroad と表現すると「海外へへ」と「へ」が重複することになるのである。よって "She went abroad." が正しい表現となる。類例として、"She went home." は正しいが、"She went to home." と表現されることはない。また、"She visited France." という表現に対して、"She visited to France." も誤りである。ここでのポイントは、go とは異なり、visit は目的語を取る動詞（他動詞）であるため、to に相当する意味が visit 自体に内在し、to を付けてはならないということである。

　以上の簡単な具体例からも分かるように、文構造や文法を指導するさい、指導者に求められる重要な基本事項は、品詞に対する意識である。言語活動と関連付けて文構造の基礎を指導する教育を効果的に展開していくためには、指導者自身が、英語の基本である品詞を正しく理解しようとする意欲と情熱を持つことが大切である。さらに、英語の品詞について基本的な理解ができていれば、英語の仕組みや多様な文法現象についても一歩進んだ納得のいく理解に到達できると思われる。「なぜ」という疑問に対して、指導者自らが最適解を見出し、指導のさいにそれをうまく活用していくことが期待できるだろう。

（児玉一宏）

ライム、うた、絵本、児童用物語

外国語の授業の中で、各単元の学習表現を使った短い会話のやり取りだけでなく、まとまりのある英語に触れる機会を児童が持つことは大切である。小学校教員養成と研修における「外国語（英語）コアカリキュラム」（文部科学省 2017a）には、「外国語に関する専門的事項」の学習項目の一つとして、「児童文学（絵本、子ども向けの歌や詩等）」が挙げられている。ライム（押韻詩）、うた、絵本などを通して、児童は英語の背景的文化に触れることができるのと同時に、まとまりのある英語に触れることで、英語特有の音やリズム、文構造を体感することができる。

文科省作成教材や検定済教科書では、各ユニットの学習語彙・表現をリズムに乗せて言う独創チャンツに工夫が凝らされ、授業で活用されているが、本節では、英語圏で親しまれているライム、うた、絵本、児童用物語について、外国語学習におけるそれぞれの役割や具体例を紹介する。

1. ライム

ライム（rhyme）とは英語圏伝承の韻を踏んだ子どもの詩である。約 700 篇とも 1000 篇以上あるとも言われており、イギリスでは「ナーサリー・ライム（nursery rhyme）」、アメリカでは「マザー・グース（Mother Goose）」と呼ばれている。18 世紀にはすでにいくつかのライム集が出版されていることから、その伝承の歴史の長さがうかがえる。しかし、ライムは古典ではなく、今日も口ずさまれており、子どもはライムを通して英語特有のリズムや韻に慣れ親しむと言われている。ライムは、詩として口にして楽しむが、メロディが付いてうたになっているものも多い。

❶ 外国語学習における役割

1) 言語文化理解における役割

　英語圏において長い年月伝承されているライムは、今日も小説や映画やポップスなどに引用され、老若男女を問わず、人々の生活に根づく言語文化の一つである。ライムを知ることは英語圏の言語文化の知識を深めることになる。またライムの詩や遊び方には英語文化圏ならではのモチーフや表現があり、ライムを楽しむことは異文化に触れる活動となる。

2) 言語習得上の役割

　英語のライムや、ライムにメロディの付いたうたにとって、英語の音、リズム、イントネーション、韻などの音声的特徴は不可欠な要素である。

　アメリカの幼児教育では、とくに脚韻（rhyming）と頭韻（alliteration）が音素認識の最初のステップとして重視されており、日常の会話・単語を聞くことに慣れていく時期にライムのことば遊びに親しんでいると、読む力の基礎が育まれると考えられている。脚韻と頭韻のリズムから英語という言語にまず慣れ親しむことは、英語を学ぶ上で重要であるとされている（リーパー 2008）。また日本の児童も、ライムを繰り返し耳にし、リズミカルに口にすることで、英語特有の音、強弱の等時性のリズム［☞2章3節3］に慣れ親しむことができる。さらに、ライムの中でも詩の意味を仕草や動作で表現する手遊びや全身遊びをともなうものは、ライムを言ったり歌ったりしながら遊ぶことが、言葉の音声的特徴と意味を同時に体得することにつながる。

❷ ライムの具体例と外国語授業での活用のアイディア

　ライムは、*Let's Try! 2* には "Eeny, Meeny, Miny, Moe" と "Rain, Rain, Go Away" がメロディの付いたうたとして使われている。また検定教科書には、早口ことばとして掲載されたり、"Humpty Dumpty" "London Bridge" "Pease Porridge Hot" などがうたとして掲載されたりしている。ここではライムを言う活動として、小学校段階にふさわしい具体例をあげるとともに、英語圏における楽しまれ方（【解説】）と、日本の小学校での活用のアイディア（【💡】）を示す。

・Handy Dandy, Riddledy Ro──あててごらん、どっちかな

Handy dandy, riddledy ro,	あててごらん、どっちかな
Which hand will you have, high or low?	高い方、低い方、どっちの手？

【解説】手に隠したものを、どちらの手に持っているかを当てさせるときに言うライムである。両手を後ろに組んで、小さなもの (消しゴム等) をどちらかの手の中に隠し、Which hand...? で両手を上下にして前に出す。

【💡】児童同士ペアで向かい合って立ち、ライムを言う。一人が消しゴムをどちらかの手に隠し、もう一人が消しゴムを隠している手を当てる。

・Ring-a-ring o'Roses──バラの輪を作ろう

Ring-a-ring o'roses,	バラの輪を作ろうよ
A pocket full of posies,	ポケットに花束さして
A-tishoo! A-tishoo!	ハクション！ ハクション！
We all fall down.	みんな　転ぶ

【解説】手をつないで輪になって回って遊ぶライムである。最後の "fall down" で一斉にしゃがんだり、転んだりする。

【💡】輪の態勢をつくるときに毎回このライムを使うようにすると、態勢づくりの合図として定着し、授業の流れがスムーズになる。

・Hickory, Dickory, Dock──ヒコリー、ディコリー、ドック

Hickory, dickory, dock,	ヒコリー、ディコリー、ドック
The mouse ran up the clock.	ネズミが大時計を駆けのぼった
The clock struck one,	大時計が 1 時を打った (ボーン！)
The mouse ran down,	ネズミは慌てて駆けおりた
Hickory, dickory, dock.	ヒコリー、ディコリー、ドック

【解説】ライムを繰り返し続けて言い、下線部を one, two, three... と変えて、1 番は 1 時、2 番は 2 時、3 番は 3 時... と続ける。

【💡】1 つの活動が終わり、後片づけや机を元の位置に戻したりするさいに、「3 時を打つまでに片づけよう」という合図として使うことができる。

・Humpty Dumpty──ハンプティ・ダンプティ

Humpty Dumpty sat on a wall,
Humpty Dumpty had a great fall.

All the king's horses, and all the king's men,
Couldn't put Humpty together again.
ハンプティ・ダンプティ　塀の上に座ってた
ハンプティ・ダンプティ　もろに落っこちた
王様の馬と家来が総力をあげても
もとに戻すことはできなかったとさ

【解説】『鏡の国のアリス』にも登場し、たまごの姿でよく知られているハンプティ・ダンプティは、もとは「一度こわれたら元には戻らないものは何？」というなぞなぞのライムである。答えはもちろん「たまご」。

【💡】インターネット上には、ライムの内容を表したイラストなどが多数あがっている。これらは児童の意味理解のヒントとして活用できる。

・**Thirty Days Hath September**──30 日は 9 月

Thirty days hath September,	30 日は 9 月、
April, June, and November;	4 月、6 月、11 月
All the rest have thirty-one,	ほかはみんな 31 日
Excepting February alone,	2 月だけは除いてね
And that has twenty-eight days clear	2 月はきっかり 28 日
And twenty-nine in each leap year.	うるう年は 29 日

【解説】月の日数を教えるライムである。日本の「西向く士（さむらい）」と同様に英語圏の人々はこのライムで月の日数を覚える。hath は have の三人称単数現在形の古い形である。

【💡】「30 日の月が、なぜ 4 月、6 月、9 月、11 月と順番に並ばずに 9 月が先に出ているのかなあ」と問いかけ、September と November の韻の効果に気付かせよう。

・**Two Little Dicky Birds**──2 羽のかわいい小鳥さん

Two little dicky birds,	2 羽のかわいい小鳥さん
Sitting on a wall;	塀の上にとまってる
One named Peter,	1 羽の名前はピーターで
The other named Paul.	もう一方はポールだよ
Fly away, Peter!	飛んでおいき　ピーター！
Fly away, Paul!	飛んでおいき　ポール！
Come back, Peter!	戻っておいで　ピーター！
Come back, Paul!	戻っておいで　ポール！

【解説】指遊びのライムである。右手の人差し指をピーター、左手の人差し指をポールに見立てて胸の前に出し、"fly away" で飛んで行くように指を動かして背中に隠し、"come back" で飛んで戻って来るように指を動かして胸の前に戻す。

【💡】低学年はライム本来の指遊びを楽しみ、中・高学年ではどこが韻を踏んでいるのかを考えさせるとよい（答え：wall / Paul）。

・Peter Piper Picked a Peck of Pickled Pepper
——ピーター・パイパー　酢漬けの唐辛子をつまんだ

Peter Piper picked a peck of pickled pepper;
A peck of pickled pepper Peter Piper picked;
If Peter Piper picked a peck of pickled pepper,
Where's the peck of pickled pepper Peter Piper picked?
ピーター・パイパーは1ペックの酢漬けの唐辛子をつまんだ
ピーター・パイパーがつまんだ1ペックの酢漬けの唐辛子
もしピーター・パイパーが1ペックの酢漬けの唐辛子をつまんだのなら
ピーター・パイパーがつまんだ1ペックの酢漬けの唐辛子はどこ？

【解説】英語圏でよく知られている早口ことばのライムである。日本でも発声練習に早口ことばが使われるように、このライムも英国王立演劇学校などで言葉を明瞭に発音する練習に古くから使われている。韻を重視するために意味がナンセンスになるところがライムのおもしろさなので、このライムも意味に悩むよりも音を楽しむとよい。peck は乾物を計る昔の単位で、1ペックは現在の9リットル程度である。

【💡】イラストやジェスチャーなどを使って、Peter Piper（男性の名前。Piper は「笛吹き」の意味）, pick（つまむ、取る）, a peck of pickled pepper（酢漬け唐辛子1ペック）の発音練習をする。次に指導者の後についてライムを言う。慣れてきたら、少しずつ速度を上げる。

2. う　た

　小学校の外国語学習は「楽しい！」と感じる要素があることが最も大切である。クラスメートと声を合わせてうたを歌うことを楽しいと感じる児童は多い。「楽しい」を第一歩として、「歌えるようになりたい」「歌詞の意

味がはっきり分かるようになりたい」といった学習意欲へとつなげたい。

❶ 外国語学習における役割

　英語のうたの中には、ABC のうた、挨拶のうた、月や曜日のうたなどに例をみるように、歌っているうちにアルファベットの順序、挨拶のフレーズ、月や曜日の名前（単語）を覚えられるという効果があるものもある。また、ライムと同様に、英語のうたは英語の音声的特徴や言語構造を土台としているので、英語特有の音、リズム、イントネーション、文構造などに触れることができる。

　しかしながら、英語圏のうたを聞くことや歌うことのより大きな意義は、児童がうたを通してストーリー性を持つまとまりのある英語に触れ、母語とは異なる音やリズムに身を投じ、また歌詞から感じられる異文化を楽しみ、外国語や異文化に共感する体験をすることにある。

　選曲においては、単元のテーマや言語材料に関連するうたを選ぶという方法もあるが、英語の難易度が児童の学習段階に合い、歌詞の内容が児童の発達段階や興味・関心に合うものを選びたい。

❷ うたの具体例

　英語圏のうたの中で、文科省作成教材で使用されているもの、また検定教科書（令和 2 年度版）に題名が掲載されているものの一覧を次表にあげる。

表 8.1　文科省作成教材使用曲、検定教科書掲載曲一覧（出版社独創曲は除く）

曲名（アルファベット順）	文科省作成教材名、教科書出版社
ABC Song	*Let's Try! 1, 2*, 開隆堂 5 年、学校図書 5 年、教育出版 5 年、啓林館 5 年、三省堂 5 年、光村図書 5 年
A Sailor Went to Sea	学校図書 5 年、光村図書 6 年
Do-Re-Mi	光村図書 6 年
Down by the Bay	学校図書 6 年
Eentsy Weentsy Spider	学校図書 5 年
Eeny, Meeny, Miny, Moe	*Let's Try! 2*（ライムに独自のメロディをつけたうた）
Everyone Is Special	光村図書 5 年
Goodbye Song	*Let's Try! 1*

Hello Song	*Let's Try! 1*，開隆堂 5 年
How Do You Do?	光村図書 6 年
Humpty Dumpty	光村図書 6 年
I Love the Mountains	学校図書 6 年、光村図書 5 年
I Think You're Wonderful	光村図書 6 年
If You're Happy	学校図書 6 年
It's a Small World	教育出版 5 年、光村図書 5 年
London Bridge	学校図書 6 年
Mary Had a Little Lamb	学校図書 6 年
Old MacDonald Had a Farm	学校図書 5 年
On Top of Spaghetti	光村図書 5 年
Once an Austrian Went Yodeling	学校図書 6 年
One Elephant Went out to Play	学校図書 5 年
One Little Finger	*Let's Try! 2*
One, Two, Three, Four, Five	学校図書 5 年
Over the Rainbow	光村図書 6 年
Pat a Cake	学校図書 5 年
Pease Porridge Hot	学校図書 5 年、光村図書 5 年
Rain, Rain, Go Away	*Let's Try! 2*，学校図書 5 年
Row, Row, Row Your Boat	学校図書 6 年
She'll Be Comin' Round the Mountain	学校図書 6 年
Sing	光村図書 6 年
Smile	教育出版 6 年
Sunday, Monday, Tuesday	*We Can! 1*，開隆堂 5 年、学校図書 5 年、啓林館 5 年
Take Me Home, Country Road	東京書籍 6 年
Take Me Out to the Ball Game	開隆堂 6 年（替歌）、光村図書 6 年
Ten Steps (Seven Steps)	*Let's Try! 1*，開隆堂 5 年（11–17 の替歌）
The Bear Went over the Mountain	学校図書 5 年
The Farmer in the Dell	学校図書 6 年
The Rainbow Song (Sing a Rainbow)	*Let's Try! 1*
This Is the Way	光村図書 5 年
This Little Pig Went to Market	学校図書 5 年
This Old Man	学校図書 6 年
Twelve Months (Month of the Year)	開隆堂 5 年、学校図書 5 年、啓林館 5 年
Twinkle, Twinkle, Little Star	開隆堂 6 年
We Are the World	東京書籍 6 年

（　）カッコ内は同曲の元歌名もしくは別名。

3. 絵 本

　小学校における外国語学習では、各単元で学習する語彙や表現を使った短い会話のやり取りが中心になるため、まとまりのある英語を聞く機会が少ない。「聞くこと」は外国語学習の基礎・基本である。絵本の読み聞かせを通して、ある程度まとまりのある英語に触れさせたい。

　絵本には、読み聞かせ、精読、多読などさまざまな活用法があるが、公立小学校の現状では、精読のために児童1人につき1冊ずつ市販絵本を準備したり、多読のために大量の市販絵本を買いそろえたりすることは難しいと考えられる。ここでは読み聞かせとその発展活動を中心に紹介する。

　なお、指導者が英語を読むことに不安がある場合は、絵本に付属するCDを活用したり、ALTに頼むとよい。

❶　外国語学習における役割

・ある程度まとまりのある英語を聞く機会となり、英語特有の音、リズム、イントネーション、英語の文構造に触れることができる。
・未習の語彙や表現の意味を推測・類推する力や概要を把握する力を育む。
・異文化や異なる価値観・世界観に触れ、異文化への興味・関心が高まる。
・音と文字とのつながりに興味・関心が高まる。また文字を意識しながら指導者の後について何度も繰り返しているうちに音読する力が育つ。
・絵本にはメッセージ性の高いものも多く、心の成長を助ける。

❷　指導内容と指導方法

●（低・）中学年
・読み聞かせを聞く。
・部分読みをする（ストーリーのパターン部分などを、一連の音のかたまりとして指導者の後について言う）。
・絵本の内容について、既習表現を用いてごく簡単なQ&Aなどのやり取りをする。
・発展活動として、絵本を通して慣れ親しんだごく簡単な文を用い、語彙を入れ替えてオリジナル絵本を作り、発表する。また寸劇、ペープサー

ト劇、英語劇、オペレッタを演ずる。

●高学年

・読み聞かせを聞く。

・指導者の後について読む。

・なぞり読みをする。

・絵本の内容やメッセージについて、既習表現を用いて簡単なQ&Aや簡単な感想・意見などのやり取りをする。

・発展活動として、絵本を通して慣れ親しんだ簡単な文を書き写したり、語彙を入れ替えたりしてオリジナルの絵本やストーリーを作り、発表する。また寸劇、ペープサート劇、英語劇、オペレッタを演ずる。

❸ 絵本選択のポイント

・題材や内容が児童の発達段階や興味・関心に合い、主たる語彙や表現が児童の学習段階に合うもの。

・1ページあたりの語数が多すぎず、絵が意味理解のヒントになるもの。

・読み聞かせの初期段階では、同じ表現がリズミカルに繰り返し使われるパターン・ブック（pattern books）が望ましい。繰り返し聞くうちに、パターン部分のフレーズや文を音のかたまりとして暗唱しやすい。

❹ 絵本の例

　英語圏の市販絵本の中から、日本の児童に向くと考えられるものを紹介する。なお、便宜上、（低・）中学年・高学年別にあげるが、児童の学習段階や興味・関心、単元の話題などに合わせて柔軟に選択してほしい。

●（低・）中学年

・**_Dear Zoo_** (by Rod Campbell, Macmillan) 16頁*／115語

　動物園に「ペットを送って」と手紙を書いたら、象やキリンなど予想外の動物が届くという話である。They send me an elephant**. He was too big. I sent him back. という文が繰り返されるパターン・ブックなので、児童は容易に指導者について読んだり、暗唱したりすることができる。big, tall, scary などの形容詞は、ジェスチャーで意味を表現するとよい。

　*頁数は、原則として総頁ではなくストーリーの書かれた頁の数を示す。以下同様。

**下線は、文は同じで下線部の単語のみ替わることを意味する。以下同様。

・*Five Little Monkeys Jumping on the Bed*

(by Eileen Christelow, HMH Books) 30 頁／200 語

ライムには絵本になっているものも多いが、これもライム絵本の一つである。Five little monkeys jumping on the bed. One fell off and bumped his head …. という文がリズミカルに繰り返される。ライムを紹介するさいに絵本を使うと、絵を通して児童は意味を理解しやすい。絵本を通してライムを覚えたら、意味を動作で表現して楽しむとよい [☞2章5節3]。

・*Peanut Butter and Jelly*

(by Nadine B. Westcott, Puffin Books) 22 頁／156 語

アメリカでは一般的な食べ物であるピーナツバターとジャムを挟んだだけのサンドイッチの作り方が愉快な絵で描かれ、リズミカルな英語で紹介されている。何度も繰り返し出てくる Peanut butter, peanut butter, jelly, jelly. の表現を児童はすぐにそらんじ、日本語と英語の音の違いに気付く。bake, slice, mash などの動詞は動作をつけて意味理解を促すとよい。

・*The Happy Day* (by Ruth Krauss, HarperCollins) 28 頁／128 語

登場するのは field mice, bears, snails, squirrels, ground hogs (マーモットの一種)、動詞は sniff と run を中心に sleep, open, stop, laugh, dance, cry のみである。これらの動物と動詞を使った表現が何度も繰り返され、意味の類推がしやすい。春を待つ動物の鼓動が聞こえるような作品である。ストーリーを味わい、児童に感想を尋ねたい (邦訳版: 木島始訳『はなをくんくん』福音館書店)。

・*The Very Hungry Caterpillar*

(by Eric Carle, Puffin Books ほか) 22 頁／224 語

邦訳『はらぺこあおむし』でストーリーを知っている児童も多いため、英語で聞くことに興味がわく。曜日と食べ物、青虫から蝶への成長過程が題材である。月曜日から金曜日までのページには、On Monday he ate through one apple, but he was still hungry. という同じパターンが繰り返されるので覚えやすい。ペープサート劇や英語劇へと発展したり、絵本の付属 CD の中にはストーリーをうたにしたものが入っているものもあるので、オペレッタへと発展することもできる。

●高学年

・**Yo! Yes?** (by Christopher Raschka, Scholastic) 29 頁／34 語

　肌の色も性格もまったく違うように見える 2 人の男の子が出会い、短い言葉を交わし、友だちになる話である。各ページ 1〜2 語、全体でわずか 34 語の会話の中に、2 人の心の動きが表されている。読み聞かせ後、登場人物 2 人の性格や気持ちや心の動きを考えて、指導者対児童、さらに児童同士のペアで、役になりきってストーリーを演じるとよい。

・**The Earth and I** (by Frank Asch, Harcourt) 28 頁／84 語

　わずか 84 語で語られるストーリーだが、地球と人間の関係や環境問題が分かりやすい文と絵で描かれている。大地に野菜を植えることは I help her to grow. であり、育った野菜を食することは She helps me to grow. である。環境汚染は When she is sad, I'm sad. と表現されている。地球に生きる私たちへのメッセージが込められた絵本である。読み聞かせの後に、最も印象に残ったページを児童に尋ね、気付きを共有したい。

・**Pete the Cat: Too Cool for School**

(by Kimberly and James Dean, HarperCollins) 29 頁／215 語

　アメリカで近年人気の Pete the Cat（猫のピート）シリーズの 1 冊である。かっこよくなりたいと思ったピートは、人のすすめるものを身に着けてみるが、どうもしっくりこない。自分のお気に入りのものが自分に最も似合うことに気付き、かっこいいとは自分らしくあることだと知るという内容である。"Wear your yellow shirt," his mom says. "It is my favorite." So Pete does. という文が繰り返されるパターン・ブックである。

・**My Cat Likes to Hide in Boxes**

(by Eve Sutton, Puffin Books) 31 頁／316 語

　フランスの猫はダンスが好き（France / dance）、ノルウェーの猫は玄関口が好き（Norway / doorway）というように、6 つの国と 1 つの州の猫を、国名・州名と脚韻をふむ単語とともに紹介することば遊びの絵本である。韻を重視する英語の言語文化に触れることができる。読み聞かせのさい、韻を強調して読み、児童に気付きを促したい。発展活動として、グループで、世界の国名と脚韻をふむ既習単語を考えてもよい（例：China / banana）。

・**The Gift of Nothing**

（by Patrick McDonnell, Little, Brown and Co.）47 頁／273 語

猫のムーチが親友の犬のアールにプレゼントをあげたいと頭をひねり、"nothing" という最高の贈り物を思いつくという内容である。「何でもあるは何にもないに等しく、何にもないは何でもあるに等しい」という哲学的なメッセージが伝わる絵本である。aisle（通路），plenty of（たくさんの）などの未習語句については、指導者が絵本のイラスト（通路）を指さして意味理解を促したり、a lot of や many などの易しい語彙で言い換え、高学年の心に届けたい一冊である（邦訳版: 谷川俊太郎訳『おくりものはナンニモナイ』あすなろ書房）。

・**The Shoemaker and the Elves**

（Retold by Sue Arengo, Oxford U.P.）18 頁／521 語

グリム収集の民話の 1 つで、善良な靴屋の老夫婦をエルフ（elf, 小妖精）が助ける話である。日本にはないエルフの存在や、絵本に描かれる衣服や部屋などから異文化を感じることができるが、一方で、エルフは人間に姿を見られると去らなければならないという結末が日本の民話「つるの恩返し」とも似ており、民話を通して文化の個別性と普遍性に気付くことができる。ペープサート劇、英語劇、うたを加えてオペレッタへと発展できる。

4.　児童用物語

　英語圏の中・高学年は、絵本は卒業して児童文学を読む年齢である。しかしながら、英語を母語とする中・高学年が読む児童文学は、日本の児童には未習の語彙や表現が多すぎるため理解が困難である。また総語数が多い作品は挑戦させにくい。日本の児童には、英語学習経験時間数を踏まえ、既習語彙や表現が主として使われている作品で、ほどよい長さのものを選択する必要がある。とは言え、原作を読む喜びや母語以外の言語でも読めるという体験はさせたい。例えば、日本の国語や道徳などの検定教科書に掲載された作品や、小学校の図書館に邦訳版がある作品など、母語で内容を理解している作品であれば、英語であっても理解しやすい。

　ここでは、小学校外国語検定教科書（令和 2 年度版）に物語として掲載

されている作品を紹介し、その作品の他教科などとの関連を示す。

また、国語検定教科書に掲載され、内容が知られている物語 (絵本) の中から、未習語彙が多く難易度がやや高い物語 (絵本) の導入例を紹介する。

❶　外国語検定教科書に掲載された物語

物語は、「読む活動」というよりも「聞くこと」を中心とする位置づけで扱われている。物語の題名を見ると、先述の通り、国語や道徳の教科書に掲載された作品や、小学校の図書館に邦訳版がある作品など、母語で内容を知っている作品が多く選ばれている。どれも主に既習の表現・語彙を使用して、ごく短く書き替えられたり、コマ割り漫画風にリライトされている。文字は、一部のみ掲載するという扱いである。

表 8.2　外国語検定教科書　掲載作品一覧

物語の題名　[邦訳版および他教科との関連]	出版社
十二支の物語 [十二支の物語の英語版]	開隆堂 5 年
A Good Idea! [奈街三郎『はしのうえのおおかみ』。小 1 道徳教科書掲載 (あかつき、Gakken、教育出版、日本文教、光村図書)]	教育出版 5 年
Who's Behind Me? [ふくだとしお＋あきこ『うしろにいるのだあれ』]	啓林館 5 年
The North Wind and the Sun [イソップ寓話「北風と太陽」]	三省堂 5 年
Twelve Months [スロバキア民話『12 のつきのおくりもの』]	三省堂 5 年
The Happy Prince [Oscar Wilde『幸福の王子』]	三省堂 5 年
A Bundle of Sticks [イソップ寓話「三本の棒／小枝の束」]	東京書籍 5 年
The Gingerbread Man [欧米で広く知られる物語。初出は 19 世紀後半の米国雑誌]	光村図書 5 年
The Big Turnip / The Very Big Turnip [ロシア民話『おおきなかぶ』。小 1 国語教科書掲載 (学校図書、教育出版、東京書籍、光村図書)]	開隆堂 6 年 啓林館 6 年
A Great Idea! [小野瀬稔「およげないりすさん」。小 2 道徳教科書掲載 (あかつき、Gakken、教育出版、日本文教、光村図書)]	教育出版 6 年

The Letter [Arnold Lobel「お手紙」。国語教科書掲載（学校図書2年、教育出版1年、東京書籍2年、光村図書2年）]	教育出版6年
Gulliver's Travels [Jonathan Swift『ガリバー旅行記』]	三省堂6年
The Blue Bird [Maurice Maeterlinck『青い鳥』]	三省堂6年
Mary Had a Little Lamb [童謡「メリーさんの羊」]	三省堂6年
Butterfly Friends [ドイツ昔話]	東京書籍6年
The Rolling Rice Ball [日本民話『おむすびころりん』。小1国語教科書掲載（光村図書）]	光村図書6年
Kurikindi [エクアドル民話。辻信一『ハチドリのひとしずく』]	光村図書6年

❷ 指導のポイント

・物語を聞くときは、どんなストーリーか推測することを楽しむこと、概要を把握することが大切であることを、事前に児童に伝える。

・難易度の高い語彙や表現は、必要に応じて絵や写真などの視覚教材やジェスチャーなどを活用するとともに、易しい語彙や表現に言い換えて読み、児童の理解を助ける。

・読み聞かせの後は、ストーリーの内容や感想を児童に尋ね、児童の発言を全員で共有する。内容については、必要に応じて部分的に再度読み、児童全員の理解を促す。感想については、一人ひとりの感じ方や考え方の違いを尊重し、理解し合う。

・国語教科書の中でみられる、固有名詞などをカタカナで表記した語彙については、カタカナと英語の音の違いを意識して聞くように、また英語の音を意識して指導者について読むように促す。

・ストーリーの中のごく一部や会話表現の部分などを、登場人物の心情を考えながらペアやグループで音読（声に出して表現）する。

❸ 指導の具体例――**Swimmy** (by Leo Lionni) 28頁／297語

Swimmy は、1977年より低学年用の国語検定教科書（光村図書）に継続的に掲載され、他社も含め複数の教科書が掲載している。令和2年度版は

4社（学校図書、教育出版、東京書籍、光村図書）に掲載されており、多くの児童に知られている物語である。

　スイミーという名の小さな黒い魚は、兄弟みんなが大きな魚に飲み込まれ、たったひとり大海原に生き残る。しかし海にはすばらしい生物やおもしろいものがたくさんあり、スイミーの恐怖や悲しみや孤独感は泳ぎ続けるうちに癒されていく。ある日、兄弟たちとそっくりな小さな魚の群れに出会い、大きな魚に食べられることを恐れるその魚たちに、みんなで群れになって大きな一匹の魚の形になって泳ぐという知恵を教え、勇気と協働で大きな魚を追い払うというストーリーである。

　ストーリーを知る児童が多いとはいえ、海洋生物の名前やそれらの生態を描く表現などに未習語彙が多く、またパターン・ブックではないため難易度はやや高い。まずは「聞く活動」として、日本語と英語の言葉の響きの違いを味わいながら、海洋生物の生態のおもしろさや、スイミーの気持ちや心の変化を感じ取らせよう。さらに、声色やジェスチャーなどを使ってストーリーを表現しながら「読む」楽しさを味わう段階へと進めたい。

　ここでは、Dragonfly Books 社版を使い、1回15分程度の帯活動5回で実施する指導計画例を示す。また、さらなる発展活動を示す。

表8.3　指導計画例

時	目標と主たる学習活動
1 （15分）	読み聞かせを聞いて、日本語で内容を知っている物語を英語で聞いた感想や気づいたこと、聞き取れた語彙や表現などを共有する。 ・読み聞かせを聞く。 ・英語で聞いて感じたことや気づいたこと、日本語と英語の違いとして気づいたことを話し合う。 ・聞き取れた語彙・表現を言い、意味をクラス全体で確認・共有する。
2 （15分）	（物語を181頁の表8.4の4場面に分けて）第1場面の読み聞かせを聞き、スイミー兄弟やマグロの特徴やスイミーの気持ちがどのような語彙（形容詞）で表現されているかを聞き取り、意味を考える。語彙を指導者の後について言う。第1場面を指導者の後について読んで（言って）みる。 ① 第1場面の読み聞かせを聞く。 ② 次に見開きのページごとに、再度聞き、指導者は児童が聞き取った語彙を英語と日本語で板書する。 ③ 板書された英語の語彙を指導者の後について言う。 ④ 第1場面を指導者の後についてなぞり読みする＊。（＊指導者はなぞり読みをし、児童は後について言う）

	⑤ 語彙の意味を声色やジェスチャーで表現しながら、またスイミーの心の変化を表現するつもりで、指導者の後について読む (言う)。
3 (15分)	第2場面の読み聞かせを聞き、海洋生物の特徴がどのような語彙で表現されているかを聞き取り、意味を考える。スイミーの気持ちの変化を考える。語彙を指導者の後について言う。第2場面を指導者の後について読んで (言って) みる。 ①〜④ 第2場面を、第2時の①〜④と同様に行う。 ⑤ 語彙の意味を声色やジェスチャーで表現しながら、海洋生物の特徴を表現するつもりで、指導者の後について読む (言う)。
4 (15分)	第3場面の読み聞かせを聞き、兄弟に似た小さな魚に出会ってからのスイミーの気持ちと行動の変化を考える。語彙を指導者の後について言う。第3場面を指導者の後について読んで (言って) みる。 ①〜④ 第3場面を、第2時の①〜④と同様に行う。 ⑤ 語彙の意味を声色やジェスチャーで表現しながら、スイミーの気持ちと行動の変化を表現するつもりで、指導者の後について読む (言う)。
5 (15分)	第4場面の読み聞かせを聞き、小さな魚たちが生き残るためにスイミーが考えた案とスイミーの行動がどのようなセリフ (英語表現) で表現されているかを聞き取り、意味を考える。セリフを指導者の後について言う。第4場面を指導者の後について読んで (言って) みる。 ①〜④ 第4場面を、第2時の①〜④と同様に行う。 ⑤ スイミーの知恵と勇気を表現するつもりで、指導者の後について読む (言う)。

【「読むこと」のさらなる発展活動】

① クラスを6つのグループに分け、絵本の担当頁を決める (例：1〜2、3〜6、7〜10、11〜18、19〜20、21〜28頁)。指導者やALTの指導のもと、各グループは助け合いながら担当部分を読む練習をする

② 十分に読みの練習ができたら、グループごとに前に出て、担当の部分を読むことで、クラス全員でスイミーの全物語を読む

③ 自信をもって読めるようになったら、国語教科書で「スイミー」を学習している下級生に読み聞かせを行うとよい。

表8.4 Swimmy の場面と語彙のリスト

場面	本文頁	本文中の形容詞 *は副詞 下線は未習語 [意味]	その他の未習語
1	1-2	happy, little, fast (er)	school [群れ] mussel shell [からす貝]
	3-4	bad, <u>swift</u> [すばやい]、 <u>fierce</u> [獰猛な] hungry	tuna fish [まぐろ] dart [突進する] in one gulp [ひと飲み] swallow [飲み込む]
	5-6	deep, <u>wet</u> [濡れた]、 scared, lonely, sad	

2	7-8	happy	creature [生き物] marvel [驚くこと] medusa [くらげ]
	9-10		lobster [伊勢エビ]
	11-12	strange [未知の、奇妙な] invisible [見えない]	thread [糸]
	13-14		seaweed [海藻]
	15-16	far	eel [うなぎ]
	17-18		sea anemone [イソギンチャク] palm tree [ヤシの木] sway [揺れ動く]
3	19-20	dark, big	shade [かげ] lie [そのままでいる]
4	21-22	big (gest) suddenly* [突然]	thought (think の過去形)
	23-24	close* [くっつきあって]	taught (teach の過去形)
	25-26	giant, very*	
	27-28	cool, midday [真昼の], big	chase 〜 away [〜を追い払う]

(衣笠知子)

学 習 課 題

1. 外国語学習におけるライムと絵本の役割を、言語習得および異文化理解の視点でまとめよう。
2. 本節にあげられているライムやうたの中から各グループでいずれか1つを選んで練習をして発表し合い、それぞれの発表のよかった点と改善点を話し合おう。

📖 参考図書

レイモンド・ブリッグス (百々佑利子訳) (2001)『マザーグースのたからもの』ラボ教育センター.

Beall, P. C. & Nipp, S. H. (2005) *Wee Sing Children's Songs and Fingerplays*, Price Stern Sloan.

国際理解と国際交流

今日、日本においても多国籍化、多文化化、多言語化が加速し、グローバルかつローカルな視点から、異言語や異文化を持つ人々との「共存・共栄」を目指す教育のあり方が問われている。このような現状のもと、本節では国際理解の重要性、外国語における国際理解教育の役割、意義および内容と題材について考えるとともに、国際交流の意義や目的、活動の進め方について考える。

1. 国際理解の重要性

近年、世界における国際交流の飛躍的な拡大とともに、エネルギー、資源、食糧などに関する諸国間の相互依存関係の進展、多国籍企業の増加による経済のグローバル化、また、貿易摩擦、移民問題、地球温暖化など地球的課題の顕在化がみられる。日本においても多国籍化、多文化化、多言語化が加速しており、その結果、「内なる国際化」はこれまで以上に進展している。次頁の表9.1は外国人の日本への入国者数および日本人の外国への出国者数の近年の推移を10年ごとに示している。新型コロナウイルス感染が拡大し始めた2020年以前は、外国人入国者数、日本人出国者数ともに増加傾向にあったが、それ以降は急減し、2022年の統計では外国人入国者は4,198,046人、日本人出国者は2,771,632人であった。しかし、新型コロナウイルス感染が収束すると双方とも再び増加傾向を辿ると予測される。

表9.1　外国人入国者数・日本人出国者数の推移

	1987	1997	2007	2017
外国人入国者数	2,161,275	4,669,514	9,152,186	27,428,782
日本人出国者数	6,829,338	16,802,750	17,294,935	17,889,292

（法務省（2022）「令和4年における外国人入国者数及び日本人出国者数等について」より作成）

　表9.2は日本国内に在留する外国人数の推移を示している。在留外国人数も2020年までは増加傾向にあったが、2020年以降は激減し、2021年の統計では2,760,635人であった。しかし、新型コロナウイルス感染が収束すると再び増加傾向を辿ると予測される。

表9.2　在留外国人数の推移

1987	1997	2007	2017
884,025	1,409,831	2,069,065	2,561,848

（法務省（2021）「令和3年度末現在における在留外国人数について」より作成）

　今後、わが国が少子高齢化のあおりを受け、人口減少が一段と進むと予想される中、日本政府は2018年12月、深刻な人材不足を理由に外国人労働者の受け入れ拡大に向けて出入国管理法を改定し、制度導入から5年後までに、建設、外食、介護、農業、宿泊などを含む14業種において外国籍を持つ34万5150人を受け入れる構想を公表した。
　表9.3は公立学校に在籍している外国籍の児童生徒数を示したものだが、これも年々増加している。ただし、農業、漁業、工業等の産業の立地などの関係により、外国籍を持つ人々が集住する地区には差がみられる。

表9.3　公立学校に在籍している外国籍の児童生徒数

2017	2018	2019	2020	2021
86,015	93,133	101,402	108,815	114,853

（文部科学省（2021）「学校基本調査：公立学校に在籍している外国籍の児童生徒数」より作成）

　前掲の表9.1～9.3を見ると、今後、わが国においても異なる言語や文化を持つ人々といかに協調し、共存・共栄可能な地域社会や学校文化を構成していくかが、さらに問われることになる。言い換えれば、これらの人々

の存在を抜きに日本の将来像について語ることは困難であり、日本の真の国際化はこの「内なる国際化」をいかに追究していくかに依拠すると言っても過言ではない。

つまり、国内においても、個人間あるいは文化間の違いを超え、相互に理解、尊重し合い、いかに豊かで多様な文化を創造し、多言語・多文化共生社会を実現するかが重要な課題となり、このことが国際理解を推進する上できわめて重要となる。ここで大切なことは、自己や自文化と他者や他文化を比較、考察することで共通点や相違点を見出しながら、相違点については否定的にとらえるのではなく、ありのままに理解、尊重し、異なる文化的背景を持った人々と協調、協力して生きていく態度を児童にしっかりと身に付けさせることである。

国際理解と言うと、ややもすると「違い」ばかりが強調される傾向があるが、違いを強調しすぎると偏見やステレオタイプ化した考えを醸成していく可能性が払拭できない。地球上のいかなる文化に生きる人間にもみられる共通点に気付かせ、それをもとに「関係性（つながり）」について考えさせることが重要である。

（注）一般には、「国際理解（international understanding）」は複数の国家が相互に交流し理解を深めること、「異文化理解（cross-cultural understanding）」は自分と異なる文化を持つ人々や社会を理解し相互理解を深めることととらえられている。しかし、日本の英語教育においては、この2つの言葉はほぼ同義で使用される場合が多い。

2. 外国語における国際理解教育

ここでは、外国語における国際理解の役割、意義および内容と題材について考える。

❶ 国際理解の役割、意義

国際理解教育に関わる指導は、教科および学校教育のすべての教育活動を通じて行われなければならないが、諸外国との人的交流が加速化する今日、とりわけ外国語教育における国際理解の果たす役割は大きい。ここでは外国語教育における国際理解の役割、意義について、次の3点について

考えてみたい。

1) 異文化間コミュニケーションに必要なルールの学習

外国語の適切な運用には、常に文化的・社会的コンテクストがともない、逆に、これらの知識が欠けていると誤解や摩擦を生むことがある。例えば、一般に、日本では相手の目を見て話さない場合が多いが、欧米圏では目を合わせない人は不誠実といった印象を与えがちである。また、挨拶時の身体的振る舞いは、お辞儀、握手、抱擁、キスなど国によってさまざまである。つまり、コミュニケーションはその言語が話されている文化的・社会的コンテクストに依存し成立するため、異文化に属する人々との効果的で良好なコミュニケーションを考える上で、話し手が相手に関する文化的・社会的な背景知識をどの程度持ち合わせているか、またそうした知識を異文化のコンテクストの中でいかに運用できるかがポイントとなる。

もう一つ例をあげると、日本のように謙遜を重んじる文化では、相手に贈り物をする場合、「これはつまらないものですが」と言って渡すが、欧米人にこの表現を直訳して伝えたとしたら、怪訝な顔をするに違いない。また、その後、贈り主と会ったときには、日本人は「この間はどうも...」と挨拶をするが、欧米圏では通常このような挨拶をすることはない。したがって、もし贈り主である日本人が欧米文化に精通していなければ、「何と恩知らず」といったネガティブな感情を抱く可能性がある (直塚 1980)。このような異文化間コミュニケーションに必要なルールは知識として備えておくべきであるが、EFL (English as a foreign language) 環境下では、このようなルールは指導者が意識的に教えることなしに自然に身に付けることは困難と言える (塩澤 2010)。

2) 自文化への気付きや理解の深化

一般に自文化理解は、以下に示す授業例のように、異文化理解との螺旋的な対話の過程で深化すると言われている。つまり、自文化を異文化と比較することで、異文化の視点から自文化を対象化し、その結果、自文化の準拠枠を検討、修正する過程でさらなる自文化理解につながるのである。

筆者が参観した「世界の行事」を扱った 6 年生の授業で、ALT (アメリカ人) は、自国での季節の行事やクリスマスの過ごし方を紹介していた。その後の振り返りの時間には、児童から「同じクリスマスでも日本とアメリ

カでは過ごし方がずいぶん違う」「日本ではクリスマスの意味も分からずに楽しんでいる人が多い」「アメリカと比べると、日本には季節ごとの行事がたくさんある」といった声が聞かれた。まさに、異文化を通して自文化を見直すことで、自文化に対する気付きが促され、その結果、自文化の準拠枠が広がった例と言える。

3) 国内外の課題に関心を持ち、能動的に関わろうとする態度の育成

現在の中・高等学校の外国語検定済教科書を見ると、平和、人権、環境、福祉などグローバルな課題に関する題材が実に豊富である。外国語の授業では、このような題材を通じて、グローバルな課題について児童に考えさせるとともに、子どもたちが日々抱えているいじめ問題や、地域、学校、学級内の環境や美化などに関するローカルな課題についても気付かせたり、課題解決に向けて主体的に考え、発信させたりしていくことが期待されている。

義務教育段階の英語教育においては、国内外の課題解決のための直接的な行動に結びつくことが多くはないとしても、少なくともこれらの課題に対して興味・関心を持ち、能動的に関わろうとする態度を育成したい。そういった意味で、小学校段階では、児童が将来国内外の課題解決に能動的に関わろうとする態度の「素地」を育成することを心がけたい。

❷ 国際理解教育の内容と題材

学習指導要領・外国語では、目標となる柱の一つとして、小・中学校ともに「外国語の背景にある文化に対する理解を深める」とあり、このことは、言語を学ぶことで、「その言語を創造し継承してきた文化や、その言語を母語とする人々の考え方を学ぶこと」と説明されている（『小学校学習指導要領解説　外国語活動・外国語編』(文科省　2017d)）。また、「教材選定の観点」に国際理解に関連する内容として以下のことが示されており、中学校でもほぼ同一の内容となっている。

〈小学校：外国語〉
　英語を使用している人々を中心とする世界の人々や日本人の日常生活、風俗習慣、物語、地理、歴史、伝統文化、自然などに関するもの

の中から、児童の発達の段階や興味・関心に即して適切な題材を変化
をもたせて取り上げるものとし、次の観点に配慮すること。
（ア）　多様な考え方に対する理解を深めさせ、公正な判断力を養い豊
　　かな心情を育てることに役立つこと。
（イ）　我が国の文化や、英語の背景にある文化に対する関心を高め、
　　理解を深めようとする態度を養うことに役立つこと。
（ウ）　広い視野から国際理解を深め、国際社会と向き合うことが求め
　　られている我が国の一員としての自覚を高めるとともに、国際協調
　　の精神を養うことに役立つこと。

　　ここでは、題材に英語圏の文化をはじめ、諸外国の幅広い文化、それに
日本文化を取り上げ、文化の多様性に気付かせながら異文化に柔軟に対応
するための思考力や行動力、公正な判断力や、相手を共感的に理解しよう
とする豊かな心情を育んでいくことが期待されている。加えて、外国文化
と日本文化を比較し、両者の共通点や相違点に気付かせながら、外国や日
本文化への関心や理解をよりいっそう高め、相互の文化を尊重しようとす
る態度の育成を図ることが求められる。
　　また、上記（ア）や（イ）で述べられていることは、おのずと（ウ）につな
がっていく（太郎良 2008）。例えば、小学校では、食べ物、スポーツなど
に関する題材や活動を通して、日本は諸外国とつながっていること（相互
依存関係）を正しく認識させたり、世界の中の日本人としての自覚を高め
たり、平和で民主的な世界を構築するために諸外国と主体的に交流を図り、
協調、協力の精神を養うことの必要性を認識させたりすることが求められる。
　　文科省作成教材や検定教科書では、世界の「挨拶」「言語」「日常生活」
「学校生活」「祭り・行事」「食べ物」「スポーツ」「子どもたちの将来の夢」
など、もっぱら、児童の興味・関心に応じた題材が多い。また、「世界で活
躍する日本人」や「日本文化（遊び、食文化、落語・歌舞伎・相撲などの
伝統文化）の紹介」なども取り上げられている。一方で、中・高等学校で
扱われている「平和」「人権」「環境」「福祉」など*、国内外の社会的な課
題を直接扱う題材はほとんどみられないが、上記、文科省作成教材や検定
教科書で示した題材を通して、児童は外国や外国文化に興味・関心を持つ

ようになり、世界観の広がりとともに、世界情勢や諸外国が抱えているさまざまな課題についての関心が高まっていくと考えられる。

*「平和」に関する題材には、広島の原爆、難民、地雷、PKO をはじめとする国連の諸活動など、「人権」に関する題材には、アイヌ民族、キング牧師、人種問題、男女同権など、「環境」に関する題材には地球温暖化、酸性雨、ゴミ問題、絶滅危惧動物など、「福祉」に関する題材には、ボランティア活動、介助犬、手話、高齢化社会などが取り上げられている。

さて、上述した学習指導要領における国際理解に関連する内容をもとに外国語教育で扱う内容をまとめると、次のようになる。

1) 言語や非言語などコミュニケーションに関わること
2) 日本や外国の日常生活（衣食住など）、学校生活、風俗習慣、行事、地域社会、伝統文化などに関わること
3) 日本や外国の多様な価値観、思考様式、行動パターンなどに関わること
4) 日本や外国の地理、歴史、自然に関わること
5) 人権、平和、環境などの日本や外国の現状や課題に関わること
6) 日本や外国の文学（物語）、美術、音楽、科学技術、建造物などの偉業に関わること

ただし、小学校では、上記 1) と 2) を中心に、適宜、3)〜6) の中で児童が興味・関心をもって取り組めるような内容を扱い、中学校以降は 1)〜6) を総合的に扱うとよいだろう。

3. 国際交流

❶ 国際交流の意義、目的

児童は教室という空間で担任、専科教員、ALT などを通して英語に触れ、学んでいる。しかしながら、日本のような EFL 環境下では、教室をいったん離れると実際に英語を活用して何かを行う機会はほとんどない。そこで、教室では ALT との活動に加え、留学生や地域在住の外国の人々から異文化に関する話を聞いたり、外国語を使ったりして交流する場を積極的に設定することが望まれる。そして、そこでは異文化を楽しませ、児童に「みんな違っているけど、理解し合えた！」という感覚を味わわせ、異言語間コ

ミュニケーションへの興味・関心や外国語（英語）学習への意欲、動機づけの向上に加え、言語技能やコミュニケーション能力の向上にも努めていきたい。

そもそも国際理解は、体験的な活動を通して促進されるべきである。つまり、外国語の授業では、異文化についての単なる概念的な知識の伝授を超えた直接交流の機会を持つことが肝要である。そこでは、児童が活動を通して体感する喜びや驚きといった感覚的な認識をともなう、言い換えれば、児童の心に響く学習として具現化されなければならない。英語を使って世界の人々とつながる喜びやもどかしさ、言葉や文化を超えた人間同士の「絆」の尊さについても感得させる機会としたい。

❷　国際交流活動の進め方

国際交流活動を実施するにあたっては、単にイベント的な行事や一過性の活動に終わることなく、教育的視点に十分配慮しながら児童の心に響く活動を計画、実施することが重要である。まずは交流の目的や学習内容を明確にした上で、授業の目標、手順、教材、評価計画などを含む授業計画をしっかりと想定する［☞本節 4. 実践事例 2］。そして、交流後には「振り返り」の機会を設け、言葉や文化についての気付きや思いを分かち合い、自己や他者、自文化や他文化についての理解を深めていく必要がある。なお、小学校における国際交流活動には、以下の 1）〜 4）のような方法や機会が考えられる。

1）　自国の言葉や文化を紹介してくれる方を授業に招く。
2）　地域の外国人を招いて国際交流会を開催する。
3）　海外の小学校（姉妹校など）との交流を行う（手紙や作品の交換、E-mail やオンライン会議システムを利用した交流）。
4）　観光地や空港などで外国人観光客にインタビューする。

また、国際交流活動では、英語圏のみならず、中国、韓国、台湾など近隣諸国の方々や児童とも、英語を使ってそれぞれの考え、思い、気持ちなどを分かち合わせることが大切である。多様な文化に触れることで、より異文化理解が促進されるとともに、将来、日本との関係がさらに深まるであろう近隣諸国と良好な関係を築くための基盤づくりとなるだろう。

さらに、教室に外国籍の児童がいる場合は、その児童の持つ言語や文化を異文化理解の「生きた教材」としてとらえ、当該児童の言語や文化を活用して、クラスで代表的な民族料理を作ったり、工芸品を作ったりするなど直接体験できる場を設定するとよい。このことは、クラスの多数派の児童にとっては身近に存在する異言語や異文化について認識する機会となり、当該児童にとっては出自国や出自国文化に対する前向きな見方や姿勢が促進され、自己肯定感を高めることにもつながるだろう。

4.　実践事例

　以下に、国際理解を深める授業と国際交流の実践例を紹介する。

事例1：国際理解を深める授業

1.　単元名：What time do you get up? (一日の生活)

　本実践は、栃木県の公立小学校で、小学校5年生を対象として行われた須藤美恵子教諭による実践である。文科省作成教材 *We Can! 1*, Unit 4, What time do you get up? をもとに、一日の生活と時間に関する外国語学習と国際理解教育を統合した授業である。本授業の目標、言語材料、活動の実際は以下の通りである。

2.　本時の目標とねらい：「世界の子どもたちの生活を知り、時間と生活を考えよう」

　本時は、全8時間授業の3時間目である。第1時には、担任やALTの先生の母国での生活について聞くことを通して、一日の生活に関する英語表現に出会わせる。第2時には、学校のそばで働く人々の生活を聞いて理解を促した。本時では、世界の子どもたちの生活をテーマに、一日の生活と時間に関する英語表現について、児童とのやり取りや協同学習を通して、学びを深めることをねらいとしている。国際理解の観点からは、世界の子どもたちの生活について、推測したり比較したりする活動を通して、児童が日本で当たり前だと思っている生活が、世界ではそうではないことを知り、その共通点や相違点に気付き、互いの生活を理解し合い、それらを自分のこととしてとらえ、考えることの大切さを知ることをねらいとしている。

3. 主な表現、語彙
表現：What time do you (go to school)? I (go to school) at (7:30).
語彙：get up, go to school, eat breakfast [lunch, dinner], go home, do homework, do housework, take a bath, get water, 数 (1～60)
4. 本時の展開
① 挨拶、ウォームアップ、復習

児童のワークシート

担任は、はじめに挨拶を交わし、今日の日付や天気についてやり取りをした後、現在の時刻を尋ね、「時間」へと児童の意識を向けさせた。次に前時の振り返りとして、それぞれの児童に書かせたワークシート（写真）をもとに、1日の生活の様子について尋ね、これまでに学んだ英語表現を想起させた。そのさい、担任はとくに本時の重要表現となる "What time do you go to school?" という質問に焦点を当て、児童が互いに学校に来る時間の相違点に気付くよう促した。

② 展開その1：「インドとケニアの少女の一日」

実在するインドとケニアの女の子を紹介する本（『インドの子どもたち』『ケニアの子どもたち』2000年、学研プラス）をもとに、担任とALTがそれぞれ子ども役になり、"What time do you (get up)?", "I (get up) at (7:30)." と、児童を巻きこみながらやり取りを始めた。異なる国に住む2人の子どもが何時に "go to school, eat breakfast [lunch], go home, do homework" というような行動をとるのかについて、児童の推測を促しながら、黒板に絵カードを順次並べ、学びを可視化していった。児童は「下校が早くていいな」「早寝だね」「ぼくと一緒の時間にご飯食べてる」「早く起きてたくさん手伝いしてる」「カレー美味しそう」など口々に話し、時間の使い方や生活様式について、自分たちとの共通点や相違点などをとらえていった。

③ 展開その2:「エチオピアの少女・アイシャの一日」

　次に担任が、エチオピアのアイシャという少女の一日を UNICEF の動画（https://www.unicef.or.jp/special/17sum/）で紹介すると伝え、動画を見る前に、前述の写真のワークシートを使って、グループごとにアイシャの一日を推測させた。この視聴前の協同学習での推測活動により、児童は興味を持って動画の視聴を始めた。3分間程の動画では、アイシャが1日1度しかご飯を食べられず、学校に行けず、お風呂に入れず、毎日8時間もかけて遠くまで水くみに行かなければならない生活が、時間表示とともに紹介された。視聴しながら、しだいに身体が前のめりになる児童が多くみられた。視聴後は、アイシャの一日の生活と時間をクラス全員で確認・理解するために、担任がアイシャ役になり、ALT が児童と一緒に "What time do you (get up)?" と尋ね、"I (get up) at (5:00)." とやり取りをした。

④ 発展その1:「みんながアイシャだったら "What do you want to do?"」

　次に上記の質問を児童に投げかけ、グループごとにアイシャの気持ちになって、アイシャの理想の一日を考えさせた。活動の中では「ご飯のときは、きれいな水が飲みたい」「暖かいベッドで寝たい」などの児童のつぶやきがあった。そこには、外国語の学びを通して、アイシャの生活と時間を深く考えとらえようとする児童の姿があった。とくに、アイシャの気持ちになって友だちと一緒に考える活動では、第1時や第2時において学びに興味を示さず、自分の一日についての英語でのやり取りへの参加も難しく、本時でも挨拶やウォームアップではやる気なく机にうつぶしていた児童が、活発に友だちと話し合い、主体的に活動する様子がみられた。

⑤ 発展その2:「世界の子どもたちの現状」

　最後に担任は、「世界の児童労働」に関するスライドを提示し、世界の子どもたちのおよそ6分の1が学校へ行けないという事実を示した。児童は、想像していた以上に多くの子どもたちが働かざるを得ない環境や学校に行けない状況であることを知り、驚いた様子であった。そこで担任は "This is my last question. What time do you go to school?" と尋ねた。授業の最初と同じ質問であったが "I go to school at 〜." の返答では、「学校に通うことは当たり前ではなく、そうできない子どもたちが世界にたくさんいること」を実感し、思いを込めて答えようとする児童の姿が認められた。

⑥　児童の振り返り

　本授業では、児童から以下の意見が出た。

・世界には学校に行けない子どもがたくさんいることに驚いた。

・私たちが当たり前だと感じていることが、当たり前にできない世界の子
　どもたちがいることに気がついた。自分にできることをやらないといけ
　ないなと思った。

・日本はとても幸せだと気付いた。

・みんな時間は平等に1日24時間あるけど生活はぜんぜんちがうことを
　知った。

・もっと外国のことが知りたくなった。

　上記の振り返りから、世界の子どもたちの生活と自分の生活を比較しな
がら、生活と時間に関する相互理解を深め、考えていたことが分かる。と
くに、最後の児童の振り返りから、本授業の学びが児童の外国への興味・
関心を促していることが分かるが、これは国際理解を取り入れた学びの意
義を示すものであろう。

　このように本実践は、自分たちと世界の子どもたちの一日の生活と時間
に関する外国語学習と国際理解教育の統合により、児童の英語に対する主
体的な学びの促進と、世界を知るための授業実現の可能性を示している。
各検定教科書の「日課」を扱う単元においても、上記の言語材料とともに、
I always / usually / sometimes / never ～. の頻度の表現を学習言語として取
り入れている。このような言語活動の中で、児童は自分たちの一日の生活
や家の手伝いについて尋ね合い、その言語の学びを、外国の子どもたちの
生活を知ることにつなげ、自分たちの生活と関連付けながら、世界の国々
への理解を深めることができる。

**事例2: 国際交流会「ワールド交流会で留学生に日本の伝統文化を紹介し
よう」**

　太宰府市立太宰府西小学校では、毎年秋に一度、外国人と交流するとい
う目的で、「ワールド交流会」という催しを全校で行っている。筆者が以前
勤務していた当時の各学年のテーマと配当時間数は次の通りである。

　1年生　留学生と外国のじゃんけん遊びをしよう（2時間）

2年生　留学生に日本の昔遊びを紹介しよう（2時間）

3年生　留学生に給食の人気メニューを紹介しよう（4時間）

4年生　留学生に日本のおどりを紹介しよう（4時間）

5年生　留学生に日本の伝統文化（そろばん、習字など）を紹介しよう（5時間）

6年生　留学生に日本の伝統文化（名所、歴史など）を紹介しよう（5時間）

留学生は、近隣の大学から60名程度来てもらい、1クラスあたり5, 6名ずつ入ってもらう。以下、5年生の実践を紹介する。

1.　目　　標

・日本の伝統文化を積極的に英語で留学生に伝える。

・相手を意識しながら、日本の伝統文化が伝わりやすい工夫をして話す。

・日本の伝統文化を紹介する英語表現に慣れ親しむ。

2.　指導計画（全5時間）

1)　紹介したい日本の伝統文化ごとにグループになり、具体的な内容と必要な表現を考える。（第1時）

2)　ALT や担任の力を借りながら、日本の伝統文化を紹介する英語表現を考える。（第2時、第3時）

3)　グループで日本の伝統文化を紹介する練習や小道具づくりをする。（第3時、第4時）

4)　ALT に日本の伝統文化紹介を見てもらい、必要に応じて修正する。（第4時）

5)　ワールド交流会で、留学生に英語で日本の伝統文化を紹介する。（第5時）

3.　活動の実際

第1時：児童は、学級に6名の留学生が来ることを知り、6種類の伝統文化を紹介することを決めた。それらは、習字、年中行事、そろばん、ももたろう、剣道、はしの使い方である。そして、どの伝統文化を紹介したいかという希望に応じて6人ずつの6グループをつくり、それぞれのグループで紹介に必要な表現を日本語で考えた。

第2時：紹介に必要な表現を英語に直していった。児童は、できるところ

まで自分たちで考え、分からない部分は "How do you say … in English?" と言いながら ALT や担任に尋ねた。ALT と担任は、必要に応じて電子辞書を使用し対応した。以下は、習字を紹介するグループのスクリプトである。紹介全体の分量や、自分が何番目に言うのかなどが分かるように下のようなスクリプトを児童に与えたが、児童は英語の文字が読めるわけではないので、基本的には動作を交えながら口頭で伝え、リピートさせることで覚えさせた。一人あたり 3 文程度なので、児童は無理なく覚えることができた。

習字を紹介するスクリプト例

私たちは習字を紹介します。	We'll introduce Japanese calligraphy.
まず、道具の紹介をします。	We'll show you calligraphy tools.
これは大筆です。	This is a big brush.
これは小筆です。	This is a small brush.
これはすずりです。	This is an ink well.
これは半紙です。	This is Japanese paper.
これは墨です。	This is ink.
これはぶんちんです。	This is a paper weight.
今日は「交流」という字を書きます。	Today we'll write "koryu."
意味は〜です。	"Koryu" means "exchange."
書き順を教えるので見てください。	I'll show you the stroke order.
1, 2, 3…	One, two, three …
人差し指でなぞってみてください。	Please trace with your index finger.
1, 2, 3…	One, two, three …
実際に筆で書いてみます。	I'll write with a brush.
見ていてください。	Look at me.
では、書いてみてください。	Please try.
ここに小筆で名前を書いてください。	Please write your name with a small brush here.
上手ですね。	Excellent.
これで終わりです。	That's all.
どうでしたか。	Did you like it?

第 3 時：グループで、練習と小道具づくりを行った。

第 4 時：ALT に紹介を見てもらい、そのコメントに沿って紹介の仕方を修正する作業を行った。

第5時：ワールド交流会本番である。児童は、7分程度の伝統文化紹介を6回行った。留学生は一人ずつグループを回り、6種類の活動を体験した。

習字の紹介　　　　　　　　そろばんの紹介

4. 活動の振り返り

　児童は、留学生に日本の伝統文化を分かりやすく伝えたいという思いを持ち、絵や実物を使って実演をしたり、ゲームやクイズ形式で紹介したりする工夫を行った。そして、相手の反応を見ながらゆっくり話したり、間をおいたり、繰り返したりしながら紹介を行った。それでも交流中に、留学生にうまく伝わらない場面や留学生に質問される場面があったが、児童たちは、知っている限りの英語の単語や表現を使い、ジェスチャーなどを駆使してなんとか対応することができた。児童は、このワールド交流会で、少人数で留学生と交流することができ、通常の外国語の授業での英語使用ではなく、英語を使った本物のコミュニケーションを経験することができた。留学生からは、「日本の文化を体験できて楽しかった」「小学生がたくさん英語を使おうとしている姿に感心した」などの感想があった。

（加賀田哲也、山野有紀、上原明子）

学　習　課　題

1. 小学校外国語教育における国際理解の役割についてまとめてみよう。また、本節であげられている以外の役割があるか考えてみよう。

2. 小学校外国語教材でよく扱われる国際理解に関する題材——世界の「食文化」「祭り」「スポーツ」「日課」「子どもたちの将来の夢」から一つ取り上げ、その題材をどのように導入するとよいか、指導者と児童のやり取りを想定し作成してみよう。

📖 参考図書

樋口忠彦・行廣泰三（編著）（2001）『小学校の英語教育——地球市民育成のために教室でできる国際理解教育の手引き』KTC中央出版.

樋口忠彦（監修）、梅本龍多・田邉義隆（2010）『学研英語ノートパーフェクト4——英語でディスカバー！ 文化交流』学研教育出版.

COLUMN

❼ Ken Ogawa or Ogawa Ken?

　英語で自己紹介するとき、「名前が先か、姓が先か」で迷うときがある。このことは日本人のアイデンティティや価値観に関わる問題でもある。小学校および中学校用検定済英語教科書を見ると、すべて「姓—名」の順で記述されていることが分かる。

　My name is Sato Yumi. (*Crown Jr. 6*, 三省堂、令和2年度版)
　I am Goto Eri. (*Here We Go! English Course 1*, 光村図書、令和
　　2年度版) など

　このように「姓—名」の順が主流になったのは、2002年度版からである。これは2000年12月に文化庁の国語審議会（当時）が「国際社会に対応する日本語の在り方」について、「...現在では英語が世界の共通語として情報交流を担う機能を果たしつつあり、それにともなって各国の人名を英文の中にローマ字で書き表すことが増えていくと考えられる。...日本人の姓名については、ローマ字表記においても「姓—名」の順（例えばYamada Haruo）とすることが望ましい」と答申したことによる。また、書き言葉の場合は、次のように表記することもある。

　YAMADA Haruo　（姓をすべて大文字とする）
　Yamada, Haruo　（姓と名の間にコンマを打つ）

　言葉と文化は表裏一体である。このように、日本人が「姓」を優先することは、個人よりも家族を重視する日本人の精神構造を反映していると言える。現在は言語や文化の多様性を尊重する異文化理解教育としての英語教育、つまり「国際英語」の考え方が主流である。ここでは、英語の脱英米化を図り、英語を各民族の言語や文化の発信、民族的アイデンティティの保持の手段として使うことを推奨する。したがって、日本人名を「姓—名」の順で表現することは歓迎すべきこととなる。筆者も自己紹介のときには、「姓—名」の順で名前を言うが、"I'm Kagata Tetsuya." と言った後、姓名を明確に伝えるために、"Kagata is my last name, and Tetsuya is my first name." と お辞儀をしながら言うようにしている。

（加賀田哲也）

教材研究と教材開発の工夫

　自信をもって授業に臨み、児童を生き生きと活動させるには、丁寧な教材研究が不可欠である。この章では、まず教材研究とはどのようなことを、どのように行うのかを考える。次に、単元、単位時間の視点から教材研究の進め方を考えた後、現行の学習指導要領で強調されている「主体的・対話的で深い学び（アクティブ・ラーニング）」の視点から教材開発の進め方について考える。最後に、これからの外国語の授業では毎時間使用することになるデジタル教材および1人1台端末の活用のための視点と具体例を紹介する。

1. 教材開発の内容・対象と進め方

❶ 教材研究の内容・対象

　中・高等学校の英語の場合、各単元や各時間の題材、会話やストーリーの内容、言語材料（音声、文字、語や連語、文構造や文法事項）、学習活動や言語活動、文化的背景など、それぞれの項目が教材研究の対象である。他方、小学校の英語の場合、これらの項目が、中学年では2技能3領域、高学年では4技能5領域の活動に組み込まれているので、各単元や各時間を構成するさまざまな活動が教材研究の主たる対象となる。またこれらの活動の検討にあたっては、各活動の単元や各時間における構成上の役割や位置づけおよび上記の項目が、各活動において活動の目的に沿って適切に扱われているかということも大切な検討対象である。

❷ 教材研究の進め方

1) 新しい単元に入る前に

新しい単元に入る前に、まず文部科学省（以下、文科省）作成教材や検定済教科書、ワークシートなどとともに指導書や学習指導案例を読み、当該単元の目標、言語材料、当該単元に関連する領域別目標および単元計画から、当該単元の輪郭をおおまかにとらえる。次に、文科省作成教材や検定教科書を開き、各活動のねらいやタスクを理解した上でデジタル教材の映像を見ながら音声を聞き、内容理解に努め、タスクにも取り組み、当該単元の全体像をしっかり把握する。

2) 授業時間前に

当該時間の目標と授業構成を念頭に置き、当該時間に行う活動について、1）と同様の作業を入念に行う。そのさい、自分が聞き取れなかった箇所や十分に理解できなかった箇所、活動間のつながりがスムーズでなかった箇所、クラスの児童にとって興味が持てそうにない話題や活動、語彙や表現が難しすぎる活動をメモしておき、自身の研修と教材の改善に生かしたい。

例えば、指導者が聞き取れなかった箇所は2, 3度繰り返し聞いてみよう。それでも聞き取れない場合は指導書のスクリプトを見て、どこが聞き取れなかったのか、なぜ聞き取れなかったのか考え、さらに繰り返し聞き、スクリプトを繰り返し音読してみよう。うまくいけば、話したり、書いたりするさいに自分の言葉として使いこなせるようになるだろう。

語彙や表現、言語の働き、文化的背景などについて疑問点があれば、同僚の先生方に相談したり中学校の検定教科書や英和・和英辞書、また本書のような小学校英語の指導内容について分かりやすく説明された書籍を利用して調べ、よく理解しておこう。

なお、児童が興味をもって取り組めそうにない話題や活動、児童にとって語彙や表現が難しすぎる活動等に関する改善策については、以下の2〜4で考える。

2. 単元構成および 1 時間の授業構成

❶ 単元構成の視点から

　各単元は、単元の目標を達成するために単元のゴールとなるコミュニケーション活動（言語活動）に向けて、毎時間、段階的に発展する活動に取り組んでいく構成になっている。それゆえ、教材研究は新しい単元に入る前に単元全体の教材にしっかり目を通しておき、各授業前に当該時間の教材研究を行うとよい。

1)　単元の目標と単元のゴールのコミュニケーション活動を検討する

　学年末の到達目標を達成するために、年間学習指導計画に基づき単元の目標を設定する。そのさい、一つの単元で 4 技能 5 領域すべての目標を設定するのではなく、学期末の到達目標や各領域のバランス、児童の実態を踏まえながら 1〜2 領域程度に絞ることが重要である。

　次にその単元目標を実現するための単元のゴールとしてのコミュニケーション活動を検討する。検定教科書等にも活動が設定されているが、コミュニケーションを行う目的が明確か、場面や状況が適切か、他教科等との関連はどうか、児童が「やってみたい」と思えるような言語活動かなど、さまざまな角度から検討し、必要があれば改善を加える。例えば「行きたい国を友だちに紹介しよう」という活動が設定されている場合、高学年ならなぜ英語で友だちと紹介し合うのか疑問に思う児童がいるかもしれない。「海外旅行を計画している ALT に、おすすめの国を紹介しよう」とすれば、英語で紹介する必然性がうまれ目的も明確になる。伝えたい内容やその構成、伝える工夫などを考えながら、児童が主体的に取り組む活動になるよう準備をしたい。

2)　単元のゴールの活動に必要な言語材料を検討する

　既習、新出の語彙・表現を踏まえながら、単元のゴールのコミュニケーション活動に必要な語彙や表現を検討する。例えば「将来の夢スピーチ」であれば、職業名に関する語彙をたくさん扱うことになり、中には難しい語彙も出てくるが、発表者がタブレットで絵や写真等を示しながら発表すればその意味は伝わる。すべての語彙を全員が言えるようにする必要はない。聞いて意味が分かればよい語彙は、つきたい職業を伝えるのに必要な

語彙と区別して指導し、児童が不安にならないように配慮したい。また、理由を説明する英文を考えるさいに自動翻訳アプリを活用する場合があるが、聞き手の児童がよく分からない語彙や表現を多用することにならないよう注意が必要である。児童の「言いたい」内容を想定して、既習の言語材料を中心とした語彙・表現リストや難しい語彙をできるだけ簡単な表現で伝える例（vet → animal doctor / pediatrician → children's doctor など）を作成し、タブレットで共有できるよう準備しておくとよい。

3) 単元のゴールの活動に段階的に発展する言語活動を行う

　各学年、各単元に共通する基本的な活動の構成は次の通りである。

① 単元のゴールを知り、そのために必要な新しい語彙や表現に出会う活動

② 新しい語彙や表現の理解を深める活動

③ 新しい語彙や表現に慣れる活動

④ 既習の表現等も使いながら、単元末のコミュニケーション活動につながる活動（コミュニケーション活動への橋渡し活動）

⑤ 単元のゴールを達成するためのコミュニケーション活動

　5, 6年生は、これらに慣れ親しんだ語彙や表現を読んだり書いたりする活動や音と文字の関係に気付き慣れ親しむ活動などが加わる。

　単元末にゴールとしてのコミュニケーション活動を行うためには、語彙や表現に慣れ親しむ活動を毎時間繰り返すだけでは不十分である。既習事項を使えるようにするための small talk に加えて、コミュニケーションの目的・場面・状況等を踏まえた上で、少しずつ内容を付け足しながら構成を考えたり、伝え方を工夫するといった、段階的に発展する言語活動を積み重ねていくことが重要となる。

4) 4技能の活動をバランスよく配置する

　言語習得の学習プロセスは、基本的に①聞いたり、読んだりして理解する（インプット）、②話したり書いたりして覚える（インテイク）、③話したり書いたりして使う（アウトプット）である。しかし、言語学習初期段階である小学校においては「聞く」が大半を占めることになる。指導者とのやり取りを含めればそこに「話す」も加わる。3, 4年生においてはこの2技能だけである。5, 6年生で「読む」「書く」が加わっても、あくまで聞いて理解し、話して慣れ親しんだ英語を、読んだり書いたりすることになる。

「聞く」「話す」が中心であることを念頭に置き、バランスよく活動を配置したい。

　また、小学校にはいわゆる「発表文化」があるが、インプットが十分ではない段階でアウトプットをさせてしまうことがないように注意したい。

5)　教材・教具の準備について検討する

　各活動で使用する教材・教具を準備する。検定教科書付属のワークシート等が適切かどうかを検討し、各活動の目的や内容に合わせて必要に応じて作り変える。また、指導者用デジタル教科書や学習者用デジタル教材も使いながら授業を展開していくが、ICT はあくまで学習手段の一つである。児童が単元の到達目標を達成できるよう、そのメリット・デメリットを理解し適切な活用に努めたい。作成した教材は、校内で共有できるようにデジタルベースで保存しておくとよい。

6)　評価規準を検討する

　1)で設定した単元目標およびそれを実現する単元末のコミュニケーション活動において、児童がどのような「姿＝学習状況」になればよいのかを文章化したものが評価規準である。検定教科書の指導書には、各単元の目標とともに4技能5領域の一般的な評価規準が掲載されているが、設定した単元末のコミュニケーション活動を通して単元目標を達成するための評価規準として適切かどうかを検討し、必要に応じて改善する。

7)　単元の目標と単元構成のチェックポイント

　表1は、上記1)〜6)を踏まえて作成した単元の目標と単元構成のチェックポイントである。

表1　単元の目標と単元構成のチェックポイント

① 単元の目標は、年間学習指導計画や児童の実態に基づき適切か。
② 単元のゴールのコミュニケーション活動は、単元の目標を実現するものになっているか。またその目的が明確で、場面・状況等は適切か。
③ 各活動は、児童の身近な生活に関わりがあり、児童が「自分ごと」としてとらえ、関心や意欲を喚起する内容か、また発達段階から見て適切か。
④ 毎時間の言語活動は、単元のゴールのコミュニケーション活動に向かって段階的に発展するよう計画されているか。
⑤ 児童が言語活動の目標を理解し、その学習過程において中間評価や振り返りをしながら学びを深める時間が確保できているか。

⑥ インプットとアウトプットの量や4技能のバランスは適切か。
⑦ 「読む」「書く」の活動は、「聞く」「話す」の活動を十分に行ってから取り組む計画になっているか (5, 6年生)。
⑧ 単元のゴールのコミュニケーション活動に必要な語彙や表現は、分かりやすく、既習・新出のバランスが取れているか。
⑨ 各活動の難易度や量、時間配当は適切か。
⑩ 他教科等の内容を必要に応じて適切に取り入れているか。

⑨の時間配当の検討は、限られた授業時間数で、各活動のバランスを取りながら、単元の目標を達成するために欠かせない。例えば、児童が主体的に学習に取り組むためには、とくに言語活動において「何をどこまでできればいいのか」を児童自身が把握し、指導者や仲間との対話を通して自らの学びを調整しながら深めていく学習過程が必要となるが、それには一定の時間がかかる。単元全体を見据えて、各活動の適切な時間配当を考えたい。

❷ 45分授業の授業過程の視点から

単元の何時間目かによってその授業過程は多少異なるが、基本的な流れを決めておくことで児童は見通しをもって学習に取り組むことができる。

表2　45分授業の授業過程例

① 始めの挨拶
② ウォームアップ (うた、チャンツ、ゲーム等)
③ 本時の目標の確認
④ 復習
⑤ 導入 (口頭による児童とのやり取り)
⑥ 展開 (語彙や表現に慣れ親しむ活動)
⑦ 発展 (単元末のコミュニケーション活動に向かって段階的に発展する言語活動、small talk)
⑧ 読んだり書いたりする活動 (5, 6年生)
⑨ 振り返り
⑩ 終わりの挨拶

各活動のチェックポイントは表1で示した単元構成の場合と同じである。重要なのは各活動の順序やつながり、内容が本時の目標を達成する構成になっているかどうかである。また、デジタル教科書 (教材) には、豊富な写

真や映像、音声教材が用意されているが、それらに頼りすぎないように気をつけたい。例えば、新出語彙や表現の導入の際は映像等を見せるだけではなく、児童と英語でやり取りをしながらその意味を理解できるようにするとよい。また、④復習や⑥展開、⑦発展の活動が本時の目標を達成するのに適切かどうかについても検討し、児童が学習内容を深められるよう準備をしておきたい。

3. 主体的・対話的で深い学びにつながる教材開発

❶ 主体的・対話的で深い学びとは

　児童自身を主体とした本質的な学び、資質・能力の育成につながる学びは、量的な側面もさることながら、その質が大いに問われる。そのような質の高い学びの設計には、児童が目的や場面、状況が設定された言語活動に取り組む中で新たな意味や方向性を見出し、さらに考えを深化させる、つまりアクティブ・ラーニングの視点が密接に関連している。この点を踏まえた上で、「主体的・対話的で深い学び」を実現するために、この用語に含まれる各「学び」について理解しておきたい。

　まず「主体的な学び」では、児童が自律した学習者として、自身の学習に対する目標や課題を設定し、適宜、自己の学習を振り返りながらそれらの達成に向けて努力を継続する、つまり自己調整能力の涵養を目指す。次に「対話的な学び」には、他者との協働や対話を経験する中で、他者の意見に触れることで自身の思考を振り返ったり修正したりして、他者のみならず自己についても理解を深めることが求められる。そして、「深い学び」とは、外国語によるコミュニケーションにおける見方・考え方を働かせつつ、知識理解や思考形成、課題解決、新たな価値の創造に取り組む過程で認知的な操作を駆使することを意味している。

❷ 文科省作成教材や検定教科書を「教材」に高めるために

　「教材」という言葉を聞いて最初に思い浮かぶのは、文科省作成教材や検定教科書などの「冊子」ではないだろうか。それは決して間違いではないが、後述するように、教育を語る文脈ではそれ以上の意味合いが加わるの

で注意したい。裏を返せば、そのようなとらえ方では「教材」の理解が不十分と解釈しなければならない。

　文科省作成教材や検定教科書は、それ単体では「教材」を構成する一要素、つまり素材にすぎず、これは外国語教育に限った話ではない。学習指導要領に示された抽象度の高い目標が具現化・可視化されたものが文科省作成教材や検定教科書などの冊子であり、そこでは指導者に求められている教育実践のほんの一部分しか確認できない。それらの冊子紙面上に示されているのは、あくまでも学習指導要領が育成を目指す「資質・能力の３つの柱」[☞ 序章２]の「知識及び技能」にあたる情報のみである。生きて働く知識・技能の習得にまで昇華させるためには、児童が中長期的な時間枠の中で豊かな言語体験ができるように、多様な学習機会を意図的かつ計画的に設ける必要がある。そのような取り組みは、思考力、判断力、表現力等の能力向上とも密接に結びついている。文科省作成教材や検定教科書の紙面上の活動にひと工夫加えたり、適切な学習形態を選択したり、また、掲載内容の理解を深めるために発問を吟味したりするなど、授業設計のプロセスを経ることで、その素材はようやく「教材」としてその機能を発揮するようになる。

　以上のことから、「教材」の意味するところを見誤ると、紙面上の情報を拾うだけの表層的な教育実践にとどまってしまい、主体的・対話的で深い学びの実現には到達し得ないことが分かるだろう。文科省作成教材や検定教科書を土台としつつも、児童の実態に応じて指導内容に軽重をつけたり、興味・関心を踏まえた内容を付加したりすることで、「教科書を教える」のではなく「教科書で教える」教材開発が可能になる。

❸　文科省作成教材や検定教科書を活用した授業づくり

　授業づくりのさいには、文科省作成教材や検定教科書は指導者にとって指導計画立案の拠り所となる貴重な資料である。文科省作成教材や検定教科書に掲載された諸活動を活用するさいには、学習指導要領のねらいに沿って、児童の発達段階や学習段階に応じた課題を設定し、その課題達成に至る道筋を示す発問を検討し、協働を中心とした学習過程を考案することで、主体的・対話的で深い学びにつなげる教材開発が実現できるだろう。

学習指導要領において、外国語活動および外国語科の指導にあたっては、児童が「知識及び技能」を体験的に身に付け、「思考力、判断力、表現力等」を育成し、「学びに向かう力、人間性等」を涵養することが偏りなく実現されることが求められている。そのためには、単元など内容や時間のまとまりを見通しながら、児童や学校の実態や指導の内容に応じて、「主体的な学び」「対話的な学び」の視点から授業改善を図り、「深い学び」を追求することが重要である。必然的に、教材開発においても、このような視点は常に念頭に置いておかなければならず、前述した「教材」の定義と合わせて、文科省作成教材や検定教科書を活用した授業づくりの根幹となる概念として理解しておきたい。

　以下、「主体的な学び」と「対話的な学び」の観点から、「深い学び（思考）」につなげる教材開発を検討する。

1）「主体的な学び」のために

　主体的な学びを目指すためには、児童が学習内容を自身の人生や社会のあり方と結びつけて深く理解することができるよう、指導者には工夫が求められる。文科省作成教材や検定教科書では、児童の発達段階を考慮に入れて題材が設定されているが、その汎用性ゆえに、往々にして架空の人物や場面などが設定されている。そこで、児童に学習内容に主体的に関わらせるには、例えば各単元の導入において、指導者自身など身近な人物の話を聞かせたり、住んでいる地域の例を示したりして、児童が学習内容との関連性を実感できるよう、現実味や臨場感を加えたい。一例として、1章3節において、指導者が自身の夏休みについて話して聞かせる指導例があげてあるが、ここに述べた点も反映されているので参照されたい。

　言語活動の指導においても、同様のことが言える。文科省作成教材や検定教科書の音声を使用して聞く活動を行う場合、音声を聞かせて答え合わせをするだけの無機質な指導では、音に対して正しく反応させたとしても、そこに主体的な学びは起こり得ない。音声を一度聞かせて終わりではなく、指導の前・中・後に相応の手立てを考えなければならない。聞かせる前に児童とどのようなやり取りを行うか、またはどのような課題や発問を投げかけるか、そして音声を再生して活動を進めるさいにはどのような指導を工夫し、さらに答えの確認が終わった後には、この活動の成果を次の活動

につなげるためにどのような補足指導が必要か。このように児童と教材の関わりを密にした授業設計が欠かせない。主体的・対話的で深い学びを目指すとき、このような指導者の働きかけが果たす役割は大きい。

2) 「対話的な学び」のために

　児童が互いに自分の考えや気持ちを伝え合う対話的な言語活動を充実させるために、文科省作成教材や検定教科書を土台として授業設計する上で留意すべき点がある。文科省作成教材や検定教科書に掲載されている言語活動はごく簡素で基本的な内容にとどめられていることが多いため、各指導者がその汎用性を生かして、活動を再設計することが求められる。児童の興味・関心と照らし合わせながら、特定の状況や場面を追加するなどの創意工夫を凝らし、できる限り実際のコミュニケーションに近づける活動の (再) 設計が指導者の役割に含まれる。例えば、「あなたのできること・できないことを紹介しよう」という活動があれば、聞き取った内容をもとに話し手が進学先の中学校で入部できそうなクラブを提案させるなど、聞き手役の児童にも課題を用意することも考えられるだろう。発信側も受信側も主体的かつ対話的に活動に従事し、思考を深めることができるよう工夫することが考えられる。

　また、文科省作成教材や検定教科書で用意されている産出活動に、相手意識の向上や目的意識の明確化といった要素を加味することも、活動設計の一環として理解しておきたい。例えば、自分たちの町・地域を紹介する単元であれば、新たに着任が予定されている ALT を相手に、この町・地域の生活を楽しんでもらえるように情報提供するといった目的を設定することも考えられるだろう。そうした指導者の創意工夫が、目の前の児童の実態に即した具体性のある活動を生み出す。

　これに加え、児童が安心して言語活動に取り組める信頼関係を築けるよう、本番に至るまでに題材に関する意見や考えを共有させたり、お互いの発表を聞き合って改善点を示し合ったりする場面を作るなど、シェアリングの機会やペア・グループワークといった協働的な学習形態を工夫したい。そのような対話的な学習環境の中で、児童の思考は深まっていき、ひいては身に付けた知識・技能の定着・発展が促進されるだろう。

4. デジタル教材の教材研究の視点から

❶ さまざまな ICT 機器の特徴と効用

1) デジタル教科書と 1 人 1 台端末

　文科省は 2022 年 10 月、「個別最適な学びと協働的な学びの一体的な充実に向けた教科書・教材・ソフトウェアの在り方について〜中間報告（論点整理）〜」を公表し、2024 年度からのデジタル教科書本格導入について方針を示した。また、一般社団法人日本経済団体連合会（経団連）も 2022 年 10 月に「『次期教育振興基本計画』策定に向けた提言」を公表し、2027 年までに、学習者用デジタル教科書の整備率 90% の達成を目指すとしている。教育界だけでなく経済界からの要請も受け、デジタル教科書活用の推進は喫緊の課題となっている。

　また、GIGA スクール構想（文科省 2019）で示された、1 人 1 台端末の環境下では、一斉学習における「学びの深化」と、個別学習・協働学習における「学びの転換」が求められている。「学びの深化」とは、一斉指導での教員の指導力を活かしつつ、1 人 1 台端末の活用により、児童の個別の学習状況を把握した上で、より双方向的な授業展開を可能にすることである。また、「学びの転換」とは、個別学習において、一人ひとりの教育的ニーズや学習状況に合った、より丁寧な指導の個別化・最適化が可能になることや、協働学習において、一部の児童の意見だけで話し合いを進めるのではなく、端末を活用し友だちの意見を即時に共有し、児童同士での双方向の意見交換が可能になることを示している。

2) プレゼンテーションソフト

　学校で使われる ICT 教材で最もよく使われるのが、パワーポイントや Keynote のようなプレゼンテーションソフトである。紙のフラッシュカードと違い作成が簡単で、保存や共有など教材作成の効率化を図れること、学習内容の定着のための反復練習が効果的にできることなどがプレゼンテーションソフトのメリットである。最近では、ロイロノートや Canva など、児童がプレゼンテーションスライドを手軽に直感的に作成することができるソフトも登場している。また、各検定教科書のデジタル教科書にも、簡単にフラッシュカードを作成することができる「絵辞書」機能が付いて

いるので活用したい。

3)　タブレットの拡大提示機能（ピンチアウト）

　ピンチアウトとは、教科書や写真などをタブレット上でズームアップしてスクリーンなどに投影するシンプルなICT機器の活用方法である。児童のノートなどを撮影しておき拡大提示もできるので、多くの教科で活用されている。

　写真や教科書の挿絵を漫然と見せて発問するのでは学習効果が低い。タブレット端末で注目させたい部分をズームアップしてスクリーンに映し出し、児童の視点を一点に集中させて発問の効果を引き出す。例えば、疑問文 "What's this?" とそれに対する答え方を導入したり、表現に慣れ親しませたりするために、絵や写真の一部を最大限に拡大して見せ、クイズ形式で活動を行うことができる。

4)　学習管理ツール（Learning Management System）

　1人1台端末の導入により、児童の学習を効率的、機能的に管理・運用する必要が生じた。各学校や自治体で、さまざまな学習管理ツールとしてのLMS（Learning Management System）の活用が進められている。配付されている端末により使用されるLMSは異なるが、Google Classroom やMicrosoft の Teams などが比較的多くの自治体で導入されている。これらのLMSを活用する指導者側のメリットとしては、課題の提示や回収が迅速・確実に行え、採点後のフィードバックなども手軽に行うことができる。また、大量の印刷物を作成する手間も省け、資源保護の観点からも期待される。一方、学習者側のメリットとしては、家庭や学校外など、どこからでも簡単に学習リソースにアクセスできることや、個別の課題提示や学習履歴の保存ができることなどがあげられる。

❷　指導者用 ICT 機器活用のポイント

　指導者用ICT機器活用のポイントをシンプルに表現すれば「隠す」「拡大する」の2点に絞られる。以下は、教材を活用するための、それぞれの活用事例である。

1)　隠　す

　提示した映像や画像を付箋や画像加工の技術で一部隠すという簡単な技

術だが、児童の知的好奇心を刺激し、新出の語彙や表現を強く印象づけたり、英語でのやり取りを促したりすることができる。

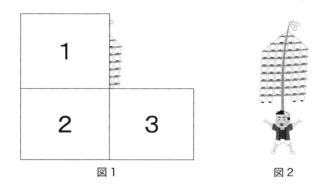

図1　　　　　　　　図2

T:（いくつかの日本の伝統的な祭りを紹介した後、図1を示し）What festival is this?

S: 提灯みたいだけど。A hint, please.

T: OK. What number do you want?

S: No. 3, please. あっ、竿灯まつりだ。

T: That's right.（図2を示し）This is the *Kanto* Festival in Akita.

2) 拡大する

実物投影機を使い、教科書や資料の一部をズームアップして見せる。児童の興味・関心を引きつけ、指導者の発問を焦点化するのに有効である。例えば、*We Can! 1*, Unit 6 の「行ってみたい国」の単元で世界遺産の名称を導入できる。

T:（写真1を指さしながら）What's this?

S: A book?

T: Good guess. This is a World Heritage. 世界遺産の一つだよ。

S: A hint, please.

T: OK. It's in the USA.

S: あっ、自由の女神だ。

T: Yes. This is the Statue of Liberty.

写真1

❸ 1人1台の端末を活用するポイント

ここでは文科省（2019）がGIGAスクール構想で示した、1人1台端末の環境下での一斉学習における「学びの深化」と、個別学習・協働学習における「学びの転換」に焦点化し、教材を活用するための具体的な事例を紹介する。

1） 一斉学習における「学びの深化」

1人1台端末の学習者用デジタル教科書を活用すれば、これまで、指導者用デジタル教材で、一斉に行うしかなかった Let's Watch and Think などの活動を、一人ひとりに聞かせた後で、指導者と児童がやり取りをしながら答え合わせができる。

> Mark: Hello, everyone! I'm Mark. I'm from America. We have a long summer vacation from June to August. I went to the mountains this summer vacation. It was beautiful. I enjoyed camping. It was fun. I ate a hot dog. It was delicious.
>
> (We Can! 2, Unit 5)

各自で一度聞かせた後、指導者は "Who is talking?" や "Where is he from?" など英語で質問する。児童の理解が不十分であると判断した場合は、"Do you want to listen again?" と尋ね、要望があればもう一度、各自のペースで聞かせる。個別 → 全体 → 個別を繰り返しながら、児童とのやり取りを含んだ聞かせ方ができる。

2） 個別学習における「学びの転換①」

これまで指導者用デジタル教材で一斉に聞かせていた Let's Listen などの活動も、個別の端末を使えば、一人ひとりの学びのスタイルに合った聞かせ方が可能になる。

個別学習を行うときには、右図のような「学びの場」の設定を工夫し、児童に多様な学習の方略を身につけさせる必要がある。

① 指導者用デジタル教材で、担任の先生と一緒に聞きたい人

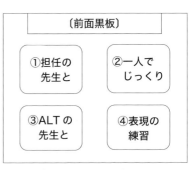

「学びの場」の設定の例

② 個別の端末で、イヤホンをして一人で聞きたい人

③ ALT の先生の生の声で聞きたい人

④ 聞き終わった後、端末の音声に合わせて教科書の表現を練習したい人

3）協働学習における「学びの転換②」

　1人1台端末は2）で述べた個別学習だけでなく、協働学習の学びも促進する。例えば、上記の①〜④の「学びの場」で学んだ後、児童は自分の席に戻って、今度はペアで聞き取った内容を確認する。もしここで、聞き取った内容に違いがあれば、もう一度、2人でタブレットの音声を再生し聞き直しをする。答え合わせを指導者がするのではなく、児童同士がお互いに確かめ合うことで、自ずと協働的な学びの必要性が生じる。指導者は、各ペアの協働学習の様子を見回り、学びのファシリテーターとして支援するようにする。

❹　学習者用デジタル教科書活用の工夫

　内容的にまとまりのある英語を聞き、概要や要点を把握する力を育成するために、学習者用デジタル教科書や1人1台端末を活用し、段階的に思考を働かせながら「聞く」「話す」課題に取り組ませる方法を紹介する。

Emma: Hi, Mark. You look happy. Did you have a good time during summer vacation?

Mark: Yes. I went to the White Mountains. I enjoyed hiking with my family. It was great. How about you? How was your summer?

Emma: I went to the baseball stadium. I enjoyed a baseball game. It was very exciting.

Emma: How about you, Kosei? Did you enjoy your summer vacation?

Kosei: Well, we went camping to the river. Then it rained a little.

Emma: Oh, that's too bad.

Kosei: I enjoyed the food there. The fish was specially fresh and good.

(*We Can! 2*, Unit 5, Let's Watch and Think 2)

Step 1：「事前情報」を与える (pre-listening)

　聞き取りのキーとなる語句や既習表現などを使い簡単に復習させておく

ことによって、自信をもってリスニング活動に取り組ませる。

T: Did you enjoy your summer vacation?

S: Yes. I went to the Hirakata Park.

T: Good. Did you enjoy swimming?

S: No.

T: Oh, what did you do there?（以下、続ける）

Step 2:「学びの場」を使い個別で聞く

先述した「学びの場」を児童の実態に合わせて設定する。児童に、自分の好きな方法で5分間の時間内で学習させ、分かったことを右の表にメモするように伝える。メモするときには、キーワードのみ簡潔に書くよう習慣づける。

名前	Mark	Emma	Kosei
したこと			
感想			

（*We Can! 2*, Unit 5 より）

Step 3: ペアになり、協働的に内容を確認する

各自、席に戻り、隣の席の友だちとペアで聞き取った内容を確認する。

S1: Kosei が川に行って、何をしたんだっけ？

S2: えーっと、キャンプに行って、魚がなんとか…？

Ss: じゃ、そこをもう一回、タブレットで聞いてみようか？

ここで、指導者は安易に正解を教えることがないようにしたい。児童は分からないから繰り返し聞くのであり、粘り強く学習に取り組む態度を養うことで、主体的な学習者を育てることができる。

Step 4: 登場人物のなりきり発表 (retelling)

Step 2 の表にメモした内容をもとに、3 人一組になって、Mark, Emma, Kosei それぞれの話した内容を、登場人物になったつもりで、英語で言わせてみる。このとき、最初から児童に正確な発話を求めない。メモをもとに、自分が言える範囲の英語で伝え合うことで、単元末に自分の夏休みの思い出を英語で、即興的にやり取りする時に役立つ。

指導者は、中間指導を入れ、「英語で言いたかったが、うまく言えなかったことはないか」尋ねる。ここで、正確な表現（知識・技能面）についても振り返らせることができる。3人組を変えて、2, 3回 retelling を行う。

T: 英語で言いたかったけど、うまく言えなかったことは何ですか。
S:「家族みんなでハイキングする」って何と言いますか。
T: Any idea?　何か、いい考えがある人はいるかな？
S: with をつかえばいいんじゃないかな。
T: Good idea.「家族でハイキングを楽しんだ」って、どう言えばいいかな。
S: I enjoyed hiking with family. かな？
T: Close! おしい。I enjoyed hiking with MY family.（MY を強調して）
＊児童の発話を価値づけながら、正確な表現をさりげなく伝え修正する。

Step 5: 録画した動画の提出、相互評価

単元末には、ペア、もしくは3人で、夏休みの思い出をやり取りする動画の撮影を行う。1人1台端末を使い、自分の発話を録画し聞いてみることで、発話の自己評価ができ、児童は発表内容に納得のゆくまで撮り直すことができる。

録画した動画は、練習段階の動画も含め、LMS で提出させるとよい。動画をみんなで共有することにより、児童は友だちの作品を視聴すること（相互評価）ができ、それらを参考に自分の発表を見直すこと（学習改善）も可能となる。また、指導者は、児童が練習段階から最終発表まで、どのように学習改善に取り組んだかを系統的に見取り、粘り強く主体的に学習に取り組む態度の評価を行うさいの参考資料にすることもできる。さらに、学期末や学年末には児童に自分の動画をいくつか聞き比べさせて、自身の成長や課題を長い期間で把握させたり、友だちのよさから学んで、次の単元の学習に活かしたりする「デジタル・ポートフォリオ」を使った振り返り（reflection）をすることも、児童の学習調整力を高めるのに有効である。

（樋口忠彦、中西浩一、田邉義隆、加藤拓由）

学 習 課 題

1. 「主体的・対話的で深い学び」につながる教材を開発するために、工夫しなければならない事柄を箇条書きでまとめよう。
2. プレ・リスニングの活動として、検定教科書の「小学校の思い出」など、過去の表現のリスニング課題を行う前に尋ねる質問文を3〜4文作り、やり取りの練習をしてみよう。

📖 参考図書

泉惠美子・小泉仁・築道和明・大城賢・酒井英樹 (編) (2020)『すぐれた小学校英語授業——先行実践と理論から指導法を考える』研究社.

樋口忠彦 (監修)、泉惠美子・加賀田哲也・國方太司 (編著) (2021)『「深い学び」を促す小学校英語授業の進め方』教育出版.

資　料
小学校学習指導要領　「外国語」

外国語活動

第1　目　標

　外国語によるコミュニケーションにおける見方・考え方を働かせ、外国語による
聞くこと、話すことの言語活動を通して、コミュニケーションを図る素地となる資
質・能力を次のとおり育成することを目指す。
(1)　外国語を通して、言語や文化について体験的に理解を深め、日本語と外国語と
　の音声の違い等に気付くとともに、外国語の音声や基本的な表現に慣れ親しむよ
　うにする。
(2)　身近で簡単な事柄について、外国語で聞いたり話したりして自分の考えや気持
　ちなどを伝え合う力の素地を養う。
(3)　外国語を通して、言語やその背景にある文化に対する理解を深め、相手に配慮
　しながら、主体的に外国語を用いてコミュニケーションを図ろうとする態度を養
　う。

第2　各言語の目標及び内容等

　英　語
1　目　標
　英語学習の特質を踏まえ、以下に示す、聞くこと、話すこと[やり取り]、話すこ
と[発表]の三つの領域別に設定する目標の実現を目指した指導を通して、第1の
(1)及び(2)に示す資質・能力を一体的に育成するとともに、その過程を通して、第
1の(3)に示す資質・能力を育成する。
(1)　聞くこと
　ア　ゆっくりはっきりと話された際に、自分のことや身の回りの物を表す簡単な
　　語句を聞き取るようにする。
　イ　ゆっくりはっきりと話された際に、身近で簡単な事柄に関する基本的な表現
　　の意味が分かるようにする。
　ウ　文字の読み方が発音されるのを聞いた際に、どの文字であるかが分かるよう
　　にする。
(2)　話すこと[やり取り]
　ア　基本的な表現を用いて挨拶、感謝、簡単な指示をしたり、それらに応じたり
　　するようにする。

イ　自分のことや身の回りの物について、動作を交えながら、自分の考えや気持ちなどを、簡単な語句や基本的な表現を用いて伝え合うようにする。
　　ウ　サポートを受けて、自分や相手のこと及び身の回りの物に関する事柄について、簡単な語句や基本的な表現を用いて質問をしたり質問に答えたりするようにする。
　(3)　話すこと［発表］
　　ア　身の回りの物について、人前で実物などを見せながら、簡単な語句や基本的な表現を用いて話すようにする。
　　イ　自分のことについて、人前で実物などを見せながら、簡単な語句や基本的な表現を用いて話すようにする。
　　ウ　日常生活に関する身近で簡単な事柄について、人前で実物などを見せながら、自分の考えや気持ちなどを、簡単な語句や基本的な表現を用いて話すようにする。

2　内　容
〔第3学年及び第4学年〕
〔知識及び技能〕
　(1)　英語の特徴等に関する事項
　　実際に英語を用いた言語活動を通して、次の事項を体験的に身に付けることができるよう指導する。
　　ア　言語を用いて主体的にコミュニケーションを図ることの楽しさや大切さを知ること。
　　イ　日本と外国の言語や文化について理解すること。
　　　(ア)　英語の音声やリズムなどに慣れ親しむとともに、日本語との違いを知り、言葉の面白さや豊かさに気付くこと。
　　　(イ)　日本と外国との生活や習慣、行事などの違いを知り、多様な考え方があることに気付くこと。
　　　(ウ)　異なる文化をもつ人々との交流などを体験し、文化等に対する理解を深めること。
〔思考力、判断力、表現力等〕
　(2)　情報を整理しながら考えなどを形成し、英語で表現したり、伝え合ったりすることに関する事項
　　具体的な課題等を設定し、コミュニケーションを行う目的や場面、状況などに応じて、情報や考えなどを表現することを通して、次の事項を身に付けることができるよう指導する。
　　ア　自分のことや身近で簡単な事柄について、簡単な語句や基本的な表現を使って、相手に配慮しながら、伝え合うこと。
　　イ　身近で簡単な事柄について、自分の考えや気持ちなどが伝わるよう、工夫して質問をしたり質問に答えたりすること。
　(3)　言語活動及び言語の働きに関する事項
　①　言語活動に関する事項

(2) に示す事項については、(1) に示す事項を活用して、例えば次のような言語活動を通して指導する。
ア　聞くこと
　（ア）　身近で簡単な事柄に関する短い話を聞いておおよその内容を分かったりする活動。
　（イ）　身近な人や身の回りの物に関する簡単な語句や基本的な表現を聞いて、それらを表すイラストや写真などと結び付ける活動。
　（ウ）　文字の読み方が発音されるのを聞いて、活字体で書かれた文字と結び付ける活動。
イ　話すこと［やり取り］
　（ア）　知り合いと簡単な挨拶を交わしたり、感謝や簡単な指示、依頼をして、それらに応じたりする活動。
　（イ）　自分のことや身の回りの物について、動作を交えながら、好みや要求などの自分の気持ちや考えなどを伝え合う活動。
　（ウ）　自分や相手の好み及び欲しい物などについて、簡単な質問をしたり質問に答えたりする活動。
ウ　話すこと［発表］
　（ア）　身の回りの物の数や形状などについて、人前で実物やイラスト、写真などを見せながら話す活動。
　（イ）　自分の好き嫌いや、欲しい物などについて、人前で実物やイラスト、写真などを見せながら話す活動。
　（ウ）　時刻や曜日、場所など、日常生活に関する身近で簡単な事柄について、人前で実物やイラスト、写真などを見せながら、自分の考えや気持ちなどを話す活動。
②　言語の働きに関する事項
　　言語活動を行うに当たり、主として次に示すような言語の使用場面や言語の働きを取り上げるようにする。
ア　言語の使用場面の例
　（ア）　児童の身近な暮らしに関わる場面
　　　・家庭での生活　・学校での学習や活動
　　　・地域の行事　　・子供の遊び　など
　（イ）　特有の表現がよく使われる場面
　　　・挨拶　・自己紹介　・買物
　　　・食事　・道案内　など
イ　言語の働きの例
　（ア）　コミュニケーションを円滑にする
　　　・挨拶をする　・相づちを打つ　など
　（イ）　気持ちを伝える
　　　・礼を言う　・褒める　など
　（ウ）　事実・情報を伝える

・説明する　・答える　など
　（エ）　考えや意図を伝える
　　　・申し出る　・意見を言う　など
　（オ）　相手の行動を促す
　　　・質問する　・依頼する　・命令する　など
3　指導計画の作成と内容の取扱い
(1)　指導計画の作成に当たっては、第5学年及び第6学年並びに中学校及び高等学校における指導との接続に留意しながら、次の事項に配慮するものとする。
　ア　単元など内容や時間のまとまりを見通して、その中で育む資質・能力の育成に向けて、児童の主体的・対話的で深い学びの実現を図るようにすること。その際、具体的な課題等を設定し、児童が外国語によるコミュニケーションにおける見方・考え方を働かせながら、コミュニケーションの目的や場面、状況などを意識して活動を行い、英語の音声や語彙、表現などの知識を、三つの領域における実際のコミュニケーションにおいて活用する学習の充実を図ること。
　イ　学年ごとの目標を適切に定め、2学年間を通じて外国語活動の目標の実現を図るようにすること。
　ウ　実際に英語を用いて互いの考えや気持ちを伝え合うなどの言語活動を行う際は、2の(1)に示す事項について理解したり練習したりするための指導を必要に応じて行うこと。また、英語を初めて学習することに配慮し、簡単な語句や基本的な表現を用いながら、友達との関わりを大切にした体験的な言語活動を行うこと。
　エ　言語活動で扱う題材は、児童の興味・関心に合ったものとし、国語科や音楽科、図画工作科など、他教科等で児童が学習したことを活用したり、学校行事で扱う内容と関連付けたりするなどの工夫をすること。
　オ　外国語活動を通して、外国語や外国の文化のみならず、国語や我が国の文化についても併せて理解を深めるようにすること。言語活動で扱う題材についても、我が国の文化や、英語の背景にある文化に対する関心を高め、理解を深めようとする態度を養うのに役立つものとすること。
　カ　障害のある児童などについては、学習活動を行う場合に生じる困難さに応じた指導内容や指導方法の工夫を計画的、組織的に行うこと。
　キ　学級担任の教師又は外国語活動を担当する教師が指導計画を作成し、授業を実施するに当たっては、ネイティブ・スピーカーや英語が堪能な地域人材などの協力を得る等、指導体制の充実を図るとともに、指導方法の工夫を行うこと。
(2)　2の内容の取扱いについては、次の事項に配慮するものとする。
　ア　英語でのコミュニケーションを体験させる際は、児童の発達の段階を考慮した表現を用い、児童にとって身近なコミュニケーションの場面を設定すること。
　イ　文字については、児童の学習負担に配慮しつつ、音声によるコミュニケーションを補助するものとして取り扱うこと。
　ウ　言葉によらないコミュニケーションの手段もコミュニケーションを支えるものであることを踏まえ、ジェスチャーなどを取り上げ、その役割を理解させる

ようにすること。

エ　身近で簡単な事柄について、友達に質問をしたり質問に答えたりする力を育成するため、ペア・ワーク、グループ・ワークなどの学習形態について適宜工夫すること。その際、相手とコミュニケーションを行うことに課題がある児童については、個々の児童の特性に応じて指導内容や指導方法を工夫すること。

オ　児童が身に付けるべき資質・能力や児童の実態、教材の内容などに応じて、視聴覚教材やコンピュータ、情報通信ネットワーク、教育機器などを有効活用し、児童の興味・関心をより高め、指導の効率化や言語活動の更なる充実を図るようにすること。

カ　各単元や各時間の指導に当たっては、コミュニケーションを行う目的、場面、状況などを明確に設定し、言語活動を通して育成すべき資質・能力を明確に示すことにより、児童が学習の見通しを立てたり、振り返ったりすることができるようにすること。

第3　指導計画の作成と内容の取扱い

1　外国語活動においては、言語やその背景にある文化に対する理解が深まるよう指導するとともに、外国語による聞くこと、話すことの言語活動を行う際は、英語を取り扱うことを原則とすること。

2　第1章総則の第1の2の (2) に示す道徳教育の目標に基づき、道徳科などとの関連を考慮しながら、第3章特別の教科道徳の第2に示す内容について、外国語活動の特質に応じて適切な指導をすること。

外国語

第1 目　標

　外国語によるコミュニケーションにおける見方・考え方を働かせ、外国語による聞くこと、読むこと、話すこと、書くことの言語活動を通して、コミュニケーションを図る基礎となる資質・能力を次のとおり育成することを目指す。

(1)　外国語の音声や文字、語彙、表現、文構造、言語の働きなどについて、日本語と外国語との違いに気付き、これらの知識を理解するとともに、読むこと、書くことに慣れ親しみ、聞くこと、読むこと、話すこと、書くことによる実際のコミュニケーションにおいて活用できる基礎的な技能を身に付けるようにする。

(2)　コミュニケーションを行う目的や場面、状況などに応じて、身近で簡単な事柄について、聞いたり話したりするとともに、音声で十分に慣れ親しんだ外国語の語彙や基本的な表現を推測しながら読んだり、語順を意識しながら書いたりして、自分の考えや気持ちなどを伝え合うことができる基礎的な力を養う。

(3)　外国語の背景にある文化に対する理解を深め、他者に配慮しながら、主体的に外国語を用いてコミュニケーションを図ろうとする態度を養う。

第2　各言語の目標及び内容等

英　語

1 目　標

　英語学習の特質を踏まえ、以下に示す、聞くこと、読むこと、話すこと［やり取り］、話すこと［発表］、書くことの五つの領域別に設定する目標の実現を目指した指導を通して、第1の (1) 及び (2) に示す資質・能力を一体的に育成するとともに、その過程を通して、第1の (3) に示す資質・能力を育成する。

(1)　聞くこと

　　ア　ゆっくりはっきりと話されれば、自分のことや身近で簡単な事柄について、簡単な語句や基本的な表現を聞き取ることができるようにする。

　　イ　ゆっくりはっきりと話されれば、日常生活に関する身近で簡単な事柄について、具体的な情報を聞き取ることができるようにする。

　　ウ　ゆっくりはっきりと話されれば、日常生活に関する身近で簡単な事柄について、短い話の概要を捉えることができるようにする。

(2)　読むこと

　　ア　活字体で書かれた文字を識別し、その読み方を発音することができるようにする。

　　イ　音声で十分に慣れ親しんだ簡単な語句や基本的な表現の意味が分かるようにする。

(3)　話すこと［やり取り］

ア　基本的な表現を用いて指示、依頼をしたり、それらに応じたりすることができるようにする。

イ　日常生活に関する身近で簡単な事柄について、自分の考えや気持ちなどを、簡単な語句や基本的な表現を用いて伝え合うことができるようにする。

ウ　自分や相手のこと及び身の回りの物に関する事柄について、簡単な語句や基本的な表現を用いてその場で質問をしたり質問に答えたりして、伝え合うことができるようにする。

(4)　話すこと［発表］

ア　日常生活に関する身近で簡単な事柄について、簡単な語句や基本的な表現を用いて話すことができるようにする。

イ　自分のことについて、伝えようとする内容を整理した上で、簡単な語句や基本的な表現を用いて話すことができるようにする。

ウ　身近で簡単な事柄について、伝えようとする内容を整理した上で、自分の考えや気持ちなどを、簡単な語句や基本的な表現を用いて話すことができるようにする。

(5)　書くこと

ア　大文字、小文字を活字体で書くことができるようにする。また、語順を意識しながら音声で十分に慣れ親しんだ簡単な語句や基本的な表現を書き写すことができるようにする。

イ　自分のことや身近で簡単な事柄について、例文を参考に、音声で十分に慣れ親しんだ簡単な語句や基本的な表現を用いて書くことができるようにする。

2　内　容

〔第5学年及び第6学年〕

〔知識及び技能〕

(1)　英語の特徴やきまりに関する事項

実際に英語を用いた言語活動を通して、次に示す言語材料のうち、1に示す五つの領域別の目標を達成するのにふさわしいものについて理解するとともに、言語材料と言語活動とを効果的に関連付け、実際のコミュニケーションにおいて活用できる技能を身に付けることができるよう指導する。

ア　音声

次に示す事項のうち基本的な語や句、文について取り扱うこと。

(ア)　現代の標準的な発音

(イ)　語と語の連結による音の変化

(ウ)　語や句、文における基本的な強勢

(エ)　文における基本的なイントネーション

(オ)　文における基本的な区切り

イ　文字及び符号

(ア)　活字体の大文字、小文字

(イ)　終止符や疑問符、コンマなどの基本的な符号

ウ　語、連語及び慣用表現

（ア）　1に示す五つの領域別の目標を達成するために必要となる、第3学年及び第4学年において第4章外国語活動を履修する際に取り扱った語を含む600〜700語程度の語

（イ）　連語のうち、get up, look at などの活用頻度の高い基本的なもの

（ウ）　慣用表現のうち、excuse me, I see, I'm sorry, thank you, you're welcome などの活用頻度の高い基本的なもの

エ　文及び文構造

次に示す事項について、日本語と英語の語順の違い等に気付かせるとともに、基本的な表現として、意味のある文脈でのコミュニケーションの中で繰り返し触れることを通して活用すること。

（ア）　文

a　単文

b　肯定、否定の平叙文

c　肯定、否定の命令文

d　疑問文のうち、be 動詞で始まるものや助動詞（can, do など）で始まるもの、疑問詞（who, what, when, where, why, how）で始まるもの

e　代名詞のうち、I, you, he, she などの基本的なものを含むもの

f　動名詞や過去形のうち、活用頻度の高い基本的なものを含むもの

（イ）　文構造

a　［主語＋動詞］

b　［主語＋動詞＋補語］のうち、

$$主語 + be\,動詞 + \left\{ \begin{array}{l} 名詞 \\ 代名詞 \\ 形容詞 \end{array} \right\}$$

c　［主語＋動詞＋目的語］のうち、

$$主語 + 動詞 + \left\{ \begin{array}{l} 名詞 \\ 代名詞 \end{array} \right\}$$

〔思考力、判断力、表現力等〕

(2)　情報を整理しながら考えなどを形成し、英語で表現したり、伝え合ったりすることに関する事項

具体的な課題等を設定し、コミュニケーションを行う目的や場面、状況などに応じて、情報を整理しながら考えなどを形成し、これらを表現することを通して、次の事項を身に付けることができるよう指導する。

ア　身近で簡単な事柄について、伝えようとする内容を整理した上で、簡単な語句や基本的な表現を用いて、自分の考えや気持ちなどを伝え合うこと。

イ　身近で簡単な事柄について、音声で十分に慣れ親しんだ簡単な語句や基本的な表現を推測しながら読んだり、語順を意識しながら書いたりすること。

(3)　言語活動及び言語の働きに関する事項

①　言語活動に関する事項

(2)に示す事項については、(1)に示す事項を活用して、例えば次のような言語活動を通して指導する。

ア　聞くこと
（ア）　自分のことや学校生活など、身近で簡単な事柄について、簡単な語句や基本的な表現を聞いて、それらを表すイラストや写真などと結び付ける活動。
（イ）　日付や時刻、値段などを表す表現など、日常生活に関する身近で簡単な事柄について、具体的な情報を聞き取る活動。
（ウ）　友達や家族、学校生活など、身近で簡単な事柄について、簡単な語句や基本的な表現で話される短い会話や説明を、イラストや写真などを参考にしながら聞いて、必要な情報を得る活動。

イ　読むこと
（ア）　活字体で書かれた文字を見て、どの文字であるかやその文字が大文字であるか小文字であるかを識別する活動。
（イ）　活字体で書かれた文字を見て、その読み方を適切に発音する活動。
（ウ）　日常生活に関する身近で簡単な事柄を内容とする掲示やパンフレットなどから、自分が必要とする情報を得る活動。
（エ）　音声で十分に慣れ親しんだ簡単な語句や基本的な表現を、絵本などの中から識別する活動。

ウ　話すこと［やり取り］
（ア）　初対面の人や知り合いと挨拶を交わしたり、相手に指示や依頼をして、それらに応じたり断ったりする活動。
（イ）　日常生活に関する身近で簡単な事柄について、自分の考えや気持ちなどを伝えたり、簡単な質問をしたり質問に答えたりして伝え合う活動。
（ウ）　自分に関する簡単な質問に対してその場で答えたり、相手に関する簡単な質問をその場でしたりして、短い会話をする活動。

エ　話すこと［発表］
（ア）　時刻や日時、場所など、日常生活に関する身近で簡単な事柄を話す活動。
（イ）　簡単な語句や基本的な表現を用いて、自分の趣味や得意なことなどを含めた自己紹介をする活動。
（ウ）　簡単な語句や基本的な表現を用いて、学校生活や地域に関することなど、身近で簡単な事柄について、自分の考えや気持ちなどを話す活動。

オ　書くこと
（ア）　文字の読み方が発音されるのを聞いて、活字体の大文字、小文字を書く活動。
（イ）　相手に伝えるなどの目的を持って、身近で簡単な事柄について、音声で十分に慣れ親しんだ簡単な語句を書き写す活動。
（ウ）　相手に伝えるなどの目的を持って、語と語の区切りに注意して、身近で簡単な事柄について、音声で十分に慣れ親しんだ基本的な表現を書き写す活動。
（エ）　相手に伝えるなどの目的を持って、名前や年齢、趣味、好き嫌いなど、

自分に関する簡単な事柄について、音声で十分に慣れ親しんだ簡単な語句や基本的な表現を用いた例の中から言葉を選んで書く活動。

② 言語の働きに関する事項

言語活動を行うに当たり、主として次に示すような言語の使用場面や言語の働きを取り上げるようにする。

ア 言語の使用場面の例

（ア） 児童の身近な暮らしに関わる場面

・家庭での生活 ・学校での学習や活動

・地域の行事 など

（イ） 特有の表現がよく使われる場面

・挨拶 ・自己紹介 ・買物

・食事 ・道案内 ・旅行 など

イ 言語の働きの例

（ア） コミュニケーションを円滑にする

・挨拶をする ・呼び掛ける ・相づちを打つ

・聞き直す ・繰り返す など

（イ） 気持ちを伝える

・礼を言う ・褒める ・謝る など

（ウ） 事実・情報を伝える

・説明する ・報告する ・発表する など

（エ） 考えや意図を伝える

・申し出る ・意見を言う ・賛成する

・承諾する ・断る など

（オ） 相手の行動を促す

・質問する ・依頼する ・命令する など

3 指導計画の作成と内容の取扱い

(1) 指導計画の作成に当たっては、第3学年及び第4学年並びに中学校及び高等学校における指導との接続に留意しながら、次の事項に配慮するものとする。

ア 単元など内容や時間のまとまりを見通して、その中で育む資質・能力の育成に向けて、児童の主体的・対話的で深い学びの実現を図るようにすること。その際、具体的な課題等を設定し、児童が外国語によるコミュニケーションにおける見方・考え方を働かせながら、コミュニケーションの目的や場面、状況などを意識して活動を行い、英語の音声や語彙、表現などの知識を、五つの領域における実際のコミュニケーションにおいて活用する学習の充実を図ること。

イ 学年ごとの目標を適切に定め、2学年間を通じて外国語科の目標の実現を図るようにすること。

ウ 実際に英語を使用して互いの考えや気持ちを伝え合うなどの言語活動を行う際は、2の(1)に示す言語材料について理解したり練習したりするための指導を必要に応じて行うこと。また、第3学年及び第4学年において第4章外国語活動を履修する際に扱った簡単な語句や基本的な表現などの学習内容を繰り返

し指導し定着を図ること。

エ　児童が英語に多く触れることが期待される英語学習の特質を踏まえ、必要に応じて、特定の事項を取り上げて第1章総則の第2の3の(2)のウの(イ)に掲げる指導を行うことにより、指導の効果を高めるよう工夫すること。このような指導を行う場合には、当該指導のねらいやそれを関連付けて指導を行う事項との関係を明確にするとともに、単元など内容や時間のまとまりを見通して資質・能力が偏りなく育成されるよう計画的に指導すること。

オ　言語活動で扱う題材は、児童の興味・関心に合ったものとし、国語科や音楽科、図画工作科など、他の教科等で児童が学習したことを活用したり、学校行事で扱う内容と関連付けたりするなどの工夫をすること。

カ　障害のある児童などについては、学習活動を行う場合に生じる困難さに応じた指導内容や指導方法の工夫を計画的、組織的に行うこと。

キ　学級担任の教師又は外国語を担当する教師が指導計画を作成し、授業を実施するに当たっては、ネイティブ・スピーカーや英語が堪能な地域人材などの協力を得る等、指導体制の充実を図るとともに、指導方法の工夫を行うこと。

(2)　2の内容の取扱いについては、次の事項に配慮するものとする。

ア　2の(1)に示す言語材料については、平易なものから難しいものへと段階的に指導すること。また、児童の発達の段階に応じて、聞いたり読んだりすることを通して意味を理解できるように指導すべき事項と、話したり書いたりして表現できるように指導すべき事項とがあることに留意すること。

イ　音声指導に当たっては、日本語との違いに留意しながら、発音練習などを通して2の(1)のアに示す言語材料を指導すること。また、音声と文字とを関連付けて指導すること。

ウ　文や文構造の指導に当たっては、次の事項に留意すること。

（ア）　児童が日本語と英語との語順等の違いや、関連のある文や文構造のまとまりを認識できるようにするために、効果的な指導ができるよう工夫すること。

（イ）　文法の用語や用法の指導に偏ることがないよう配慮して、言語活動と効果的に関連付けて指導すること。

エ　身近で簡単な事柄について、友達に質問をしたり質問に答えたりする力を育成するため、ペア・ワーク、グループ・ワークなどの学習形態について適宜工夫すること。その際、他者とコミュニケーションを行うことに課題がある児童については、個々の児童の特性に応じて指導内容や指導方法を工夫すること。

オ　児童が身に付けるべき資質・能力や児童の実態、教材の内容などに応じて、視聴覚教材やコンピュータ、情報通信ネットワーク、教育機器などを有効活用し、児童の興味・関心をより高め、指導の効率化や言語活動の更なる充実を図るようにすること。

カ　各単元や各時間の指導に当たっては、コミュニケーションを行う目的、場面、状況などを明確に設定し、言語活動を通して育成すべき資質・能力を明確に示すことにより、児童が学習の見通しを立てたり、振り返ったりすることができ

るようにすること。
(3) 教材については、次の事項に留意するものとする。
　ア　教材は、聞くこと、読むこと、話すこと［やり取り］、話すこと［発表］、書くことなどのコミュニケーションを図る基礎となる資質・能力を総合的に育成するため、1に示す五つの領域別の目標と2に示す内容との関係について、単元など内容や時間のまとまりごとに各教材の中で明確に示すとともに、実際の言語の使用場面や言語の働きに十分配慮した題材を取り上げること。
　イ　英語を使用している人々を中心とする世界の人々や日本人の日常生活、風俗習慣、物語、地理、歴史、伝統文化、自然などに関するものの中から、児童の発達の段階や興味・関心に即して適切な題材を変化をもたせて取り上げるものとし、次の観点に配慮すること。
　　（ア）　多様な考え方に対する理解を深めさせ、公正な判断力を養い豊かな心情を育てることに役立つこと。
　　（イ）　我が国の文化や、英語の背景にある文化に対する関心を高め、理解を深めようとする態度を養うことに役立つこと。
　　（ウ）　広い視野から国際理解を深め、国際社会と向き合うことが求められている我が国の一員としての自覚を高めるとともに、国際協調の精神を養うことに役立つこと。

その他の外国語
　その他の外国語については、英語の1に示す五つの領域別の目標、2に示す内容及び3に示す指導計画の作成と内容の取扱いに準じて指導を行うものとする。

第3　指導計画の作成と内容の取扱い

1　外国語科においては、英語を履修させることを原則とすること。
2　第1章総則の第1の2の(2)に示す道徳教育の目標に基づき、道徳科などとの関連を考慮しながら、第3章特別の教科道徳の第2に示す内容について、外国語科の特質に応じて適切な指導をすること。

参 考 文 献

（和　書）

赤沢真世 (2008)「第二言語教育におけるホール・ランゲージ・アプローチに関する一考察——『ホール』の意味する言語観・言語教育観をふまえて」『京都大学大学院教育学研究科紀要』第 54 号、pp. 166–179.

アレン玉井光江 (2010)『小学校英語の教育法——理論と実践』大修館書店.

泉惠美子・門田修平 (編著) (2016)『英語スピーキング指導ハンドブック』大修館書店.

泉惠美子・小泉仁・築道和明・大城賢・酒井英樹 (編著) (2020)『すぐれた小学校英語授業——先行実践と理論から指導法を考える』研究社.

伊東治己 (編著) (1999)『コミュニケーションのための 4 技能の指導——教科書の創造的な活用法を考える』教育出版.

大谷由布子 (2018)「文部科学省作成　新学習指導要領対応小学校外国語教材 *We Can!* で扱われる語彙について」(2018 年 7 月 1 日、日本児童英語教育学会第 39 回全国大会口頭発表)

岡秀夫 (編著)、飯野厚・金澤洋子・富永裕子・中鉢恵一・中村隆 (2011)『グローバル時代の英語教育——新しい英語科教育法』成美堂.

粕谷みゆき (監修)、金子由美 (2011)『All about the ABC's——あそんで学ぶアルファベット　第 2 版』mpi 松香フォニックス.

金森強・本多敏幸・泉惠美子 (編著) (2017)『主体的な学びをめざす小学校英語教育——教科化からの新しい展開』教育出版.

小林明子 (2006)「第二言語教育における Willingness to Communicate に関する研究の動向」『広島大学大学院教育学研究科紀要　第二部』第 55 号、pp. 285–293.

酒井英樹 (2023)『小学校の外国語活動・外国語科　基本の「き」』大修館書店.

JFTC きっずサイト　キッズ NEWS「日本の貿易の現状と課題」2. 日本の主な輸出入品

　　https://www.jftc.or.jp/kids/kids_news/japan/item.html (最終閲覧日：2023 年 9 月 13 日)

塩澤正 (2010)「第 1 章　言語と文化」(塩澤正・吉川寛・石川有香編集)『英語教育と文化——異文化間コミュニケーション能力の育成』大修館書店.

白畑知彦・若林茂則・村野井仁 (2010)『詳説　第二言語習得研究——理論から研究法まで』研究社.

鈴木寿一・門田修平 (編著) (2018)『英語リスニング指導ハンドブック』大修館書店.

田中真紀子 (2017)『小学生に英語の読み書きをどう教えたらよいか』研究社.

——. (2020)『絵本で教える英語の読み書き——小学校で実践したい英語絵本の指導

法』研究社.

太郎良博（2008）「『指導計画の作成と内容の取扱い』の解説」（平田和人編著）『中学校新学習指導要領の展開──外国語科英語編』明治図書.

津田塾大学英文学科（編）（2012）『アメリカ英語の発音教本　三訂版』研究社.

東京学芸大学（2017）文部科学省委託事業「英語教員の英語力・指導力強化のための調査研究事業　平成 28 年度報告書」
https://www2.u-gakugei.ac.jp/~estudy/report/index.html（最終閲覧日：2023 年 9 月 13 日）

直塚玲子（1980）『欧米人が沈黙するとき──異文化間のコミュニケーション』大修館書店.

中森誉之（2009）『学びのための英語学習理論──つまずきの克服と指導への提案』ひつじ書房.

日本経済団体連合会（2022）「『次期教育振興基本計画』策定に向けた提言」
https://www.keidanren.or.jp/policy/2022/088_honbun.html（最終閲覧日：2023 年 9 月 13 日）

橋本功（2005）『英語史入門』慶応義塾大学出版会.

バトラー後藤裕子（2021）『デジタルで変わる子どもたち──学習・言語能力の現在と未来』筑摩書房.

樋口忠彦・行廣泰三（編著）（2001）『小学校の英語教育──地球市民育成のために教室でできる国際理解教育の手引き』KTC 中央出版.

樋口忠彦・衣笠知子（編著）（2004）『小学校英語活動アイディアバンク──ソング・ゲーム集』教育出版.

樋口忠彦（監修）、梅本龍多・田邉義隆（2010）『学研英語ノートパーフェクト 4──英語でディスカバー！ 文化交流』学研教育出版.

樋口忠彦・泉惠美子（編著）（2011）『続 小学校英語活動アイディアバンク──チャンツ・ゲーム・コミュニケーション活動・プロジェクト活動』教育出版.

樋口忠彦・髙橋一幸（編著）（2015）『Q&A 中学英語指導法事典──現場の悩み 152 に答える』教育出版.

樋口忠彦・加賀田哲也・泉惠美子・衣笠知子（編著）（2017a）『新編 小学校英語教育法入門』研究社.

樋口忠彦（代表）、加賀田哲也・和田憲明・泉惠美子・田邉義隆・森本敦子他（2017b）「外国語教育の理念・目的と目標」『小中連携を推進する英語授業──実践的研究』（日本児童英語教育学会・英語授業研究学会関西支部合同プロジェクトにより編纂）.

樋口忠彦・髙橋一幸・加賀田哲也・泉惠美子（編著）（2017c）『Q&A 小学英語指導法事典──教師の質問 112 に答える』教育出版.

樋口忠彦（監修）、泉惠美子・加賀田哲也・國方太司（編著）（2021）『「深い学び」を促す小学校英語授業の進め方』教育出版.

フィッシャー、S. R.（鈴木晶訳）（2005）『文字の歴史──ヒエログリフから未来の「世界文字」まで』研究社.

藤田耕司・松本マスミ・児玉一宏・谷口一美（編著）（2012）『最新言語理論を英語

教育に活用する』開拓社.

ブリッグス、R.（百々佑利子訳）（2001）『マザーグースのたからもの』ラボ教育センター.

松村昌紀（2009）『英語教育を知る58の鍵』大修館書店.

村野井仁（編著）（2018）『コア・カリキュラム準拠　小学校英語教育の基礎知識』大修館書店.

八島智子（2004）『外国語コミュニケーションの情意要因と動機——研究と教育の視点』関西大学出版部.

山下桂世子（監訳）、ジョリーラーニング社（編著）（2017）『はじめてのジョリーフォニックス——ティーチャーズブック』東京書籍.

山本玲子・田縁眞弓（2020）『小学校英語 だれでもできる英語の音と文字の指導』三省堂.

ライトバウン、P. M. & スパダ、N.（白井恭弘・岡田雅子訳）（2014）『言語はどのように学ばれるか——外国語学習・教育に生かす第二言語習得論』岩波書店.

李美靜（2006）『中日二言語のバイリンガリズム』風間書房.

リーパーすみ子（2008）『アメリカの小学校ではこうやって英語を教えている——英語が話せない子どものための英語習得プログラム　ライミング編』径書房.

(洋　書)

Beall, P. C. & Nipp, S. H. (2005). *Wee sing children's songs and fingerplays.* New York: Price Stern Sloan.

Byram, M. (1997). *Teaching and assessing intercultural communicative competence.* Clevedon: Multilingual Matters.

Cameron, L. (2001). *Teaching languages to young learners.* Cambridge: Cambridge University Press.

Canale, M. (1983). From communicative competence to communicative language pedagogy. In J. C. Richards & R. W. Schmidt (Eds.), *Language and communication* (pp. 2–27). London: Longman.

Canale, M. & Swain, M. (1980). Theoretical bases of communicative approaches to second language teaching and testing. *Applied Linguistics, 1* (1), 3–47.

Celce-Murcia, M. (2007). Rethinking the role of communicative competence in language teaching. In A. A. Soler & M. P. Safont Jordan (Eds.), *Intercultural language use and language learning* (pp. 41–57). Dordrecht: Springer.

Celce-Murcia, M., Dörnyei, Z. & Thurrell, S. (1995). Communicative competence: A pedagogically motivated model with content specifications. *Issues in Applied Linguistics, 6* (2), 5–35.

Cook, V. & Singleton, D. (2014). *Key topics in second language acquisition.* Bristol: Multilingual Matters.

Council of Europe (2001). *Common European framework of reference for languages: Learning, teaching, assessment.* Cambridge: Cambridge University Press.

Deci, E. L. & Ryan, R. M. (1985). *Intrinsic motivation and self-determination in human behavior.* New York: Plenum Press.

Department for Education and Skills（英国文部省 DfES）(2007). Letters and sounds: Principles and practice of high quality phonics. https://assets.publishing.service.gov.uk/government/uploads/system/uploads/attachment_data/file/190599/Letters_and_Sounds_-_DFES-00281-2007.pdf

Ellis, R. & He, X. (1999). The roles of modified input and output in the incidental acquisition of word meanings. *Studies in Second Language Acquisition, 21*(2), 285–301.

Granena, G. & Long, M. (2012). Age of onset, length of residence, language aptitude, and ultimate L2 attainment in three linguistic domains. *Second Language Research, 29*(3), 311–343.

Hymes, D. H. (1972). On communicative competence. In J. B. Pride & J. Holmes (Eds.), *Sociolinguistics* (pp. 269–293). Harmondsworth: Penguin Books.

—. (1974). *Foundations in sociolinguistics: An ethnographic approach.* Philadelphia: University of Pennsylvania Press.

Izumi, E. (1996). Gambits and routines for promoting oral communication: Textbook analysis and task design. *Annual Review of English Language Education in Japan, 7,* 145–158.

Johnson, J. & Newport, E. (1989). Critical period effects in second language learning: The influence of maturational state on the acquisition of English as a second language. *Cognitive Psychology, 21*(1), 60–99.

Kormos, J. (2006). *Speech production and second language acquisition.* Mahwah, NJ: Lawrence Erlbaum Associates Publishers.

Krashen, S. (1985). *The input hypothesis: Issues and implications.* London: Longman.

Krashen, S. & Terrell, T. (1983). *The natural approach: Language acquisition in the classroom.* London: Pergamon.

Kwon, O. (2006). Impacts and effects of ten years of elementary school English education in Korea. In ベネッセ教育総合研究所，東アジア高校英語教育 GTEC 調査 2006.

Lightbown, P. M. & Spada, N. (2006). *How languages are learned* (3rd ed.). Oxford: Oxford University Press.

Long, M. H. (1983). Native speaker / Non-native speaker conversation and the negotiation of comprehensible input. *Applied Linguistics, 4*(2), 126–141.

—. (1991). Focus on form: A design feature in language teaching methodology. In K. de Bot, R. Ginsberg & C. Kramsch (Eds.), *Foreign language research in cross-cultural perspective* (pp. 39–52). Amsterdam: John Benjamins.

Mehrabian, A. (1971). *Silent messages.* Belmont, CA: Wadsworth.

Miniwatts Marketing Group (2020). "Global Internet Languages", Internet World Stats. https://www.internetworldstats.com/stats7.htm

Muñoz, C. (2006). The effects of age on foreign language learning: The BAF project. In C. Muñoz (Ed.), *Age and the rate of foreign language learning* (pp. 1–40). Clevedon: Multilingual Matters.

National Geographic Society (2012). *National geographic kids just joking: 300 hilarious jokes, tricky tongue twisters, and ridiculous riddles.* Washington, DC: National Geographic.

Nishikawa, T. (2014). Nonnativeness in near-native child L2 starters of Japanese: Age and the acquisition of relative clauses. *Applied Linguistics, 35*(4), 504–529.

Opie, I. & Opie, P. (Eds.) (1951). *The Oxford dictionary of nursery rhymes.* Oxford: Oxford University Press.

—. (Eds.) (1985). *The singing game.* Oxford: Oxford University Press.

Oyama, S. (1976). A sensitive period for the acquisition of a nonnative phonological system. *Journal of Psycholinguistic Research, 5*(3), 261–283.

Shannon, C. E. & Weaver, W. (1949). *The mathematical theory of communication.* Urbana, IL: The University of Illinois Press.

Sugita, M. & Takeuchi, O. (2006). Verbal encouragements for motivating EFL learners: A classroom research. *JACET Bulletin, 43*, 59–71.

Swain, M. (1985). Communicative competence: Some roles of comprehensible input and comprehensible output in its development. In S. Gass & C. Madden (Eds.), *Input in second language acquisition* (pp. 235–253). Cambridge, MA: Newbury House.

（政府刊行文書）

中央教育審議会 (2016)「幼稚園、小学校、中学校、高等学校及び特別支援学校の学習指導要領等の改善及び必要な方策等について（答申）」

法務省 (2021)「令和 3 年度末現在における在留外国人数について」

—. (2022)「令和 4 年における外国人入国者数及び日本人出国者数等について」

文部科学省 (2008a)『小学校学習指導要領』.

—. (2008b)『中学校学習指導要領』.

—. (2008c)『中学校学習指導要領解説　外国語編』.

—. (2013)「グローバル化に対応した英語教育改革実施計画」

—. (2017a)「教員養成・研修　外国語 (英語) コアカリキュラム」

—. (2017b)『小学校外国語活動・外国語　研修ガイドブック』.

—. (2017c)『小学校学習指導要領』.

—. (2017d)『小学校学習指導要領解説　外国語活動・外国語編』.

—. (2017e)『中学校学習指導要領』.

—. (2017f)『中学校学習指導要領解説　外国語編』.

—. (2018a)「学校教育法等の一部を改正する法律の公布について（通知）」

—. (2018b)「新学習指導要領に対応した小学校外国語教育新教材について　学習指導案例（第 5, 6 学年）」

—. (2019)「GIGA スクール構想の実現へ」https://www.mext.go.jp/content/20200625-mxt_syoto01-000003278_1.pdf　(最終閲覧日：2023 年 8 月 25 日)

—. (2021)「学校基本調査：公立学校に在籍している外国籍の児童生徒数」

—. (2022)「個別最適な学びと協働的な学びの一体的な充実に向けた教科書・教材・ソフトウェアの在り方について〜中間報告 (論点整理) 〜」

（文部科学省作成教材および検定済教科書）

文部科学省（2018c）*Let's Try! 1, 2.*（小学校外国語活動（第 3, 4 学年）用教材）

――.（2018d）*We Can! 1, 2.*（小学校外国語（第 5, 6 学年）用教材）

開隆堂出版（2019）. *Junior Sunshine 5, 6.*

学校図書（2019）. *JUNIOR TOTAL ENGLISH 1, 2.*

教育出版（2019）. *ONE WORLD Smiles 5, 6.*

三省堂（2019）. *CROWN Jr. 5, 6.*

新興出版社啓林館（2019）. *Blue Sky elementary 5, 6.*

東京書籍（2019）. *NEW HORIZON Elementary English Course, 5, 6.*

光村図書出版（2019）. *Here We Go! 5, 6.*

索　　引

あ　行

相手意識　9, 17, 54, 92, 109, 210
アウトプット　23, 54, 61
アウトプット仮説　73
アクセント　98, 102, 110
アクティブ・ラーニング　207
アナリティック・アプローチ　128–129
アメリカ英語　110–113
アラビア文字　147
アルファベット　124, 125, 136, 144
アルファベットジングル　34–35, 37,
　127, 134–135

言い直し　18
イギリス英語　110, 113
一般動詞　149
一般米語　110
異文化間コミュニケーション　186
異文化間コミュニケーション能力　85
異文化間能力　85
異文化理解　2, 185, 186, 190–191, 199
イマージョン教育　68, 73
意味交渉　73
インタラクション仮説　73
イントネーション　17, 18, 21, 30, 98,
　104–105, 167, 171
インプット　16–17, 23, 54, 65, 126
インプット仮説　72–74
韻律音声　21

うた　23, 92, 118, 132, 170–172
「内なる国際化」　183, 185

絵本　36, 47, 132, 173–177

大文字　34, 36, 41, 125, 138–140
音韻認識　131–133
音声　20–22, 98–108

音声変化　106–107
音節拍リズム　103
音節文字　147
音素　17, 33, 40, 98, 125, 145, 147
音素認識　34, 46, 131, 145, 167
音素文字　147
音読　28, 179, 202
音の読み方　34, 37, 42, 131

か　行

外国語習得　72
外国籍の児童　184, 191
外来語　19, 107, 123
書き写し　137, 139, 141, 142
書き順　139
学習語彙　29, 116–117
学習到達目標　7
河口域英語　110
下降調　104–105

機能語　103
疑問詞　154–155
脚韻　167
教材開発・教材研究　201–217
強勢　18, 102, 108
強勢拍リズム　22, 104
鏡像関係　149
ギリシア文字　136, 147

句強勢　103
クラスルーム・イングリッシュ　18, 19
グローバル化　2, 3, 183
訓令式　144, 145

ケアテイカー・スピーチ　75
形容詞　117, 150, 163, 180
言語運用　51–52
言語知識　51–52

現在分詞 150

コアカリキュラム 16, 53
語彙 20–23, 52, 68, 117, 133, 203
語彙サイズ 113, 117
語彙指導 111, 118
語彙の習得 68, 75, 111
語彙の広さ・深さ 113
コーラス・リーディング 47
語強勢 102
国語教科書 178–179
国際英語 199
国際化 3
国際共通語 1, 145
国際交流 189–191, 194–197
国際理解 183–189, 191–194
語形変化 152–153
語順 9, 41, 55, 142, 148–157, 159–162,
　163–164
語族 147
コミュニケーション 80–82
コミュニケーション意欲（WTC） 78
コミュニケーション・ストラテジー 23,
　87–89
コミュニケーション能力 82–85, 89
小文字 34, 36–38, 41, 94, 125, 137, 138
コロケーション 113, 115–116

さ 行

サイトワード 34, 131
在留外国人 184
産出技能 54
三人称 152

子音 21, 100–102
ジェスチャー 20, 31, 76, 84, 95
思考力、判断力、表現力 11, 29, 58, 208
自己決定理論 77
実物投影機 213
児童用物語 177–182
自文化理解 186
修正フィードバック 74
授業構成 203
主語 149, 150, 151

主体的な学び 207, 209
受容技能 54
受容語彙 117
象形文字 136, 147
上昇調 104–105
状態動詞 149–150
助動詞 151
シンセティック・アプローチ 127

スキーマ 20, 21
ストレス 17
スピーキング 21–23

姓名表記 199
接辞 115–116
接頭辞 115–116
接尾辞 115–116
専科教員 10, 189
全体学習 51
前置詞 152

相互同化 106
側音 100–101

た 行

第一強勢 103
第二強勢 103
第二言語習得 64
タイプ頻度 158
代名詞 149
対話的な学び 207, 209
他者意識・他者に対する配慮 5, 9, 29,
　54
脱落（音声変化） 107
単元構成 203–206

知識及び技能 5, 208
チャンク 17, 23, 163
チャンツ 23, 28, 91, 118, 132, 166
中央教育審議会 2, 5
調音 21, 99
調音点 100

ティーチャー・トーク 18, 76

丁寧表現　158, 162
デジタル教科書・デジタル教材　56, 119, 121, 211–217
伝達モデル　81

同意語　114–115
等位接続詞　21
頭韻　167
同韻語　130
等音節性のリズム → 音節拍リズム
同化 (音声変化)　106
動機づけ　77
動作動詞　150
動詞　149, 151
等時性のリズム → 強勢拍リズム
動名詞　149, 152, 153
頭文字語　113
トークン頻度　158
トップダウン処理　20

な 行

ナーサリー・ライム　166
内容語　31, 103, 117
なぞり書き　42, 137, 139, 141, 142

二重母音　99

は 行

励まし　77
破擦音　101
パターン・ブック　174, 180
発音　17, 19, 21, 32, 66, 98–110
発信語彙　117
母親ことば　76
パフォーマンス評価　10
早口ことば　108, 167, 170
パラフレーズ　20
反意語　114–115
半母音　100

鼻音　101
非言語コミュニケーション　86–87
表意文字　147

表音文字　147
ピリオド　42
品詞　113, 117, 163–164, 165
頻度効果　158
頻度を表す副詞　115, 155–156, 194

フィードバック　74
フェニキア文字　136
フォーカス・オン・フォーム　74
フォニックス　33, 124–135
副詞　155–156
複数形　158
部分学習　51
振り返り　19, 30, 60, 93, 96, 122, 190, 194, 197, 205, 206, 217
プレゼンテーションソフト　211
プロソディー　17, 47, 102–105, 110
文強勢　103
文構造　148–158
文修飾副詞　155
文節音声　21
文法　19, 20, 21–22, 48, 52, 67, 83, 158
文法指導　158

ペア・リーディング　47
閉鎖音　101
ヘボン式　44, 144, 145

母音　98–100
ホール・ランゲージ (・ティーチング)　126–127
補語　150–151
母語習得　71
ボトムアップ処理　20
褒め言葉　77

ま 行

マザー・グース　166
摩擦音　101
学びに向かう力、人間性　5, 209

見方・考え方　5, 88–89

無声音　101

名詞　103, 117, 149
名称の読み方　32, 34, 37, 42, 125, 128, 131, 135
明瞭性　110

目的語　149–151, 156, 160, 161, 163, 165
文字指導　124–125

や 行

有声音　101
ユニット　154

容認発音（RP）　110
用法基盤モデル　23
ヨーロッパ言語共通参照枠 → CEFR
読み聞かせ　23, 47, 127, 132, 135, 173
4技能5領域　7, 10, 50–54, 203–206
4線　42, 138, 140–142

ら・わ行

ライム（rhyme）　166–170
ライム（rime）　130
ラテン文字　136, 147

理解可能なインプット　23, 65, 72, 73, 76
リキャスト（recast）　74–75
リスニング　20–21
リズム　17, 18, 21, 47, 94, 103, 110, 131, 166, 167
領域別目標　7, 8, 202

連結（音声変化）　106

ローマ字　144–145, 147, 199

和製英語　123

欧 文

ALT　18, 19, 27, 88, 173, 189, 214

BBC英語　110
be動詞　150–151

CAN-DO リスト　7
CEFR（ヨーロッパ言語共通参照枠）　7, 16, 86, 116

EFL（English as a Foreign Language）　64, 186
ESL（English as a Second Language）　64

ICT機器　211–217

Let's Try!　167, 171–172

n連結　106

r連結　106
Reading Recovery　131
RP（Received Pronunciation）→ 容認発音

small talk　25–27, 56, 95, 204, 206
SPEAKING モデル　82

to不定詞　148, 149, 157–158

We Can!　58, 117, 119, 124, 128, 191, 213, 214–217
wh移動　154
wh疑問文　19, 76, 154
WTC（Willingness to Communicate）→ コミュニケーション意欲

〈監修者・編者・執筆者紹介〉

■監修者

樋口　忠彦 (ひぐち・ただひこ)　元・近畿大学教授。大阪教育大学助教授、近畿大学教授を歴任。日本児童英語教育学会 (JASTEC) および英語授業研究学会元会長、現在、両学会の特別顧問。編著書に『小学校からの外国語教育』『これからの小学校英語教育』『小学校英語教育の展開』『最新　小学校英語教育法入門』『個性・創造性を引き出す英語授業』(以上、研究社)、『すぐれた英語授業実践—よりよい授業づくりのために』(大修館書店)、『Q&A 小学英語指導法事典』『Q&A 中学英語指導法事典』、監修に『Q&A 高校英語指導法事典』『「深い学び」を促す小学校英語授業の進め方』(以上、教育出版) など。
——各章扉、序章、終章1、全体の内容調整・加筆、文体の統一などを担当。

■編　者

泉　惠美子 (代表編者) (いずみ・えみこ)　関西学院大学教授。学術博士。日本児童英語教育学会 (JASTEC) 理事、関西英語教育学会 (KELES) 前会長他。編著書に『英語スピーキング指導ハンドブック』(大修館書店)、『Q&A 小学英語指導法事典』『続　小学校英語活動アイディアバンク』『低学年から始める英語短時間学習』『「深い学び」を促す小学校英語授業の進め方』(以上、教育出版)、『最新　小学校英語教育法入門』『すぐれた小学校英語授業』(以上、研究社) など。文部科学省検定済教科書英語 (小・中) の著者。
——序章2、1章1節、コラム❶、2章2節 (6を除く) 担当。

加賀田　哲也 (かがた・てつや)　大阪教育大学教授。博士 (人間科学)。日本児童英語教育学会 (JASTEC) 理事、英語授業研究学会元会長。編著書に『Q&A 小学英語指導法事典』『「深い学び」を促す小学校英語授業の進め方』(以上、教育出版)、『最新　小学校英語教育法入門』(研究社)、共著書に『小学校英語教育の展開』(研究社)、『英語授業改善への提言』(教育出版)、『小学校英語教育ハンドブック』(東京書籍) など。文部科学省検定済教科書英語 (小・中・高) の著者。
——序章1、2章4節 (5を除く)、コラム❹、2章9節 (4を除く)、コラム❼担当。

衣笠　知子 (きぬがさ・ともこ)　元・園田学園女子大学教授。日本児童英語教育学会 (JASTEC) 理事。著書に『英語ではじめよう国際理解3—英語で歌おう!』(学習研究社)、『英語ノートパーフェクト1—英語でエンジョイ!』(学研教育出版)、編著書に『小学校英語活動アイディアバンク』(教育出版)、『最新　小学校英語教育法入門』(研究社)、共著書に『小学校英語教育の展開』(研究社)、『「深い学び」を促す小学校英語授業の進め方』(教育出版) など。文部科学省検定済教科書英語 (小) の著者。
——2章7節 (3実践例3)、2章8節担当。

■執筆者

加藤　拓由 (かとう・ひろゆき)　岐阜聖徳学園大学准教授。編著書に『小学校外国語活動・外国語とっておきの言語活動レシピ』(明治図書)、共著書に『最新　小学校英語教育法入門』(研究社) など。第4回国際言語教育賞児童英語教育部門受賞。
——2章2節 (6実践例1)、2章4節 (5実践例)、終章4担当。

上原　明子 (かんばる・あきこ)　都留文科大学教授。博士。国公立小学校、福岡県教育センター、アメリカの公立小学校 (文科省派遣・イマージョン教育担当) を経て現職。第56回読売教育賞最優秀賞受賞。共著書に『最新　小学校英語教育法入門』(研究社) など。
——2章2節 (6実践例2)、2章7節 (3実践例1・2)、2章9節 (4実践例2) 担当。

児玉　一宏（こだま・かずひろ）　京都教育大学教授、附属桃山小学校校長。博士（人間・環境学）。英語学・認知言語学。共編書に『認知言語学の最前線』（ひつじ書房）、『はじめて学ぶ認知言語学』（ミネルヴァ書房）、共著書に『言語習得と用法基盤モデル』（研究社）など。
──2章7節（3を除く）、コラム❻担当。

多田　玲子（ただ・れいこ）　関西学院大学非常勤講師。日本児童英語教育学会理事。各地の教育委員会主催の研修会等で講師を務める。共著書に『小学校英語教育の展開』『最新　小学校英語教育法入門』（以上、研究社）、『Q&A小学英語指導法事典』（教育出版）など。
──2章6節、コラム❺担当。

田中　真紀子（たなか・まきこ）　神田外語大学教授。児童英語教育研究センター（CTEC）センター長。博士（教育学）。千葉県船橋市英語教育推進委員会　有識者代表。著書に『小学生に英語の読み書きをどう教えたらよいか』『絵本で教える英語の読み書き』（以上、研究社）など。
──1章2節、コラム❷担当。

田邉　義隆（たなべ・よしたか）　近畿大学教授。日本児童英語教育学会理事。共著書に、『主体的な学びをめざす小学校英語教育』（教育出版）、『Basic English for Teachers of Young Learners』（朝日出版社）、『最新　小学校英語教育法入門』（研究社）など。
──1章3節（6を除く）、終章3担当。

田縁　眞弓（たぶち・まゆみ）　京都光華女子大学教授。共著書に『教室英語ハンドブック』『最新　小学校英語教育法入門』『小学校英語とストーリーテリング』（以上、研究社）、『小学校英語　だれでもできる英語の音と文字の指導』（三省堂）など。
──2章5節担当。

中西　浩一（なかにし・こういち）　平安女学院大学教授。日本児童英語教育学会副会長。英語授業研究学会理事。高槻市教育センター所長、高槻市立小学校長を経て現職。主に公立小学校の授業支援、教員研修等に取り組む。共著書に『Q&A小学英語指導法事典』（教育出版）など。
──終章2担当。

箱﨑　雄子（はこざき・ゆうこ）　大阪教育大学教授。博士（教育学）。小中高の教員養成や教育委員会等での教員研修に携わる。共著書に『小学校英語教育の展開』（研究社）、『続　小学校英語活動アイディアバンク』『Q&A　小学英語指導法事典』（以上、教育出版）など。
──2章3節、コラム❸担当。

松宮　奈賀子（まつみや・ながこ）　広島大学准教授。博士（教育学）。初等教育教員養成課程で外国語の指導を担当。共著書に『新しい学びを拓く　英語科授業の理論と実践』（ミネルヴァ書房）、『最新　小学校英語教育法入門』（研究社）など。
──2章1節担当。

山野　有紀（やまの・ゆき）　白百合女子大学教授。小中高の教員養成課程の指導や、教育委員会等での教員研修に従事。日本CLIL教育学会理事。共著書に『CLIL（内容言語統合型学習）第3巻』（上智大学出版）、『学びをつなぐ小学校外国語教育のCLIL実践』（三修社）など。
──1章3節（6 授業実践）、2章9節（4 実践例1）担当。

最新　小学校英語内容論 入門

2023 年 10 月 31 日　初版発行　　　2025 年 2 月 14 日　2 刷発行

編 著 者　樋口忠彦(監修)・泉 惠美子(代表)
　　　　　加賀田哲也・衣笠知子

発 行 者　吉 田 尚 志

印 刷 所　TOPPAN クロレ株式会社

KENKYUSHA
〈検印省略〉

発 行 所　株式会社　研 究 社
　　　　　https://www.kenkyusha.co.jp/

〒102–8152
東京都千代田区富士見 2–11–3
電話（編集）03(3288)7711（代）
　　（営業）03(3288)7777（代）
振　替　00150–9–26710

© Tadahiko Higuchi, et al., 2023

装丁：宮崎萌美（Malpu Design）

ISBN 978–4–327–41109–1　C 3082　　Printed in Japan

＊本書の無断複写複製（コピー）は、著作権法上での例外を除き、禁じられています。また、私的使用以外のいかなる電子的複製（電子データ化、電子書籍化）も一切認められていません。

＊落丁本、乱丁本はお取り替えいたします。ただし、中古品はお取り替えできません。